职业教育市场营销类课程改革创新教材

网络营销实训

主　编　段　建
副主编　安　刚　叶　敏
参　编　王志锋　屈　晓　马　静　王曼利
　　　　郭晓晨　南志光　沈　珂
主　审　罗绍明

机械工业出版社

本书采用项目导向、任务驱动编写模式，内容深入浅出，通俗易懂，通过具体的工作任务，介绍与网络营销相关的基础知识，在项目中通过建立项目概述、项目分析、任务分解及实训等进行有机结合，突出任务分解及实训环节，重在系统地讲述网络营销的方式与方法。全书内容包括认知网络营销、搜索引擎优化与营销、软文营销、社会化营销、Email营销、网络广告、整合营销、其他网络营销方式、网络营销活动策划及网络营销效果分析及优化。每个项目包括多个任务，其中每个任务又有相关的知识介绍，以此提高学生的操作能力。同时，每个项目都有岗位技能训练，通过岗位技能训练达到举一反三的效果。

本书可作为职业教育院校、成人高校电子商务类专业的教学用书，也可作为网络营销的培训教材和自学用书。

图书在版编目（CIP）数据

网络营销实训/段建主编．—北京：机械工业出版社，2016.12（2021.6重印）

职业教育市场营销类课程改革创新教材

ISBN 978-7-111-55555-1

Ⅰ．①网…　Ⅱ．①段…　Ⅲ．①网络营销—高等职业教育—教材　Ⅳ．①F713.365.2

中国版本图书馆CIP数据核字（2016）第287339号

机械工业出版社（北京市百万庄大街22号　邮政编码100037）

策划编辑：宋　华　　责任编辑：宋　华　孟晓琳　徐永杰

责任校对：马丽婷　　封面设计：路恩中

责任印制：常天培

河北鑫兆源印刷有限公司印刷

2021年6月第1版第9次印刷

184mm×260mm・13.25印张・317千字

标准书号：ISBN 978-7-111-55555-1

定价：39.80元

电话服务　　网络服务

客服电话：010-88361006　　机　工　官　网：www.cmpbook.com

010-88379833　　机　工　官　博：weibo.com/cmp1952

010-68326294　　金　书　网：www.golden-book.com

封底无防伪标均为盗版　　机工教育服务网：www.cmpedu.com

前言

本书迎合网络营销人才的需求，以“项目导向，任务驱动”的教学模式，结合课堂理论教学，旨在使学生掌握网络营销的基础理论知识和基本技能。同时，本书为读者提供了配套的教学资源包，包括教学课件 PPT、视频、习题与课程实训等，方便教师指导学生进行课程配套的实践活动。

本书共分 10 章，内容涵盖认知网络营销、搜索引擎优化与营销、软文营销、社会化营销、Email 营销、网络广告、整合营销、其他网络营销方式、网络营销活动策划、网络营销效果分析及优化等基础知识。以学习者能力培养为核心，依据网络营销在网络多媒体、社会化媒体、新媒体等领域应用的新特点，参照企业网络营销活动的基本过程和规律，结合网络营销、网站运营工作流程及岗位知识技能，并通过学生实训环节，强化学生案例分析能力及专业技能的培养。

本书编写工作由北京博导前程信息技术有限公司和来自职业院校的电子商务专业骨干教师共同完成。本书由段建担任主编，安刚、叶敏担任副主编，罗绍明担任主审，参加编写的还有王志锋、屈晓、马静、王曼利、郭晓晨、南志光、沈珂。感谢相关职业院校的大力支持，感谢 C 实习在线教育平台（www.cshixi.com.）为本书提供相应的教学资源。

由于编者水平有限，本书可能还有很多不足之处，需要不断完善与提升，敬请广大读者批评指正。

编　者

目　录

1

第 1 章　认知网络营销

案例导读

随着互联网的不断发展，网络营销越来越受到企业的重视。而作为普通用户的我们，时刻都能在身边看到网络营销的身影，比如打开微信朋友圈，各种鞋包宣传就是典型的电商新生态——微商，再比如，通过美团网或糯米网在线选购某一项服务，线下消费，这种体验就是 O2O 典型的表现形式等。简单地说，网络营销就是基于互联网所进行的一系列营销活动，进而使品牌和产品得到更好地提升。

1.1 网络营销概述

1.1.1 电子商务的概念与分类

1. 电子商务的概念

电子商务通常是指在广泛的商业贸易活动中，在开放的网络环境下，基于浏览器/服务器应用方式，买卖双方不用谋面地进行各种商贸活动，实现消费者的网上购物、商户之间的网上交易和在线电子支付以及各种商务活动、交易活动、金融活动和相关综合服务活动的一种新型的商业运营模式。总之，电子商务是利用计算机技术和网络通信技术进行的商务活动。

2. 电子商务的分类

常见的电子商务模式有 B2B、B2C、C2C、O2O、C2B 等。

（1）B2B（Business to Business）是指商家（泛指企业）对商家的电子商务，即企业与企业之间通过互联网进行产品、服务及信息的交换。通俗地说，B2B 是指进行电子商务交易的供需双方都是商家（或企业、公司），她（他）们使用了 Internet 的技术或各种商务网络平台，完成商务交易的过程。这些过程包括发布供求信息，订货及确认订货，支付过程，票据的签发、传送和接收，确定配送方案并监控配送过程等。Business to Business 有时写作 B to B，但为了简便，多用 B2B（“2”为“to”的谐音）。

（2）B2C（Business to Customer）。B2C 模式是中国最早产生的电子商务模式，以 8848 网上商城正式运营为标志，如今的 B2C 电子商务网站非常多，比较大型的有京东商城等。

（3）C2C（Customer to Customer）。C2C 同 B2B、B2C 一样，都是电子商务的几种模式之一。不同的是，C2C 是用户对用户的模式，C2C 商务平台就是通过为买卖双方提供一个在线交易平台，使卖方可以主动提供商品上网拍卖，而买方可以自行选择商品进行竞价。

（4）O2O（Online to Offline）。O2O 是新兴的一种电子商务模式，即将线下交易与互联网结合在一起，让互联网成为线下交易的前台。这样商家就可以在线上揽客，消费者可以在线上筛选服务，还可以在线结算，因此该模式很快达到规模。O2O 最主要的特点是推广效果可查，每笔交易可跟踪。

（5）C2B（Customer to Business）。C2B 是电子商务模式的一种，即消费者对企业（Customer to Business）。C2B 的核心是通过聚合分散分布但数量庞大的用户，形成一个强大的采购集团，以此来改变 B2C 模式中用户一对一出价的弱势地位，使用户享受到以大批发商的价格买单件商品的利益。

案例 1-1 常见的电子商务网站及其比较

1. 常见的电子商务网站

常见的电子商务网站有淘宝网（www.taobao.com）、易迅网（www.yixun.com）、小米官方网站（www.mi.com），如图 1-1 所示。这三个网站均符合电子商务的含义，即通过互联网平台完成商品的在线交易，辅以物流配送、仓储管理、在线支付、信用评价体系等。

图 1-1　常见的电子商务网站

2．以上三个电子商务网站的比较

（1）相同点：三个网站都可以实现互联网线上交易，多样化商品满足用户的多样需求，查询、沟通、下单、支付、配送、评价一气呵成。

（2）差异点：淘宝网作为线上第三方交易平台，使个体卖家进驻成为可能，为买卖双方实现交易提供了契机，为 C2C 模式。

易迅网作为腾讯旗下的购物网站，也形成了具有商城性质的在线交易平台，由易迅作为品牌销售商，完成商品销售，为 B2C 模式。

小米官方网站是小米手机等商品的阵地，依托手机、电视等产品形成了企业电子商务化的发展形态。从模式而言，小米官方网站也是 B2C 模式。

1.1.2　网络营销的概念与分类

1．网络营销的概念

网络营销（Online Marketing 或 E-Marketing）就是以互联网为基础，利用数字化的信息和网络媒体的交互性来辅助营销目标实现的一种新型的市场营销方式。简单地说，网络营销就是以互联网为主要手段进行的为达到一定营销目的的营销活动，是建立在互联网基础上，以营销型页面为载体发布产品信息，由营销人员利用专业的网络营销工具，面向广大网民开展一系列营销活动的新型营销方式。其主要特点是成本低、效率高、效果好。

2．网络营销的分类

（1）根据服务对象的不同，网络营销可以分为以下几类：

1）个人网络营销。个人可以通过网络的方式进行营销，这种方式已经被广大网民使用，典型的应用如 papi 酱等通过网络方式出名的网络红人。

2）企业网络营销。网络的商用价值应该成为互联网营销的主流，大量的企业通过网络营销的方式拓展自己的业务，这一点已经得到了行业企业的一致认同。

（2）根据应用范围的不同，网络营销可以分为以下几类：

1）广义的网络营销。笼统地说，网络营销就是以互联网为主要手段（包括 Intranet 企业内部网、EDI 行业系统专线网及 Internet 国际互联网）开展的营销活动。

2）狭义的网络营销。狭义的网络营销是指组织或个人基于开放便捷的互联网络，对产品、服务所做的一系列经营活动，从而达到满足组织或个人需求的目的。

（3）根据推广方式的不同，网络营销可以分为口碑营销、网络广告、媒体营销、事件营销、搜索引擎营销（SEM）、Email 营销、数据库营销、短信营销、电子杂志营销、病毒式营销、问答营销、QQ 群营销、博客营销、微博营销、论坛营销、社会化媒体营销、针对 B2B 商务网站的产品信息发布以及平台营销等。

1.1.3 网络营销的步骤

网络营销的基本步骤如下：

（1）将自己的企业全面快速地搬到互联网。企业在建立自己的网络营销方案时，首先要考虑到自己的网站属于营销型的网站。

（2）通过多种网络营销工具和方法来推广和维护自己的网站；在互联网做的任何宣传和推广活动都必须以企业的网站为核心。

（3）网站流量监控与管理。通常采用流量监控与分析系统和在线客服系统来实现网站流量监控与管理。营销型网站需要一套功能齐全的在线客服系统，以此来帮助我们时时主动地发出洽谈，能够及时将有效的流量（潜在客户或意向客户）转换为网上销售。

1.1.4 网络营销的能力

网络营销的八大核心能力为网络传播能力、综合应用能力、互动沟通能力、信息创建能力、专业知识学习能力、技术应用能力、数据分析能力和资源积累能力。

案例 1-2 典型的网络营销应用

网络营销就是在互联网平台中，利用网络渠道来实现营销的目的。在日常生活中，大家与互联网的接触颇为频繁，如上网买衣服、打开电子邮箱收发邮件等。

这里先讲讲邮箱中的网络营销内容。打开自己的 QQ 邮箱，可能会看到如图 1-2 所示的邮件。

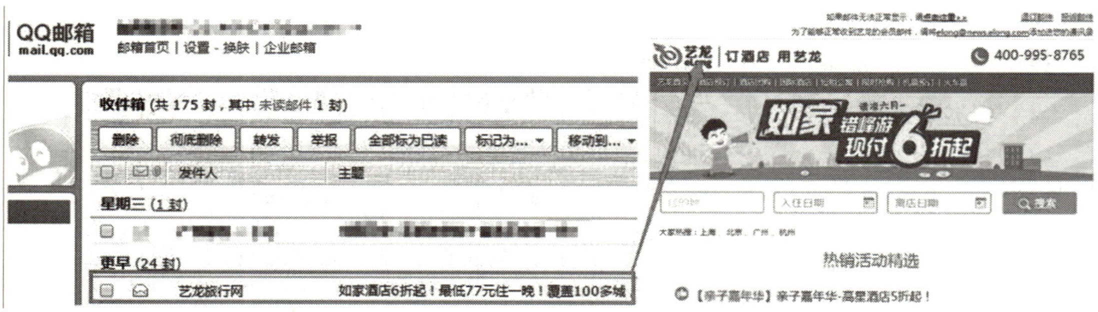

图 1-2 QQ 邮箱中的营销邮件

这是一封来自艺龙旅行网的广告邮件，提醒收件人上该网站订酒店有折扣。当看到“艺龙旅行网”时，似乎自己都不记得何时访问过该网站，但这封邮件的出现不禁让我们意识到它的价值：

（1）它在提醒用户去网站查看旅行酒店的折扣信息。

（2）从网站的角度而言，它是在“留住”用户，让用户持续前往网站，不失为一种利用 Email 的营销。

从自己的邮件之中，可以清晰地发现邮件营销这样一种网络营销应用方式。

接下来看看微博，也可从中发现一些网络营销的痕迹。如图 1-3 所示为某公司发的一条微博，估计大部分人在微博之中并没有主动关注过该公司，然而该公司所发布的马戏嘉年华微博内容却赫然在目。经过仔细分辨，原来这就是微博以主动推送的方式进行的营销。

图 1-3　在微博中发现的网络营销方式

最后，我们前往经常浏览的网易网站，如图 1-4 所示。

这里的内容更为丰富，移动 4G 和品牌、恒大冰泉、暴恐音视频、各类文字链接广告等。这些都是傍生于网易、依托在互联网环境下的网络广告，然而对于发布商而言，它们就是网络营销的应用方式。

经过上述的验证与分析，我们的确发现了不少网络营销应用方式。接下来深入分析这些营销的目的：了解这些营销背后的故事。

图 1-4　在网易首页中发现的网络营销方式

（1）邮件营销的实施目的：增强艺龙旅行网的用户黏性，为网站带来更多的潜在价值（酒店消费）。

（2）微博营销的实施目的：促进自身商品的销售。

（3）网易首页营销的实施目的：借助网易为自身带来潜在价值（访问量、消费者、产品销售）。

确定了每种网络营销方式的目的，接下来对这三种网络营销方式进行差异化比较：

（1）共同之处在于，与传统市场营销一样，无论何种网络营销方式，其背后都隐藏着根本的目的，如促进产品销售、提升访问量等。此外，均有效地借助了互联网平台。

（2）不同点在于，它们依托的是不同的互联网产品，产生了与产品特色相吻合的营销方式与内容。邮件营销由于用户无法第一时间知晓邮件内容，因此邮件标题非常关键；微博营销则会根据发布商在微博中的话题参与、浏览偏好等，推送更符合自己需求的微博；而网易首页的广告则更为宽泛化，精准性相对较差，不过凭借海量的入口基数，也能带来不少潜在客户。

1.2　网络营销与其他营销方式的关系

1.2.1　网络营销与网络推广的关系

许多人认为网络推广与网络营销是一回事，其实不然，二者完全是两个概念。简单地说，二者可以理解成包含与被包含的关系，即网络推广包含在网络营销中。

从目的上说，网络推广重在“推广”二字，其主要目的是利用各种网络推广方法，使产品尽可能让更多的人知道；而网络营销则重在“营销”二字，它更注重的是通过推广，能够产生什么样的经济效益。

从投入上说，网络推广往往投入比较少，甚至一个人也可以操作，比如论坛推广，推广人员只需要将帖子发布到指定论坛即可；网络营销的投入则比较大，通常不是一两个人能够完成的，需要团队协作来完成。

从考核上说，网络推广主要考核的是具体的工作量，比如论坛推广，只需要保证相应的发帖量即可；网络营销考核的通常是转换率或收益，比如论坛营销，发帖量不重要，关键是所发的帖子能够带来多少销售额。

从执行上说，网络推广成功的关键是执行力；而网络营销主要靠的是创意和策略。

应该说，网络推广是保证网络营销成功的关键，是网络营销的重要组成部分。当网络营销落实到执行层面时，需要网络推广来为之服务。网络营销脱离了网络推广，很难独立存在。而当面对一些简单的推广需求时，网络推广却完全可以独立操作。

1.2.2 网络营销与电子商务的关系

电子商务和网络营销既有区别又有联系：电子商务的核心是电子化交易，强调交易方式和交易全过程的各个环节；而网络营销注重以互联网为主要手段的营销活动，主要研究的是交易前的各种宣传推广。电子商务的重点是实现了电子化交易；而网络营销的重点是交易前的宣传和推广。电子商务可以看作网络营销的高级阶段，企业在开展电子商务前可开展不同层次的网络营销活动。

1. 网络营销构成电子商务

电子商务与网络营销是一对既相互区别又有着千丝万缕联系的概念，在实际工作中，甚至有不少人把二者混为一谈。理顺它们之间的关系，明确其区别和联系，对我国企业而言，尤其具有现实的指导意义。根据国际商会于 1997 年在巴黎召开的世界电子商务大会上制定的定义：“电子商务是指实现整个贸易活动的电子化。交易各方以电子交易方式而不是通过当面交换或直接洽谈方式进行的任何形式的商务交易。”可以看出，达成交易是电子商务的根本标志，而实现交易的手段是电子方式。随着互联网商业应用的不断普及和深入，企业电子商务平台的重心已逐渐由企业内部的内联网（Intranet）、企业与企业之间的外联网（Extranet）转移到触角已经延伸到地球上每一个角落的互联网（Internet）上来。电子商务中的任何一笔交易，都包含着几种基本“流”，即信息流、商流、资金流和物流，而在这四“流”当中，最重要、最能体现电子商务与传统商务区别的是信息流、资金流的电子化。电子商务的本质是信息的交流与沟通，包括与外部客户、内部运作部门和后端供应商之间的信息交流与沟通；而网络营销的核心目标就在于营造良好的网上经营环境，使企业和其目标客户之间的信息交流渠道能通达顺畅起来。由此可见，网络营销要解决的是电子商务信息流中与客户之间双向沟通的问题，因而它是电子商务的重要组成部分。如果信息流的问题没有解决，电子交易的达成也无从谈起，从这个角度而言，网络营销是电子商务的基础。

2．网络营销推进电子商务

网络营销是指以现代营销理论为基础，以互联网为主要平台（也包括企业内联网和企业外联网），为最大限度地满足客户需求，达到开拓市场、增加盈利的目标而进行的一系列经营活动。它的主要方法有企业网站推广、网络广告、网上调研、网上促销等。网络营销不是单纯的网络技术，而是市场营销；网络营销并非孤立存在，而应当是企业整体营销战略中必要的组成部分，网上营销和网下营销相互结合，形成一个相互促进、互为补充的完整的营销体系。

案例 1-3 网络营销应用类型

电子商务与网络营销都是依托互联网产生的商业模式与营销手段，二者既有区别又有联系，因此需要进一步分析，来判别二者之间的关系。那么，我们再次选择了淘宝网、易迅网和小米官方网站作为分析对象，看看它们是否都采用了网络营销。

1．淘宝网

简单而言，在淘宝网首页及编者经常访问的数码频道，都发现了不少的网络营销应用类型，如图 1-5、图 1-6 所示。

这些华丽多姿的广告既是淘宝站内营销体系的一部分，也是卖家为了促进商品销售所做的网络营销。

2．易迅网

打开易迅网，同样发现了具体的网络营销应用，如图 1-7 所示。

在易迅网的首页焦点图上就发现了网站举行的针对商品的促销活动，醒目的促销语加上各色商品，促进了商品销售。

3．小米官方网站

打开小米官方网站，也发现了网络营销应用，如图 1-8 所示。

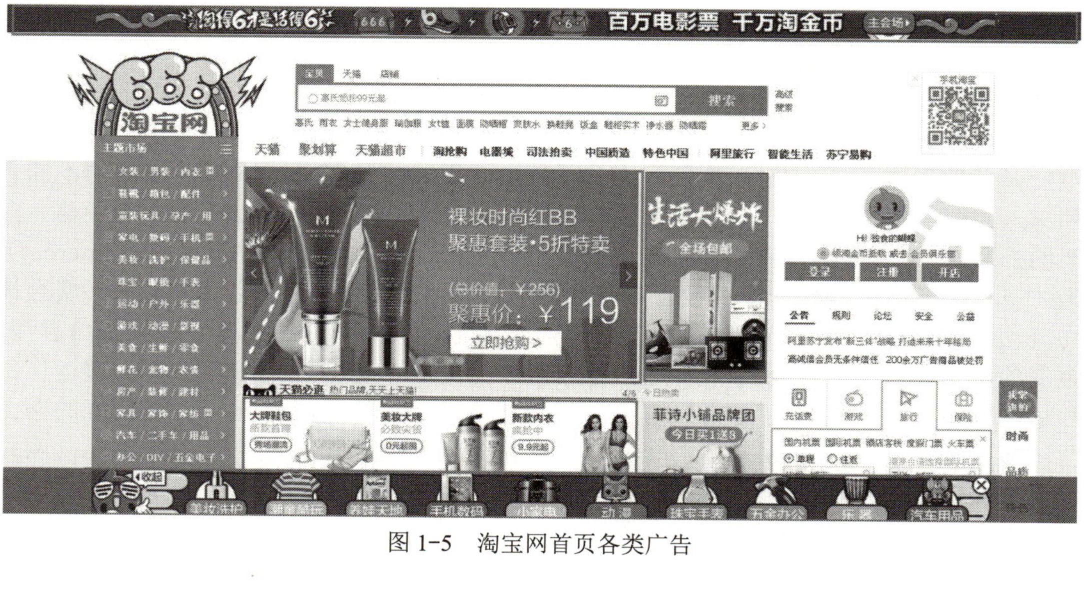

图 1-5　淘宝网首页各类广告

图 1-6 淘宝网数码频道首页广告应用

图 1-7 易迅网首页的促销活动

在小米官方网站中，首先看到了关于小米 2S 手机预约活动，这是小米系列惯用的“饥饿营销”方式，借助网上预约订购，转入下单生产，合理利用时间差降低企业资金风险。此外，我们还发现了站内米 2S 电池商品的横幅广告，既美观大方，又体现出站内广告的应用。

通过对上述三家网站的系统分析，我们发现网络营销更类似于电子商务的前置，网络营销的最终目的是促成“电子商务”，如易迅网所做的“直降 60 元”活动便是消费者完成消费的助推力，其根本目的是使用户能够在易迅平台中实现商品购买。于是可以发现：网络营销的重点在于交易前的宣传和推广，电子商务的目的是形成线上交易链，它更关注整个产业链和交易本身，二者完全不同，但又同时依附于互联网的平台。

图 1-8　小米官方网站的网上活动与广告

1.2.3　网络营销与传统营销的关系

网络营销与传统营销在营销的手段、工具、渠道以及策略等方面都有本质的区别，但目的都是加大商品及服务的宣传力度，促进商品及服务的销售，加强和消费者的沟通与交流等。虽然网络营销不是简单的营销网络化，但是其仍然没有脱离传统营销理论，4P 原则（产品 Product、价格 Price、渠道 Place、促销 Pro-motion）和 4C 原则（消费者 Consumer、成本 Cost、便利 Convenience 和沟通 Communication）仍在很大程度上适用于网络营销理论。

1. 从产品和消费者来看

通过网络，可以对大多数产品进行营销，即使不通过网络达成最终的交易，网络营销的宣传和沟通作用仍须受到重视。网络营销可真正直接面对消费者，实施差异化营销，可针对某一类型甚至某一个消费者制定相应的营销策略，并且消费者可以根据自己的兴趣自由选择或购买商品，这是传统营销所不能及的。

2. 从价格和成本来看

由于网络营销直接面对消费者，减少了批发商、零售商等中间环节，节省了中间营销费用，可以减少销售成本，降低营销费用，所以商品的价格可以低于传统销售方式的价格，从而产生较大的竞争优势。同时，由于减少了销售的中间环节，商品的邮寄和配送费用也会在一定程度上影响商品的销售成本和价格。

3. 从促销和便利来看

在促销方式上，网络营销本身可采用电子邮件、网页、网络广告等方式，也可以借鉴传统营销中的促销方式，促销活动一般要求要有新意、能吸引消费者，所以网络营销同样要有创意新颖的促销方式。在便利上，一方面网络营销为消费者提供了足不出户即可挑选购买自己所需的商品和服务的方便，另一方面少了消费者直接面对商品的直观性，限于商家的诚实和信用，不能保证网上的信息绝对的真实，还有网上购物需等待商家送货或邮寄，在一定程度给消费者又带来了不便。

4. 从渠道和沟通来看

二者在渠道上的区别是明显的，由于网络的本身条件，离开网络便不可能去谈网络营销，而传统营销的渠道是多样的。由于网络有很强的互动性和全球性，网络营销可以实时地和消费者进行沟通，解答消费者的疑问，并可以通过 BBS、电子邮件快速为消费者提供信息。

案例 1-4 网络营销的优势

网络营销是一种新的营销技术，更是一种意识，它对传统营销产生了巨大的冲击。这种基于互联网的新型营销方式已经引起广泛关注，对企业的经营管理产生了越来越大的影响。与传统营销相比，网络营销的优势体现在以下几个方面：

（1）大面积、无地域限制的全方位推广。网络营销不受地域限制，可以对企业和商品进行大面积宣传。中小企业由于经营资源有限，发布新闻、投放广告、开展大规模促销活动等机会较少，因此通过互联网手段进行营销推广就显得更为重要。

（2）降低成本，帮企业获得竞争优势。通过网络发布信息，将产品直接面向消费者，减少分销环节，使企业实现了产品直销，减少了库存，降低了综合成本，从无形中帮助企业减小了生存压力。点击查看商品的大多数是对此类商品感兴趣的顾客，受众准确，避免了许多无用的信息传递，也可节省费用。

（3）沟通方便快捷，提供更优质的客户服务。可以通过在线方式收集顾客意见，让顾客参与产品的设计、开发和生产，真正做到以顾客为中心，满足顾客各方面的需求，避免不必要的浪费。在销售过程中，让顾客既有极强的自主选择余地，又能方便快速地获得回应，从而获得轻松愉快的购物体验。

（4）形式新颖别致，具备吸引力。网络营销中，信息传送媒介是多媒体设备，可以做到内容全面、生动形象、互动性强、反馈及时等，能够提高企业信息的传播效率，提升企业形象和实力。网络媒体的真正价值，在于它不仅提供了一个全新的市场营销渠道，而且这个渠道细分后，又可以形成更多不同的营销途径，让现在已经难以突破的传统市场营销格局有了崭新的组合方式。

（5）营销手段多样化。网络营销具有沟通效率高、覆盖范围广、互动性强、成本低等优势，凭借这些优势，发展出丰富多样的网络营销手段。这些手段既包括门户广告、搜索引擎营销、电子商务网站推广、网络联盟（联署营销）等，也包括电子邮件推广、社区推广、视频推广，甚至包括在网上写文章/跟帖，宣传公司和产品等。

网络营销作为新的营销理念和策略，凭借互联网的特性，对传统营销方式产生了巨大的冲击，但这并不等于网络营销将完全取代传统营销，网络营销与传统营销是一个整合的过程。

这是因为，首先，互联网作为新兴的虚拟市场，它覆盖的群体只是整个市场中的某一部分群体，许多的群体由于各种原因还不能或者不愿意使用互联网，如老人和落后地区的居民，而传统的营销策略和手段则可以覆盖这部分群体。

互联网只是一种工具，营销面对的是有思想有感情的人，因此，传统营销所具有的独特的亲和力是网络营销无法替代的。

随着技术的发展，互联网将逐步克服上述不足，在很长一段时间内网络营销与传统营销将会是相互影响和相互促进的，最后实现良好的内在统一，将来，没有必要再谈论网络营销了，因为营销的基础之一就是网络。

岗位技能训练

实训　认知网络营销训练——常见网络营销活动的收集

【实训目的】

（1）能清晰地表述营销活动内容。

（2）能罗列身边常见的营销活动内容。

（3）能简要说出某一项营销活动的实施过程。

【实训指导】

（1）布置任务：将学生按 6～8 人一组的标准划分成若干个任务小组，每个小组的成员收集两项身边常见的营销活动。

（2）搜索选择：各小组成员总结归纳自己收集营销活动的方法，列明该营销活动的实施流程，之后形成常见营销活动实训报告。

（3）课堂陈述：各小组成员上交常见营销活动实训报告，由指导老师从每组中选择一份具有代表性的常见营销活动实训报告，并邀请小组代表上台陈述收集方法。

（4）评价效果：各个小组代表陈述后，指导老师点评学生收集常见营销活动实训的情况，并由全班同学进行无记名投票，评选出该次实训的获奖小组，给予表扬与奖励。

【实训考核】

实训成绩依据学生上课出勤、课堂讨论发言、实训报告的写作和实训报告 PPT 制作水平等进行评定。首先由各小组组长对组内成员进行成绩评定，成绩分为优秀、良好、中等、及格、不及格五档；然后由指导老师对小组提交的实训报告及实训报告 PPT 进行评分；最后按照以下公式进行加权，计算出每个学生的最终成绩。

个人最终成绩 =小组长评定成绩×20%+指导老师评定成绩×80%。

小组长评定组内成员成绩表、指导老师评定实训报告及实训报告 PPT 成绩表见表 1-1 与表 1-2。

表 1-1　小组长评定组内成员成绩表

小组成员姓名	小组成员成绩				
	优秀（90 分以上）	良好（80～90 分）	中等（70～80 分）	及格（60～70 分）	不及格（60 分以下）

表 1-2　指导老师评定实训报告及实训报告 PPT 成绩表

评 价 内 容	分值/分	评分/分
发现身边网络营销活动内容	25	
收集网络营销活动的方法	20	
实训报告的撰写	25	
实训报告表达效果	30	
总体评分	100	

第 2 章　搜索引擎优化与营销

案例导读

搜索引擎是用户通过互联网查找信息的重要入口，对于许多企业来说，搜索引擎是它们被用户了解到的第一个重要的途径。众所周知，在百度、搜狗、360 等大型搜索引擎中想要被排在前几位可不是轻而易举就能做到的，因为同一类关键词下并存着成千上万的网站查找结果。因此对于企业来说，优化搜索引擎对自己网站信息的搜索结果，实施搜索引擎营销也就成了必然的选择。

2.1 搜索引擎优化

搜索引擎优化（Search Engine Optimization，SEO）是一种利用搜索引擎的搜索规则来提高目的网站在有关搜索引擎内排名的方式，简单理解就是靠日常的网站优化使自己网站的相关内容排在搜索引擎的前面。搜索引擎优化通常包括以下几个方面的内容：网站 SEO 分析、网站 SEO 实施、网站 SEO 效果监控。

2.1.1 网站 SEO 分析

网站 SEO 分析主要包括：关键词和 Meta 信息分析、网站结构分析、网站链接分析。网站 SEO 分析常用的工具包括爱站、站长工具等网站中相关的分析工具。

1. 关键词和 Meta 信息分析

（1）关键词（Keywords）是指用户在使用搜索引擎时输入的、能够最大限度地概括用户所要查找的信息内容的字或者词（组），是对网页核心内容的概括和总结。关键词分析就是对网站的核心关键词、间接关键词、长尾关键词进行筛选确定，它一般从以下几个方面进行分析：关键词相关性、关键词密度、关键词搜索频率、长尾关键词。

（2）Meta 也称 Meta 标签，是网页 Html 代码 Head 区的一个标记代码。Meta 标签通常位于<head>和<title>之间，用于描述网页的基本属性。在搜索引擎优化中，Meta 三要素是指关键词（Keywords）、标题（Title）以及描述（Description）三个设置网页属性的代码。Meta 信息中标题和描述的分析主要考虑内容的长度和命名的规范性等。

2. 网站结构分析

网站结构是指网站中页面间的层次关系。网站结构在决定页面权重方面起着非常关键的作用，清晰的网站结构直接影响搜索引擎对页面的收录，也可以帮助用户快速获取所需信息。网站结构分析主要包含三个方面：网站目录结构分析、网站代码分析、页面属性分析。

（1）网站目录结构分析。目录结构的外部表现方式是 URL，可以简单地认为就是地址栏里输入的地址。

（2）网站代码分析。代码分析主要包括清除冗余代码、页面布局方式分析、代码闭合状态查看、页面动态脚本分析、隐藏代码清除等。

（3）页面属性分析。页面属性分析是指结合网站的开发平台，通过页面 URL，分析网站页面属性（静态页、动态页、伪静态页）。

3. 网站链接分析

（1）内部链接。内部链接是指同一网站域名下的内容页面之间互相链接，如频道、栏目、终极内容页之间的链接，乃至站内关键词之间的 Tag 链接都可以归类为内部链接，内部链接也可以称为站内链接。

（2）外部链接。外部链接分为导出链接与导入链接，对于导出链接，用户一旦点击，就会走向别的网站。导入链接是指其他网站或页面中有指向你的网站的链接，也就是反向链接。

（3）死链接。死链接是指原来可以正常访问，后来因故失效的无效链接。从用户的角度来看，死链接和错误链接的表现是一样的，所以一般并不需要区别死链接和错误链接。在发现网站死链接后，要第一时间删除死链接或者修复死链接，让网站结构更加顺畅。

（4）404 页面。404 页面是用来引导死链接的点击而建立的提示页面。死链接发送请求时，服务器会返回 404 页面。404 页面的目的即告诉用户其所请求的页面不存在或链接错误，同时引导用户使用网站其他页面而非关闭窗口离开。因此需要对网站链接进行检测，查看网站是否存在 404 页面，返回 404 代码。

2.1.2 网站 SEO 实施

1. 网站 Meta 优化

网站 Meta 优化主要分为挖掘关键词优化、标题优化、描述优化与部署，具体过程如下：

（1）明确关键词：结合企业信息确定核心关键词、间接关键词和长尾关键词，完成关键词列表。

（2）关键词部署：完成关键词列表中的关键词部署。

（3）标题定位与部署：完成 Meta 中标题信息的描述与部署。

（4）描述定位与部署：完成 Meta 中描述信息的描述与部署。

案例 2-1 博导前程网站关键词优化

1. 明确关键词

首先需要对公司关键词框定范围，形成关键词表单。表 2-1 为部分电子商务系列教学产品关键词。

表 2-1 电子商务系列教学产品关键词

产 品 全 称	直接关键词	联想关键词（"_" 表示拆分）	数 量 总 计
博星卓越 网络营销教学实验系统	网络营销教学系统 网络营销教学实验系统	网络营销教学软件 网络营销_教学 网络营销_教学系统 网络营销_教学实验_软件	8

在形成关键词列表之后，就需要考虑如何形成每套产品的核心关键词。确定核心关键词涉及三点：关键词的相关性、关键词密度、关键词的搜索频率。经过分析，公司确定了电子商务教学产品的核心关键词，见表 2-2。

表 2-2 根据分析汇总出核心关键词

产 品 全 称	核心关键词
博星卓越 电子商务教学实验系统	电子商务教学软件 电子商务教学系统

"电子商务专业就业、电子商务教学大纲"等可能为潜在关键词，但若作为产品关键词，则与页面内容不符，导致较差的用户印象。长尾关键词一定要与产品本身或核心关键词形成联系。

根据以上分析方法对网站各个栏目关键词进行提炼、整理、汇总，将首页、栏目页、列表页、产品内容页等页面的关键词定义出来，见表2-3。

表2-3 各栏目关键词

栏目名称	二级栏目	内容页	关键词
首页			北京博导前程信息技术有限公司，博导前程，博星卓越教学软件，教学实验软件，网络营销培训，电子商务教学软件，电子政务教学软件
新闻动态	企业新闻		企业新闻，北京博导前程信息技术有限公司
	媒体报道		媒体报道，北京博导前程信息技术有限公司
博导前程	关于我们		关于我们，北京博导前程信息技术有限公司
	发展历程		发展历程，北京博导前程信息技术有限公司
	组织结构		组织结构，北京博导前程信息技术有限公司
	荣誉资质		荣誉资质，北京博导前程信息技术有限公司
	企业文化		企业文化，北京博导前程信息技术有限公司
	招贤纳士		招贤纳士，北京博导前程信息技术有限公司
	联系我们		联系我们，北京博导前程信息技术有限公司
网络营销培训	培训简介		网络营销，培训简介，北京博导前程信息技术有限公司
	管理体系		网络营销，管理体系，北京博导前程信息技术有限公司
	课程内容		网络营销，课程内容，北京博导前程信息技术有限公司
	师资力量		网络营销，师资力量，北京博导前程信息技术有限公司
	资质证明		网络营销，资质证明，北京博导前程信息技术有限公司
	合作伙伴		网络营销，合作伙伴，北京博导前程信息技术有限公司
	授权机构		网络营销，授权机构，北京博导前程信息技术有限公司
教学软件	电子商务系列教学软件	电子商务教学实验系统	电子商务教学软件，电子商务教学实验系统，电子商务教学系统，电子商务，北京博导前程信息技术有限公司
		网络营销教学实验系统	网络营销教学软件，网络营销教学系统，网络营销教学实验系统，网络营销教学，北京博导前程信息技术有限公司
		电子商务案例分析	电子商务案例分析软件，电子商务案例分析系统，电子商务案例分析，北京博导前程信息技术有限公司
	动态添加……	动态添加……	动态添加……
会议活动			会议活动，北京博导前程信息技术有限公司
联系方式	联系我们		联系我们，北京博导前程信息技术有限公司
	客服中心		客服中心，北京博导前程信息技术有限公司
	营销中心		营销中心，北京博导前程信息技术有限公司
售后服务	服务政策		服务政策，北京博导前程信息技术有限公司
	技术支持		技术支持，北京博导前程信息技术有限公司
	常见问题		常见问题，北京博导前程信息技术有限公司
	留言反馈		留言反馈，北京博导前程信息技术有限公司

2．关键词部署

确定了每个页面的关键词后，开始对网站关键词进行部署，对于更新量较大的栏目，需要与网站运营人员沟通，根据页面内容进行关键词确定及内容发布，如图 2-1 所示。

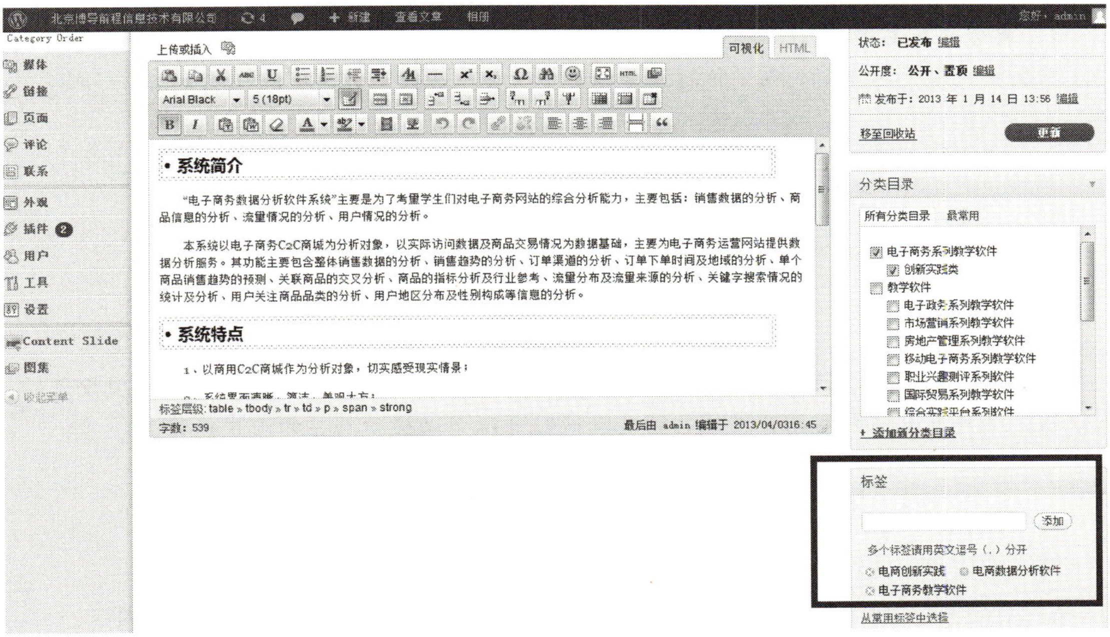

图 2-1 博导前程内容发布页关键词设置

另外，对于可直接打开的目标文件，通过网站页面生成的静态页面，使用 Dreamweaver 等源代码编辑软件，在代码中直接添加关键词，如图 2-2 所示。

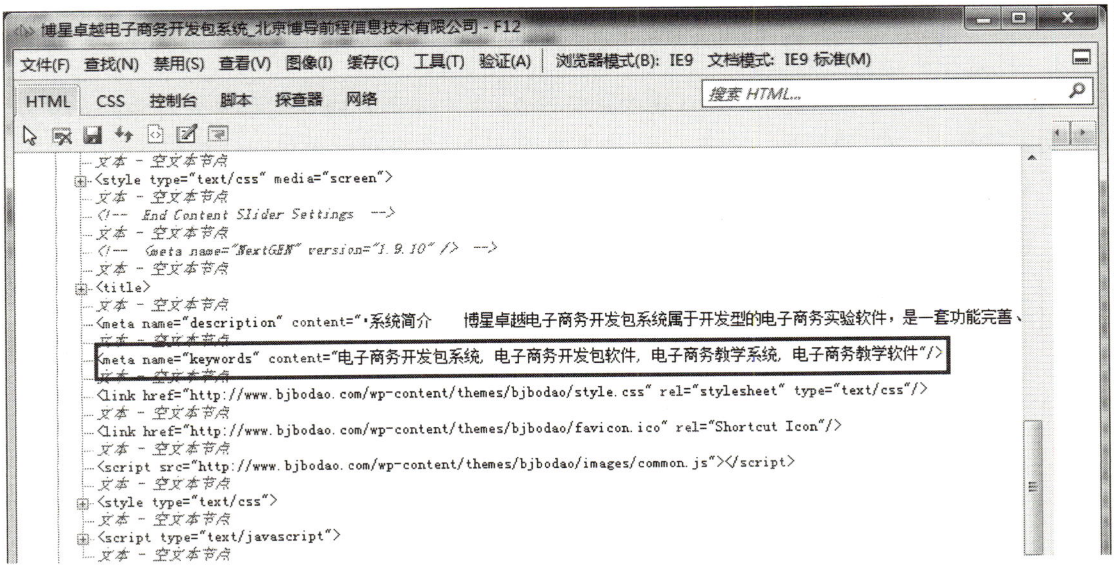

图 2-2 网站源代码中的关键词

3．标题定位与部署

确定了关键词，接下来需要根据网页的内容确定网站标题。

以博星卓越电子商务教学实验系统为例，将产品页的标题定义为“博星卓越电子商务教学实验系统_实训软件_教学软件_北京博导前程信息技术有限公司”。

4．描述定位与部署

与关键词息息相关的，除了标题就是描述了。表现在搜索引擎中的描述如图 2-3 所示。

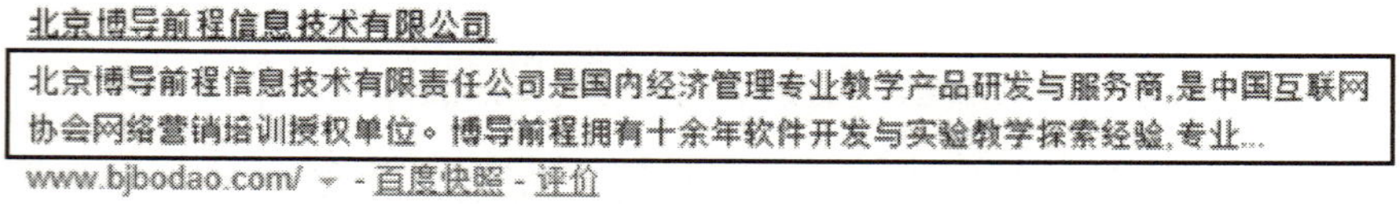

图 2-3　页面描述的表现形式

描述时，内容必须结合页面主题，编写一段介绍性的说明，在描述中需要出现设置的关键词。这样可以增大网站关键词的密度，同时可以帮助提升网站的用户体验。

通过上述几个步骤便完成了博导前程网站的关键词优化。

2．网站结构优化

网站结构优化的步骤如下：

（1）网站目录结构优化：对网站现有目录重新命名和编排，确保目录结构清晰、简明。

（2）网站代码优化：对代码中存在的问题进行调整优化。

（3）页面属性优化：对需要完善的页面属性进行重新定向。

案例 2-2　博导前程网站结构优化

1．网站目录结构优化

网站的目录结构不能太深，最好让用户通过 2～3 次点击就能找到需要的内容，链接深度还要看链接中“/”的数目，一般“/”域名后面有 2～3 个比较合适，保证终端页、详情页或是存放路径比较深的页面易被搜索引擎抓取，且获得高权重。

网站目录命名可以是英文、拼音及中文，但与之结合的多项数据分析系统对中文识别技术并不成熟，所以在进行网站目录命名时，多采用英文，一方面使得网站看上去比较正规，另一方面也能获得较好的搜索引擎识别，如图 2-4 所示。

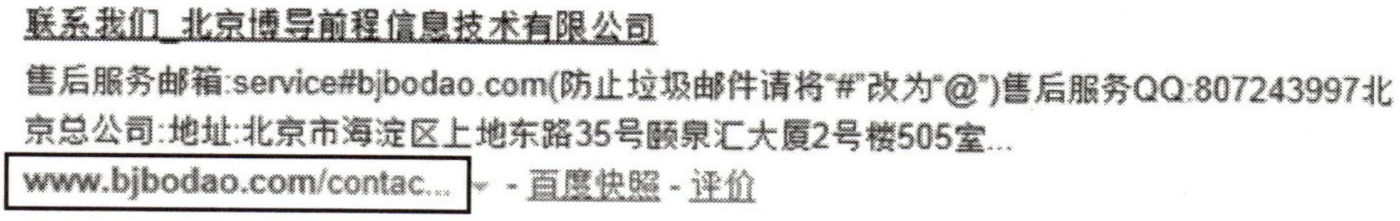

图 2-4　页面 URL 中网站目录的命名

2．**网站代码优化**

网站代码的优化除了可以在网站正式上线之后进行调整，更多的是要在网站开发过程中形成有效的积累。

在网站代码方面，博导前程做了如下工作：

（1）清除页面中多余的代码，包括空格代码、Style 和 Font 重复定义的代码，目的是让“搜索引擎蜘蛛”抓取页面时更流畅。

（2）采用 Div+CSS 进行布局，严格控制页面大小，确保在 100KB 之内，宗旨就是越小越好。

（3）确保代码闭合完整，形成有效作用。

（4）尽量少使用 JS，一定不能使用 Frame。

（5）不能含有隐藏的代码、覆盖代码，减少弹窗代码以及会隐藏的滑动条。

3．**页面属性优化**

下面处理网站框架分析中的最后一项——页面属性。

研发人员在制作博导前程网站时采用的是 Wordpress 系统，属于动态平台，考虑到用户和搜索引擎，研发人员将页面统一生成了静态 URL，静态 URL 又可以分为伪静态 URL 及纯静态 URL。纯静态 URL 多以 Html、Htm 结尾，伪静态 URL 的具体表现形式如 http://www.bjbodao.com/service/policy/。伪静态 URL 的出现是动态和纯静态的折中解决方案，伪静态最大的好处就是有利于搜索引擎，对用户体验也比较友好。

经过商议，实时更新的内容采用伪静态形式，不经常更新的内容采用静态形式，特定功能或交互式内容采用动态形式。

3．**网站链接优化**

网站链接优化包括内部链接优化和外部链接优化。

（1）内部链接优化。内部链接优化是针对站内链接进行的优化。一个完整、相互紧密联结的网站内部链接体系，实际上构成了一个庞大的站内网络，保证了“搜索蜘蛛”能够顺利“爬行”到网站的每一个角落，同时大大方便了用户的使用。

内部链接优化包括内链关键词优化、死链接查找与优化和 404 页面重定向设置。

（2）外部链接优化。外部链接优化是针对反向链接和友情链接进行的优化。外部链接的建设也是链接建设中的重要部分，通常导入链接会提供很高的权重，也是搜索引擎排名的重要因素之一。可以创建友情链接及在多平台发布文章，从而导入链接。需要注意的是，外部的创建是一个平稳增加的过程，突然增加大量外部链接，很容易被搜索引擎认定为作弊行为，那么就得不偿失了。

2.1.3 网站 SEO 效果监控

SEO 是一个循环递进的过程，在做完网站优化后，需要定期对网站数据进行整理记录，每周进行网站关键词排名及网站访问数据统计，并汇总成表格，最后进行数据对比，配合市场反馈再次对网站进行优化。

案例 2-3 博导前程 SEO 实施效果监控

1．搜索引擎表现

新的网站建立已经过去了一个月，博导前程要开始对网站进行优化效果评估。首先需要完成的是关键词排名的查看，通过观其关键字排名查询工具（http://www.flashplayer.cn/keywords/）查询关键词排名情况，如图 2-5 所示。

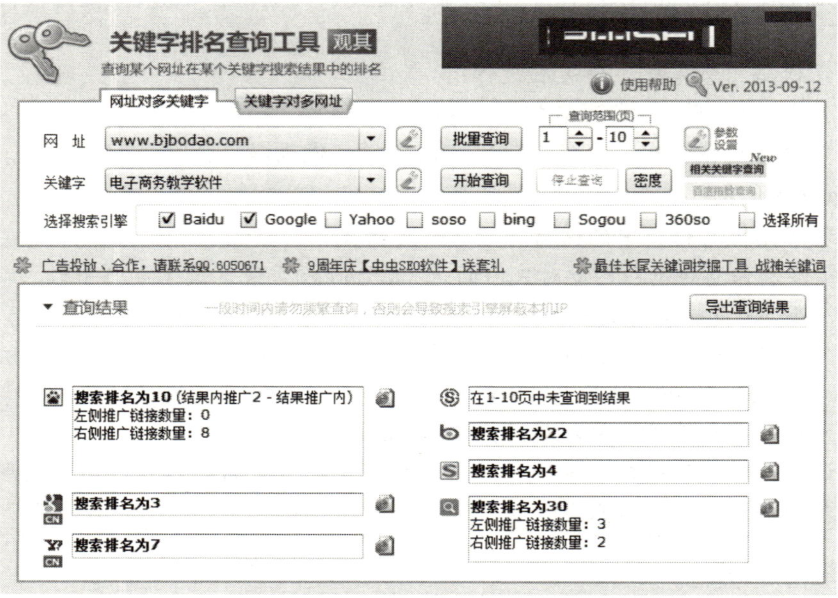

图 2-5 观其关键词排名查询工具

接下来需要对网站收录情况进行记录，同样地，使用站长工具箱（http://www.flashplayer.cn/webmaster-toolbox/）对网站收录及 PR 值（全称为 PageRank，网页级别）进行查询并统计，如图 2-6 所示。

网站收录量表现出网站被搜索引擎喜爱的程度，但收录量局限于享有网页数量。如一个网站总页面有 200 个，在搜索引擎收录量方面表现到极致，也不过被独立收录上 200 页。但收录量是下一步更新工作的依据。

同样的，通过站长工具箱可以查看网站 PR 值及网站排名情况，PR 是 Google 推出的页面权重定级指标，满级是 10。分值越高，意味着 Google 判定该页面的重要性越高，同时在一定程度上影响着关键词在 Google 中的排名。PR 值也为日后进行友情交换提供一个可参考的数据。从数据反馈的结果来看，博导前程网站的 PR 值为 4，作为一个官方网站，还具有一定的提升空间。

2．网站流量

在完成了网站关键词排名情况查看、网站收录情况记录等工作后，便要对网站访问量（IP/PV）进行统计。通过百度统计后台（见图 2-7），每周对网站访问数据进行查看，统计网站访问 IP/PV 等，同样，通过对百度数据统计进行分析，也可以看到网站受访页面入口、关键词来路、受访页面，通过关键词来路的统计，方便日后挖掘准确关键词，制定 SEO 的目标。

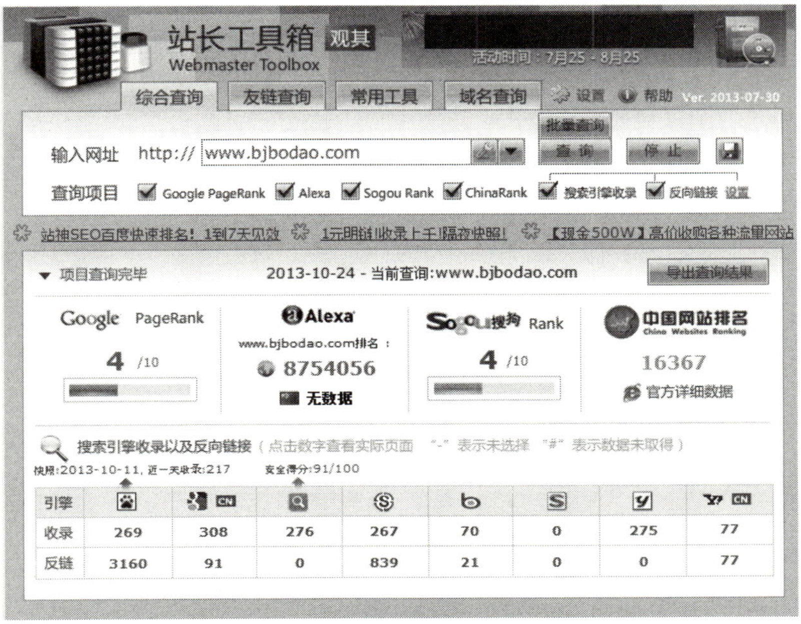

图 2-6 站长工具箱查询工具

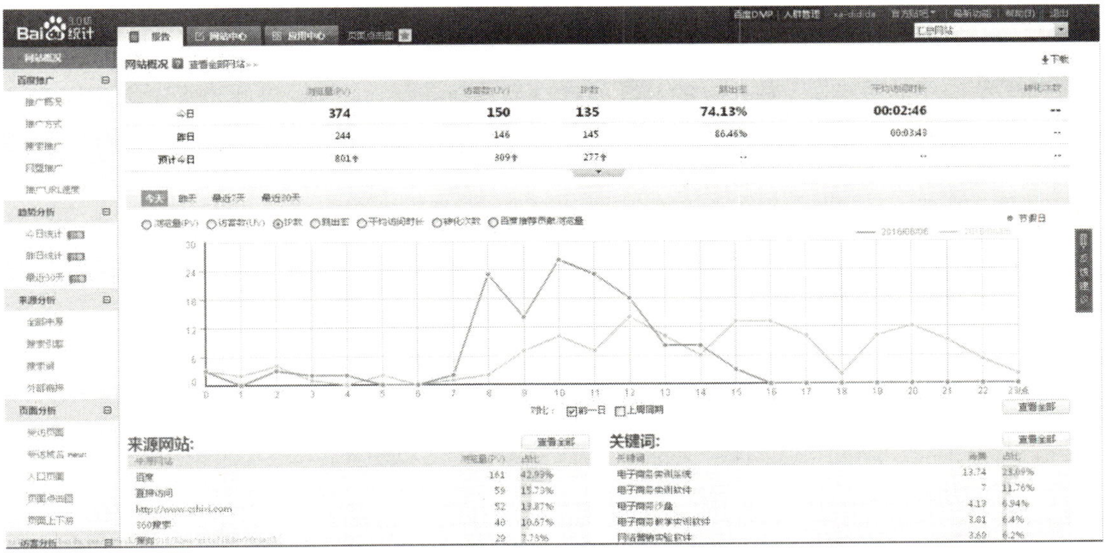

图 2-7 百度统计后台

3．数据汇总

通过以上工具逐一对各项情况进行查询统计后，形成数据统计表格。如图 2-8 所示为网站关键词排名统计。通过统计表格查看关键词排名情况，对于动荡较大的关键词，重点分析其原因，为后期推广优化提供依据。

		www.bjbodao.com					
		百度			Google		
序号	关键字	上周排名	本周排名		上周排名	本周排名	描述
1	电子商务教学软件	6	1	↑	15	9	↑
2	电子商务教学实验软件	1	1	—	2	2	—
3	电子商务教学系统	2	2	—	56	56	—
4	电子商务教学实验系统	1	1	—	1	1	—
5	电子商务教学软件系统	2	2	—	8	3	↑
1	电子政务教学软件	1	1	—	7	6	↑
2	电子政务教学实验软件	8	8	—	2	2	—
3	电子政务教学系统	37	38	↓	9	7	↑
4	电子政务教学实验系统	6	6	—	1	1	—
5	电子政务教学软件系统	7	7	—	3	2	↑
1	市场营销教学软件	2	1	↑	9	6	↑
2	市场营销教学实验软件	48	48	—	2	2	—
3	市场营销教学系统			—	28	26	↑
4	市场营销教学实验系统	22	24	↓	1	1	—
5	市场营销教学软件系统	33	34	↓	3	3	—
1	国际贸易教学软件			—	17	9	↑
2	国际贸易教学实验软件	70	72	↓	19	11	↑
3	国际贸易教学系统			—			—
4	国际贸易教学实验系统	25	29	↓	10		
5	国际贸易教学软件系统	51	51	—	12	10	↑

图 2-8　网站关键词排名统计

2.2　搜索引擎营销

搜索引擎营销（Search Engine Marketing，SEM）是指在搜索引擎上使用适当的费用购买和自己产品相关的关键词，使自己的品牌或者产品出现在显著位置，以此带来更多目标客户。搜索引擎营销可以理解为通过搜索引擎服务商提供的推广服务进行网络推广。搜索引擎营销在网页中的表现如图 2-9 所示。

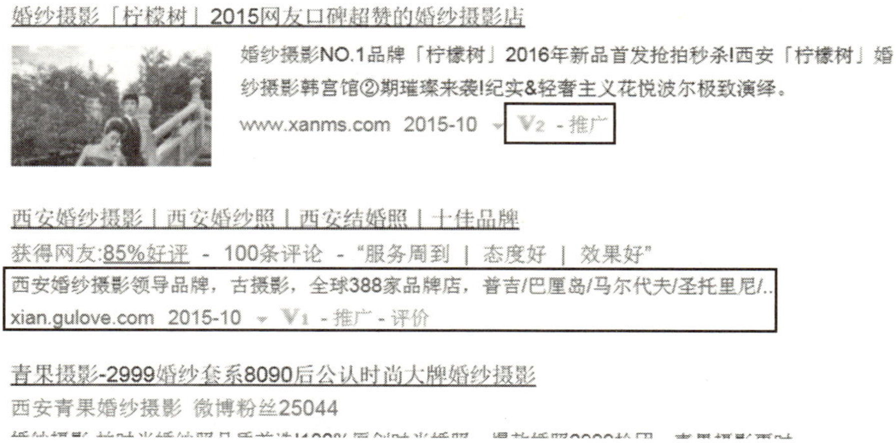

图 2-9　搜索引擎营销在网页中的表现

如图 2-9 所示，搜索结果中含有“推广”字样的条目即为进行了 SEM 的网页。用户也可以直接点击“推广”进入百度推广页面，开展搜索引擎营销。

Meta 信息中的描述属性具体体现在 SEM 中就是标题下方的一行描述性的文字，这一点和 SEO 是一样的。不同的是，在 SEM 中我们把这一行描述性的文字称作关键词创意，创意就是对我们要推广的关键词所做的进一步描述，其目的是提升推广效果。

在此还要说明一点，虽然 SEM 是付费排名，但是搜索引擎中同一个关键词下往往有成千上万的网页竞争排名，因此想要被搜索引擎排在前几位是非常难的。用户在设置关键词的时候需要对关键词进行出价，出价的高低将直接决定关键词在网页中的排名。用户在出价时需要综合考虑关键词的竞争热度以及竞争对手的出价情况，来决定自己的最终出价，通过竞价的方式来达到排名效果的这种机制被称作竞价排名，根据不同的搜索引擎又可分为百度竞价排名、谷歌竞价排名、搜狗竞价排名等。

搜索引擎营销包括搜索引擎营销实施（SEM 实施）和搜索引擎营销效果监控（SEM 效果监控）两部分。下面将以博导前程旗下网站博星卓越为例进行详细阐述。

2.2.1 SEM 实施

SEM 的实施步骤如下：

（1）建立推广计划与推广单元。推广计划和推广单元相当于项目管理目录，利用推广计划和推广单元对要实施 SEM 的关键词进行管理是十分便捷的，建立条理清晰的推广计划与推广单元十分必要。

（2）设置关键词。这里的关键词可以是 SEO 中的关键词，也可以根据市场调研获得的信息来设置。设置关键词时要利用好百度推广中的“关键词规划师”，筛选确定合理的推广关键词。

（3）设置关键词创意。创意是为吸引潜在客户而存在的，一个好的创意可以在众多推广中脱颖而出。在创意撰写时有一个基本原则，就是创意内容必须针对关键词撰写，在撰写时最好包含关键词，能够表现出品牌或产品的特色，并且语句精短，符合逻辑。

（4）关键词定价。关键词出价要注意的是，并不是出价越高越好，因此在对关键词进行定价时一定要综合考虑关键词的搜索量、竞价的数量、竞价的价格、预期搜索排名等因素，针对不同关键词酌情出价。

案例 2-4 博星卓越 SEM 实施

目前，国内使用最广泛的搜索引擎为百度搜索，因此本案例也以百度推广为例进行演示。

1．注册并完善账户

在具体实施之前，首先要做的是在百度中注册百度推广账户。

（1）开通账户。打开百度推广页面进行申请，完成账户注册后进入主界面，如图 2-10 所示。

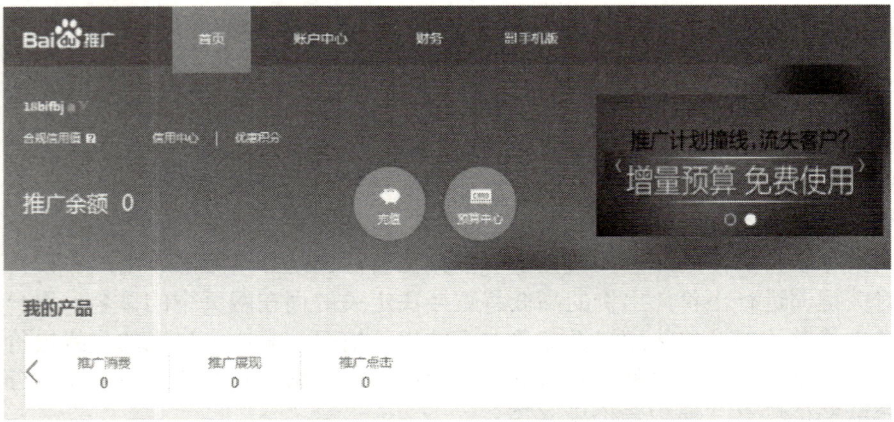

图 2-10　百度推广主页

（2）账户充值。联系百度服务商进行账户资金充值，完成充值后推广余额中会有金额显示。

2．建立推广计划与推广单元

接下来就需要着手部署推广了。百度推广分为搜索推广（关键词推广）与网盟推广。前者就是常见的表现在搜索结果页中的搜索推广，而后者是类似于广告联盟性质的推广方式。只要开通了账户，这两种推广方式都可选取。为了配合 SEO，占据更显著的优势，选择搜索推广在一定程度上比网盟推广效果要好。因此，着手从搜索推广开始。

从推广主页中选择进入搜索推广，如图 2-11 所示。

图 2-11　进入搜索推广

进入搜索推广主界面，选择导航中的推广管理，在推广计划栏目中选择“新建计划”，如图 2-12 所示。

在推广计划之中，可以对计划进行命名，并且选择创意的交替方式，一种是系统默认的优选，另一种是根据用户添加的创意进行轮替，同时可以为该推广计划设置展示区域。建立之后，就能够在左侧功能区及中部信息区中看到新建立的推广计划，如图 2-13、图 2-14 所示。

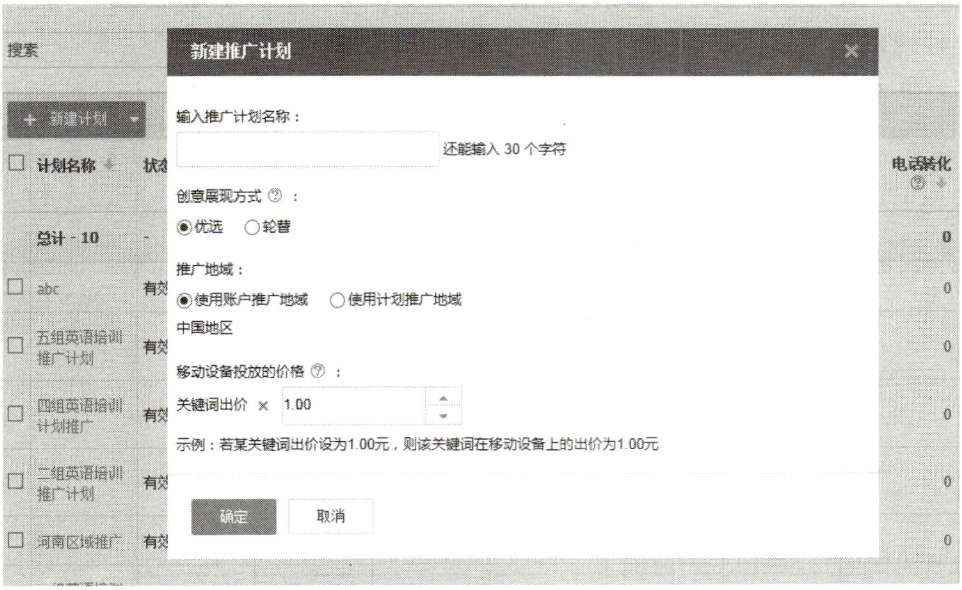

图 2-12　新建推广计划

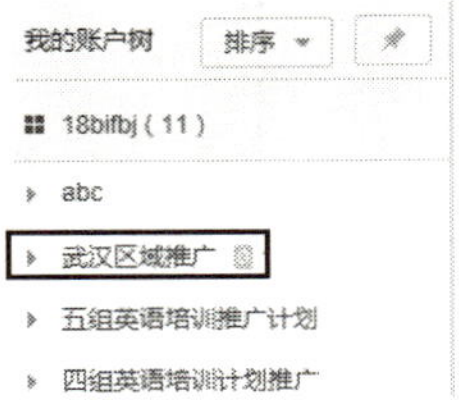

图 2-13　左侧功能区新建的推广计划

图 2-14　中部信息区新建的推广计划

接下来，需要在该推广计划中，建立推广单元。单击新建项目“武汉区域推广”，从分类栏目中选择推广单元，单击“新建单元”，如图 2-15 所示。

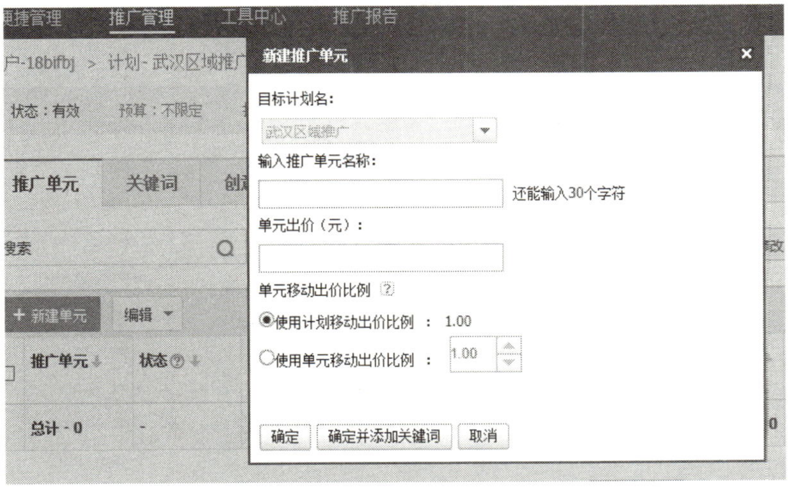

图 2-15　新建推广单元

输入推广单元名称“电子商务教学”，确定“单元出价”为 1 元，选择“确定并添加关键词”，继续为推广单元添加关键词。

3. 设置关键词

如图 2-16 所示，在“关键词规划师”中用户可以选择通过搜索添加和百度推荐来选择关键词，条件筛选可以帮助用户筛选目标关键词，用户可以从下方查看关键词的具体信息。

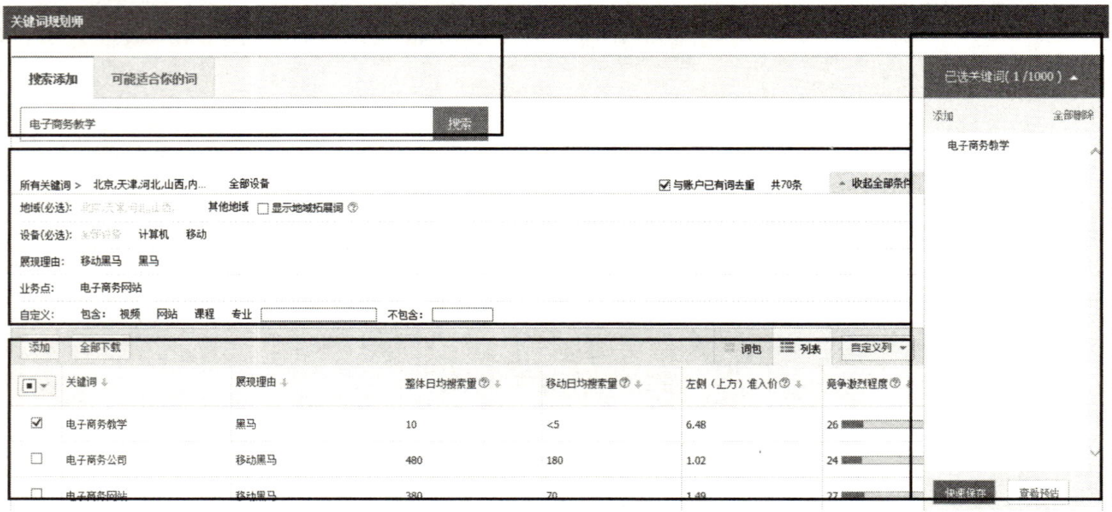

图 2-16　在推广单元中添加关键词

设置关键词时，所选择的关键词既可以与 SEO 中的关键词相同，也可以去竞争一些热门词汇，但后者往往要花费更高的成本，因此公司决定从最简单的“电子商务教学软件”入手。首先在搜索框中键入“电子商务教学”，了解当前百度扩展出的相关关键词的竞争情况，如图 2-17 所示。

图 2-17　关键词扩展分析

添加“电子商务教学软件”这个关键词，很快就看到了结果，如图 2-18 所示。

图 2-18　关键词添加后的结果

在这样的结果中，关键词正在被审核，基础出价为 1 元，质量度非常差，后续数据均为 0。关于该关键词的设置没有进行完毕，须进一步完善。

4．设置关键词创意

返回推广管理界面，选择创意栏目，单击“新增创意”，进入创意编写，如图 2-19 所示。

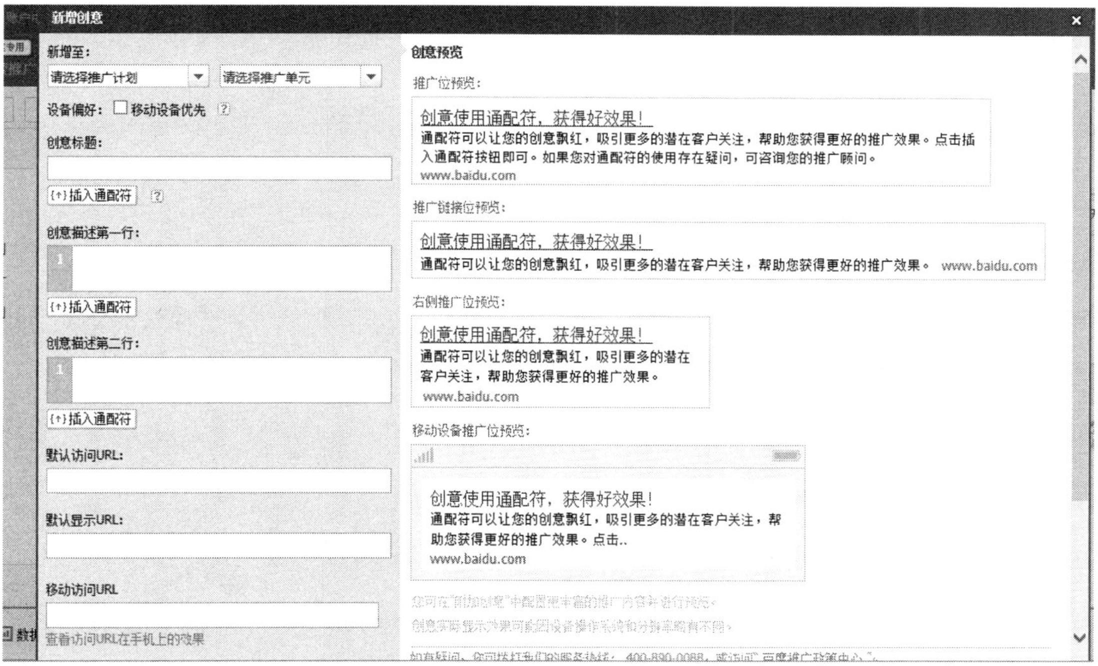

图 2-19　创意界面

首先选择创意的地方，也就是前面已经创建好的推广单元，比如，现在选择武汉区域推广下面的电子商务教学，在创意标题中填写创意标题，如“专注开发{电子商务教学}实训软件”，这里可以看到“{}”括起来的词汇，这就是插入的通配符，鼠标放在你要插入的位置即会出现“{}”，往里填写词汇就可以，重点是这个词要和前后连接起来是一句通顺的句子，描述部分也一样。下面是默认访问 URL，在这里填写网站名 www.didida.com，如图 2-20 所示，默认显示也是如此，页面右侧是创意预览，可以看到编辑好的创意在搜索引擎中的展现方式，下面还有在手机上的形式。

编辑完创意后单击“确定”键，这样一个关键词创意就完成了，其显示结果如图 2-21 所示。

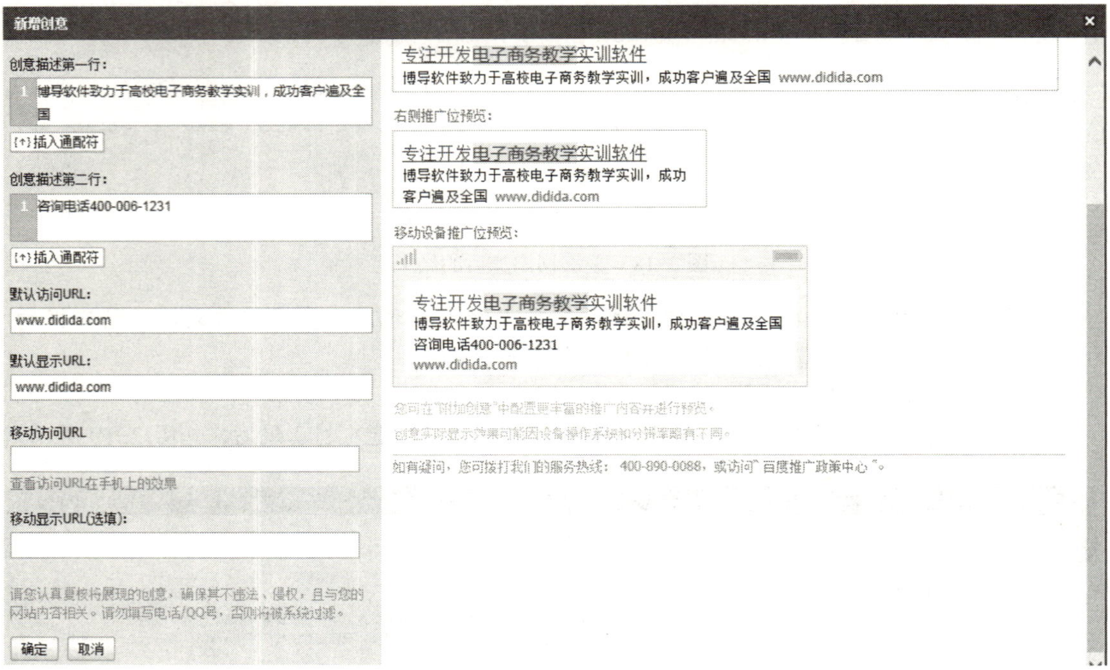

图 2-20 编辑创意

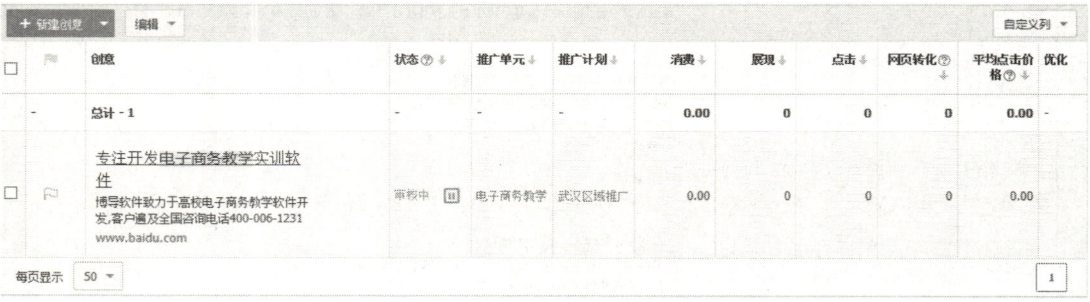

图 2-21 创意显示

完成了创意编辑后，返回关键词列表，一旦创意经过审核，关键词的质量度会发生变化，再根据质量度判断是否继续调整策略，优化关键词创意。

如图 2-22 所示为关键词的表现。加载创意之后，关键词的质量度迅速提升，3 星是最佳表现，意味着该关键词能够最大限度地展现在左侧搜索结果页及右侧推广区域之中。

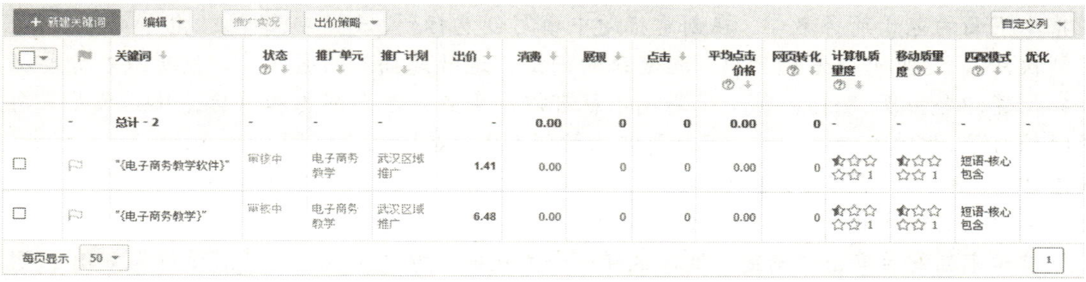

图 2-22 关键词的表现

5．设置关键词出价

进入关键词界面，可以查看关键词现有出价，如图 2-23 所示。

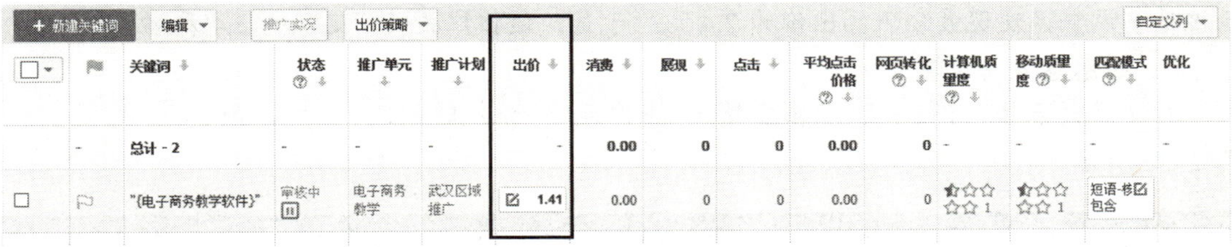

图 2-23　关键词出价

推广单元的默认出价为 1.41 元，公司需要调整关键词出价，以确保将关键词进行展示。由于无法获悉其他竞争者对该关键词给出的价格，需要根据对关键词热度的判断，选择性地调整。先将出价修改为较高的 3 元，操作步骤如图 2-24，图 2-25 所示。

图 2-24　修改关键词出价（一）

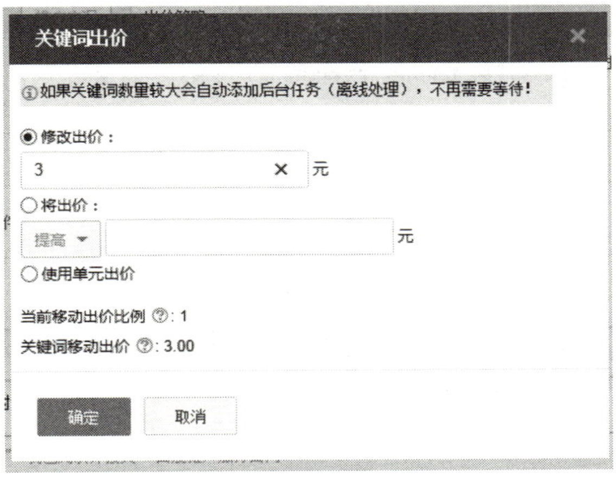

图 2-25　修改关键词出价（二）

通过估算工具，发现自己的竞价产生了效果，如图 2-26 所示。

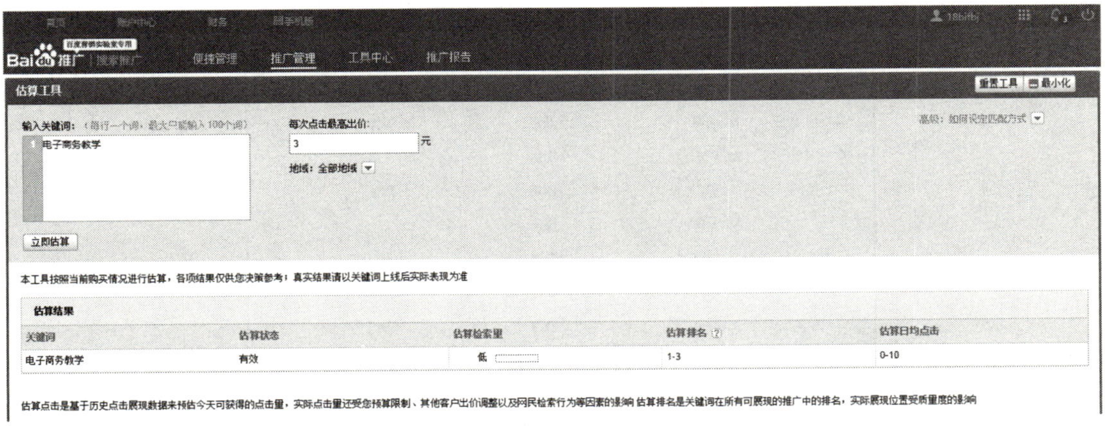

图 2-26　百度关键词出价估算工具

将价格调整为 2.5 元，随后再次搜索，发现排名没有发生变化。为了让价值最大化，再次细微调整出价，由 2.5 元变更为 2.4 元，排名依旧。调整为 2 元，发现排名降至第三名。经过反复调整，发现最合理的出价为 2.4 元。于是，该推广关键词定义为 2.4 元/次。

6．防恶意点击设置

对于恶意点击，可设置以下相应属性：推广地域、推广时间段、推广日预算，如图 2-27～图 2-30 所示。

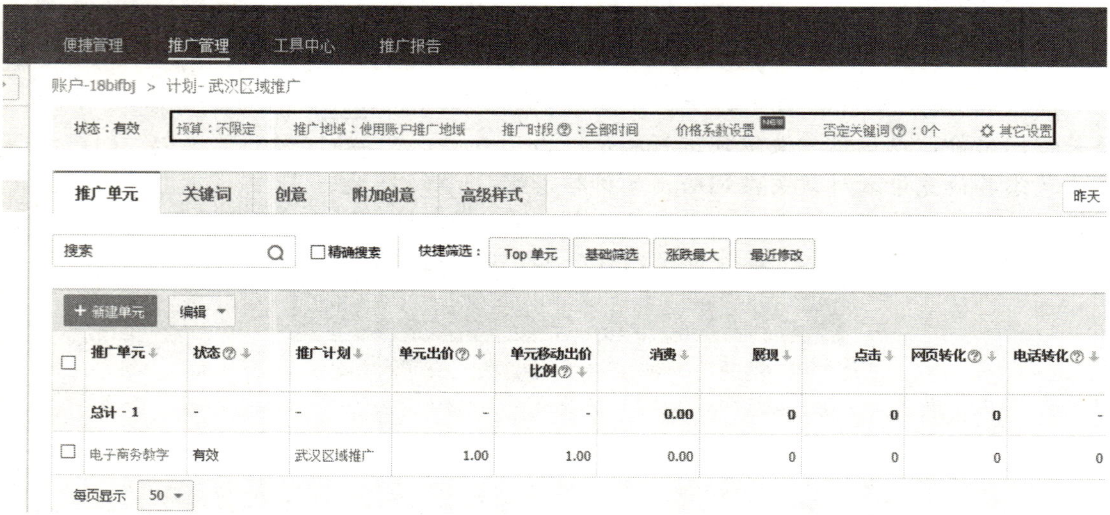

图 2-27　设置相关属性

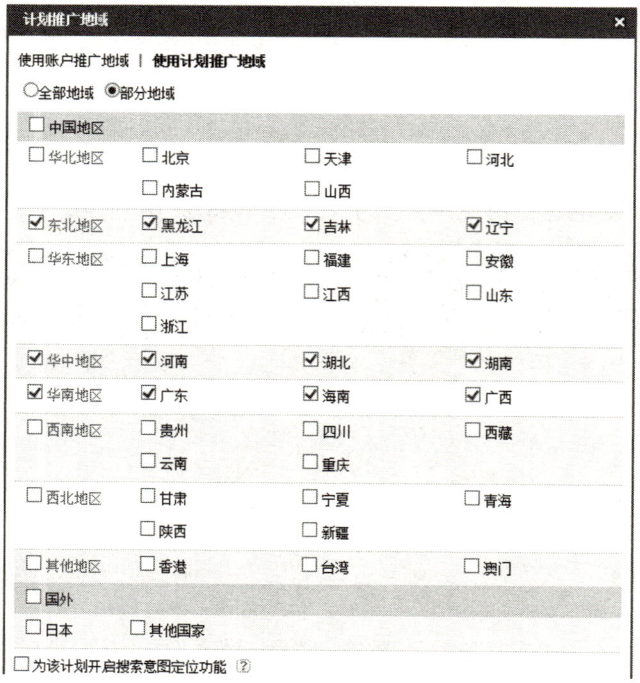

图 2-28　设置推广地域

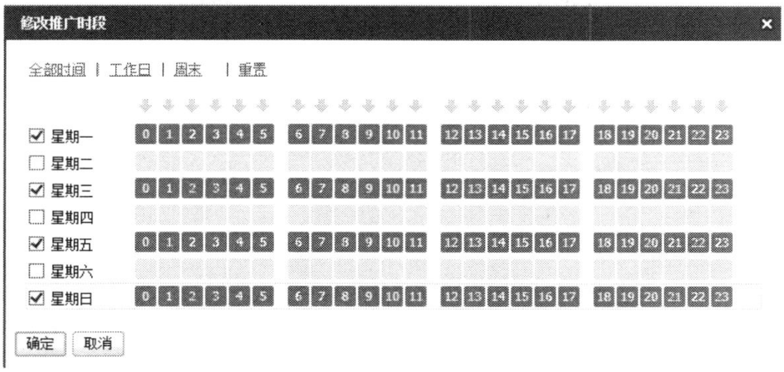

图 2-29　设置推广时段

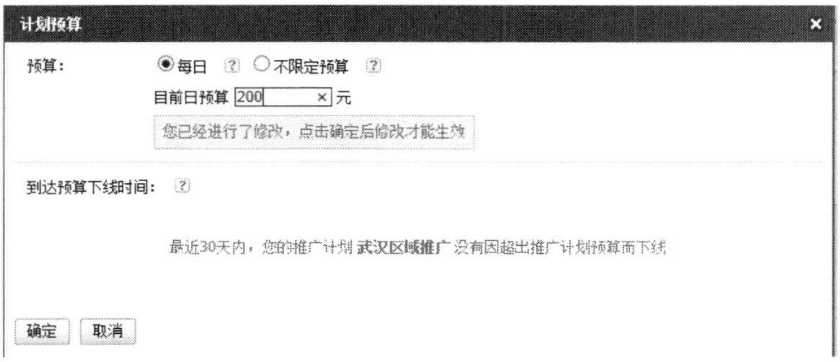

图 2-30　设置推广日预算

之所以设置这些属性，是为了尽可能地控制关键词的展示情况，如周六、周日并非客户对产品需求挖掘关键期，因此可以设置为周六、周日不展示，即周六、周日使用推广关键词进行搜索，百度将不会展现其推广，这在一定程度上可以实现“节流”。

2.2.2　SEM 效果监控

网络营销的优势在于可追踪、可评估，因此营销人员需要每天紧盯着数据。百度推广后台的数据中心提供了快速效果分析的可能性，如图 2-31 所示。

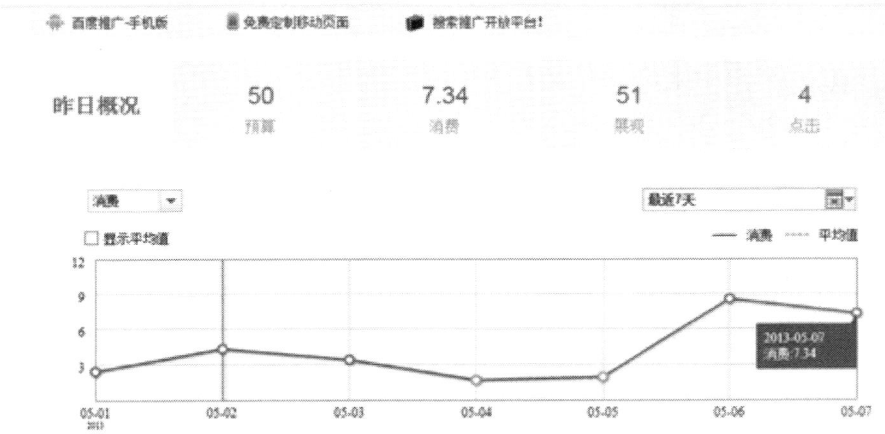

图 2-31　百度后台展示

百度后台每天都提供昨日概况，包括日预算、共花费金额、产生的展现数量与点击数量。

同时，在推广单元中，也集中展示了所有推广关键词的具体情况，如图 2-32 所示。

		关键词	状态	推广单元	推广计划	出价	消费	展现	点击	平均点击价格	网页转化	计算机质量度	移动质量度	匹配模式	优化
	-	总计 - 2	-	-	-	-	0.00	0	0	0.00	0	-	-	-	-
□		"{电子商务教学软件}"	审核中	电子商务教学	武汉区域推广	3.00	0.00	0	0	0.00	0	1	1	短语-核心包含	
□		"{电子商务教学}"	审核中	电子商务教学	武汉区域推广	4.50	0.00	0	0	0.00	0	1	1	短语-核心包含	

图 2-32　关键词数据

用户也可从工具的数据报告中，快捷地查询各类数据分析结果，如图 2-33 所示。这些数据都是调整关键词推广策略的必要条件，需要根据数据做出相应的判断，如是提高出价，还是修改创意等。

当然，最核心的还在于，这些推广关键词究竟为公司带来了多少利润。SEM 运营人员除了每日查看数据报告外，还要积极与营销中心对接，咨询每日电话量，在这些电话咨询中有多少为意向客户，有多少处在洽谈阶段，继而以线下结合线上的方式，形成效果评价。

图 2-33　数据报告

岗位技能训练

实训 1　搜索引擎优化技能训练——SEO 技能训练

【实训背景】

北京博导前程信息技术有限公司是国内著名的教学软件公司，有着十多年的实验教学研究探索和软件开发经验，专业为高校提供教学软件产品，是国内教学软件的领跑者。www.didida.com 是其旗下的网站。现请同学们根据教学案例中学到的知识，对该网站进行分析，找出问题，进行优化调整。

【实训要求】

（1）能够分析并优化网站结构。

（2）能够查找并优化网站死链接。

（3）能够设置 404 页面。

（4）能够优化 ALT 标签。

（5）能够完成关键词挖掘。

（6）能够完成内链发布。

（7）能够创建外链。

【实训指导】

（1）布置任务：教师向学生介绍实训素材，将学生按 3～4 人一组的标准划分成若干个任务小组，以小组为单位进行任务实训。

（2）案例分析：各任务小组对实训案例网站进行分析，针对分析得出的问题提出优化方案。

（3）课堂陈述：各任务小组上交网站 SEO 方案实训报告，并选派小组代表上台陈述方案，其他小组可针对方案进行提问。

（4）评价效果；各小组代表陈述后，指导老师进行点评，并由全班同学进行无记名投票，评选出该次实训的获奖小组，给予表扬和奖励。

【实训内容】

任务一　案例查看

步骤一：源代码查看。

进入博星卓越网站页面，在网页空白处单击鼠标右键，打开网页命令菜单，单击“查看源”，打开网页 html 源代码页面，如图 2-34 所示。

查询网页源代码时，需要注意以下主要标签：“<title>”“<keywords>”“<description>”。

步骤二：网站结构查看。

学生在网站中选择一个栏目分类，点击查看该分类下的详情页面，通过地址栏观察网站目录结构及目录命名。查看各个分类栏目页面 URL，确定网站结构，如图 2-35 所示。

```
http://www.didida.com/ - 原始源
文件(F)  编辑(E)  格式(O)
<!DOCTYPE html PUBLIC "-//W3C//DTD XHTML 1.0 Transitional//EN" "http://www.w3.org/TR/xhtml1/DTD/xhtml1-transitional.dtd">
<html xmlns="http://www.w3.org/1999/xhtml">
<TITLE>博星卓越(中文)网站-教学软件_国际贸易教学软件_创业创新实践平台_精品课程建设_教学资源库建设</TITLE>
<meta  name="description" content="教学软件，教学系统，国际贸易教学，综合实训教学，电子商务教学，电子政务教学，市场营销教学，网络营销教学，网上支付与结算，创新创业实践平台，精品课程建设，教学资源库建设，师资培训计划">
<META  name="keywords" content="教学软件,教学系统,教学实验系统,教学实验软件,精品课程建设,创新创业实践平台,电子商务教学软件,网上支付与结算系统,电子商务模拟运营软件,国际贸易教学软件,电子政务教学软件,物流教学软件,网络营销教学软件">
<META http-equiv=Content-Type content="text/html; charset=gb2312">
<STYLE type=text/css -- } bold; font-weight: #FFFFFF; color: { .style1
<!-->

<STYLE type=text/css>.style1 {
        COLOR: #990000
}
</STYLE>
<LINK href="images.files/DefaultSkin.css" type="text/css" rel="stylesheet">
<style type="text/css">
.style1 {COLOR: #990000}
.anylinkcss{
position:absolute;
visibility: hidden;
font:normal 12px Verdana;
line-height: 18px;
z-index: 100;
background-color: #ADD2DA;
width: 110px;
}
.anylinkcss a{
        width: 100%;
```

图 2-34　查看网页源代码

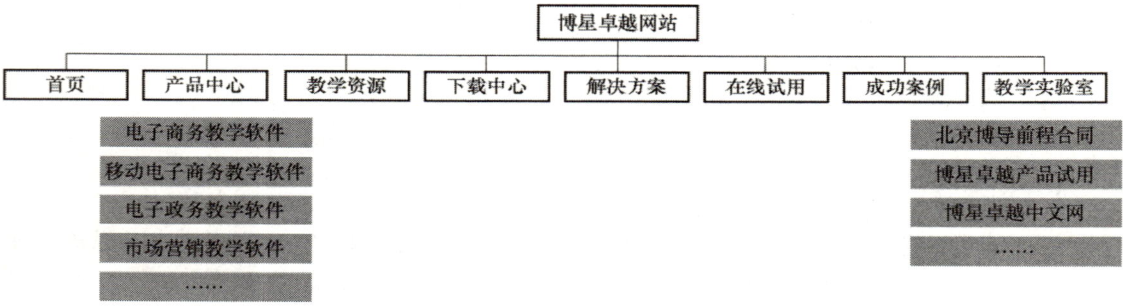

图 2-35　网站结构

步骤三：网站 SEO 综合查询。

通过站长工具或爱站 SEO 工具，在查询框中输入网址“www.dididа.com”，单击“查询”，查看网站 SEO 详情，如图 2-36、图 2-37 所示。

通过 SEO 查询结果，可以对网站现状，即网站权重、网站收录量、关键词、外链数、Meta 信息等进行查看，对网站的整体情况有所了解。

步骤四：网站死链接查询。

通过站长工具的死链接检查页面，可以进行网站死链接的检测，如图 2-38、图 2-39 所示。

图 2-36　SEO 综合查询工具

图 2-37　SEO 查询结果

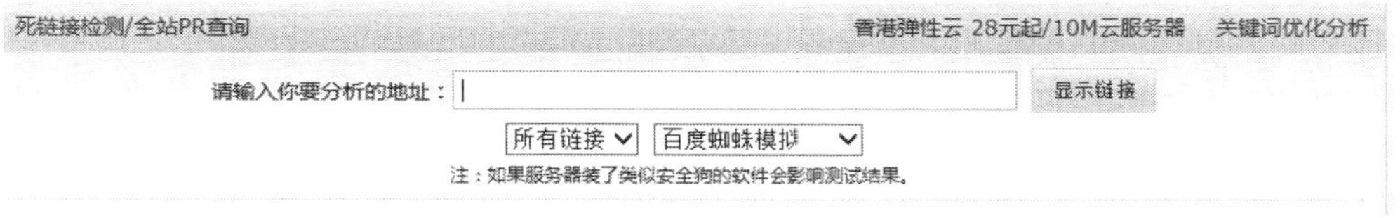

图 2-38　网站死链接检测

图 2-39　死链接检测结果

步骤五：404 页面重定向分析。

通过站长工具网页状态查询工具，在地址栏中输入对应的死链接，查看其返回状态，如图 2-40、图 2-41 所示。

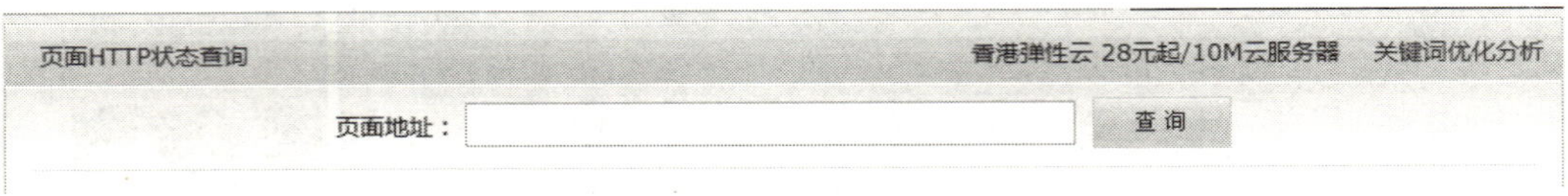

图 2-40　网页状态查询

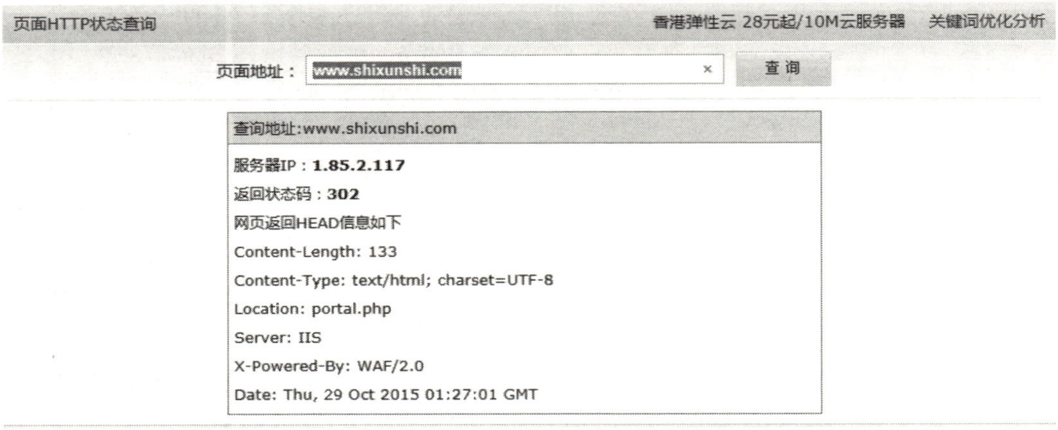

图 2-41　网页状态代码

通过查看网页状态，判断网站是否存在 404 错误代码设置。

步骤六：网站 SEO 优化查询。

在站长工具中，点击 SEO 优化建议工具，输入博星卓越官网地址，可以分析出网站存在的问题等相关信息，并给出相关建议，如图 2-42、图 2-43 所示。

图 2-42　SEO 优化建议查询

图 2-43　SEO 优化建议结果

任务二 实战优化

在完成相关案例的基本查询之后，接下来要对网站进行优化，包括网站结构优化、死链接优化、404 页面设置、内容优化、关键词挖掘、内链发布及外链发布。

步骤一：网站结构优化。

对于网站需要完善的目录结构进行修改完善，并以 URL 的形式列出完善后的网站目录，完成网站结构图。

步骤二：死链接优化。

通过死链接检测工具检查出网站死链接后，根据死链接的状态，选择对应的处理方式，写出优化方案。

步骤三：404 页面设置。

通过网页状态查询，查看死链接返回代码。若网站没有设置 404 页面，则需要设置 404 页面。

步骤四：内容优化。

通过 SEO 优化建议工具，对于网站中未注明 ALT 信息的图片，选择正确的 ALT 标签描述，写出具体的优化方案。

步骤五：关键词挖掘。

根据“博星卓越移动电子商务教学软件”进行筛选归类，选择合适的关键词，包括核心关键词、间接关键词、长尾关键词，完成关键词列表。

步骤六：内链发布。

根据案例背景，撰写一篇用于网站内部发布的文章。

在正文里，要围绕关键词自然地写作，千万不要生硬地将需要优化的关键词直接插到文章中。在文章中，尽量使用关键词的近义词、同义词。

关键词的布局要求：最重要的几个位置是开头，特别是第一段开头的 50～150 个字，需要包含一次关键词，然后中间正文中，出现 2～3 次关键词或其近义词，文章的结尾也包含一次关键词就可以了。

通过长尾关键词挖掘工具查找长尾关键词，将这些词组织到文章里。

步骤七：外链发布。

首先对外链进行归类，包括反向链接和友情链接。然后总结外链可以发布的渠道，汇总列表。

实训2 搜索引擎营销技能训练——网站 SEM 方案设计

【实训背景】

以案例网站（见图 2-44）为实训背景素材，根据提供的网站基本信息（见表 2-4），完成网站 SEM 方案设计。

图 2-44　案例网站

表 2-4　案例基本信息

公司营销目标		公司希望通过对网站各项培训产品的推广，提升网站的访问量并形成订单
客户基本信息	公司名称	北京 AAA 雅思培训学校
	行业概况	一、已有投放渠道 1. 传统渠道：在公交车站广告牌、报刊上做广告 2. 网络投放：也曾尝试通过网站展示广告（新浪网） 二、以往投放 SEM 经验 公司市场部对 SEM 没有任何投放经验，了解同行通过百度搜索推广效果不错，希望尝试搜索推广并获得较多的订单回报。 三、主要的竞争对手 1. ×××学校 2. ×××学校

（续）

客户基本信息	公司规模	中型公司
	公司推广预算	每天 3000 元
	受众目标	主要潜在客户：学生 潜在客户覆盖地区：北京、河北 潜在客户群可能上网搜索时段：北京地区 周一至周五 11:00—22:00，周末全天 河北地区 周一至周五 17:00—20:00，周末 10:00—22:00
	官网网址	edu.baidu.com.

【实训要求】

（1）能够新建推广计划和推广单元。

（2）能够确定网站关键词。

（3）能够编写关键词创意。

【实训指导】

（1）布置任务：教师向学生介绍实训素材，随后以 3～4 人一组为标准，将学生分成若干个学习小组，各学习小组认真阅读案例背景，了解实训素材。

（2）方案策划：各学习小组对实训案例网站进行分析，针对分析得出的结论提出 SEM 方案，完成方案的设计。

（3）课堂陈述：各任务小组上交网站 SEM 方案，并选派小组代表上台陈述方案，其他小组可针对方案进行提问。

（4）评价效果；指导教师对各小组的实训报告给予点评和建议，并对表现优秀的小组予以表扬和奖励。

【实训内容】

根据实训要求，完成以下实训方案设计。

方案要求：推广账户中至少要设计 3 个计划，每个计划下至少设计 2 个单元，在第一个计划中提交 10 个以上关键词并撰写 2 条以上创意。如图 2-45 所示为某英语培训创意撰写内容。

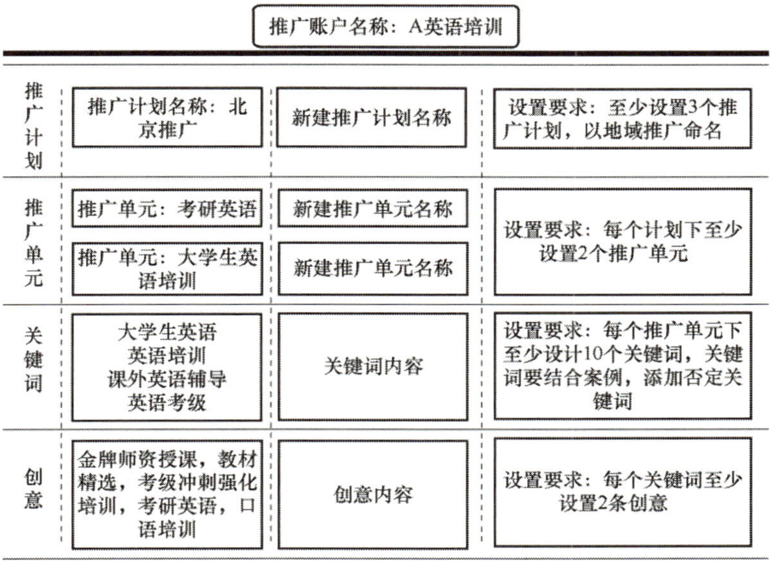

图 2-45 某英语培训创意撰写内容

第3章　软文营销

案例导读

从重视产品的效果宣传、企业形象塑造、品牌推广的传统企业，到高度重视口碑的互联网电子商务公司，软文营销的思想与使命一直没有变化。无论是软性营销史上曾被奉为经典的“脑白金”模式，还是在互联网电子商务领域软性推广中风生水起的凡客诚品，无一不在诠释着除广告外另一种有效建立品牌形象的工具——软性公关的重要性。

凡客诚品对很多网购的人或者平时留意网络信息较多的人来说都不会陌生，甚至可以说凡客诚品是一个耳熟能详的服装品牌。凡客诚品每周都会发布媒体公关稿件，当然这也以网络媒体为主。其软新闻涉及网站改进、服务变动、老总专访、企业文化等各个方面。这也许不能带来直接购买量，却可以树立凡客诚品在用户内心的地位，增加企业知名度，增加用户忠诚度。软文营销促使凡客诚品从默默无闻到风光无限，凡客诚品软文策划案例也是举不胜举。本章就以凡客诚品的软文营销为例，分析软文的创作类型和创作手法。

图3-1 凡客诚品 Logo

3.1 软文营销概述

软文是相对于硬性广告而言，由企业的市场策划人员或广告公司的文案人员来负责撰写的“文字广告”。软文营销是一种以销售或增强影响力为主的营销方式，此类文章会直接或间接地包括业务、联系信息，以建立个人影响力，提升企业品牌信誉，吸引新的客户。在信息化高速发展的今天，营销已经不局限于传统的方式，软文营销就是其中最新的方式之一，软文营销作为生命力最强的一种广告形式越来越受到企业的推崇。

本节主要以凡客诚品软文营销作为案例来阐述和分析软文营销的策划环节。

3.1.1 市场背景分析的概念

市场营销分析是指企业在规定时间内，对各个营销区域的各项销售工作进行的总结、分析、检讨及评估，并对下阶段的营销工作提出修正建议，对某些区域的营销策略进行局部调整，甚至对某些区域的销售计划予以重新制订。因此，市场营销分析工作是企业营销管理工作的主体内容。市场营销分析的主要内容如下：

（1）分析产品，挖掘目标受众的需求。

（2）分析市场，形成在同类企业中的竞争优势。

（3）分析渠道，提升运作效率，提高品牌知名度。

案例 3-1　凡客诚品市场背景分析

市场背景分析，这里主要以同类企业抢占细分市场、目标受众分析及实施原因分析为侧重来分析，通过三个方面多维度的分析使营销受众群体更加清晰，营销目的更加明确。

尽管凡客诚品的创新的商业模式和服务流程都可圈可点，但作为一个新兴行业的企业，其未来面临的挑战是多方面的。网络销售行业未来发展空间较大，此种模式正处于成长阶段，仍有较多的市场机会，关键是看企业的运营能力和操作技巧。

1．同类企业抢占细分市场

目前电子商务服装企业大多有各自的定位并专注于一个细分市场，例如，凡客诚品的产品定位为“质优价廉的棉质衬衣”、而玛莎玛索（Masa Maso）和普派专注于“时尚的年轻人的正装”、梦芭莎（Moonbasa）则专注于“让东方女性更加美丽自信的内衣系列”。近年来，服装销售占中国 B2C 垂直细分市场中的比例逐年提高，尽管中国电子商务市场仍然在高速增长，但毕竟单一产品的市场容量是有限的，凡客诚品不可能依靠单一的产品系列，在未来的时间继续保持高速增长；而开发新的产品和服务、进入新的市场，与其他的对手抢夺市场份额，凡客诚品如何能保持模式的创新和自己独有的竞争优势，这些是摆在凡客诚品面前的问题。

2．目标受众分析

凡客诚品所定位的消费群体，他们熟悉互联网、热衷于网上购物。他们就是中国网民中人数最庞大的一个群体，也就是 25～35 岁的中层经济状况的 80 后、90 后青年。这样一个群体的精准统一，让凡客诚品在把握他们的兴趣、爱好、追求、信仰、消费心理、消费行为等各方面都更加得心应手。

3．**实施原因分析**

对于凡客诚品来说，一方面是其创新的服务设计及与之相适应的各个企业模块的运营，另一方面是利用物美价廉的产品和优质的服务触动特定的顾客群体的情感，但作为一个以模仿 PPG 为起点的轻企业，凡客诚品在技术、产品、品牌、供应链上都没有自己的核心竞争力，而互联网行业是一个行业门槛低、可复制性强的行业，凡客诚品需要建立自己的核心竞争力，那就是打造自己的强势品牌。品牌是一种识别标志、一种精神象征、一种价值理念，是品质优异的核心体现；是消费者对产品、服务、文化、声誉等心理反应的总和，打造品牌是指在提升知名度的基础上提升美誉度。

凡客诚品抓住了软文营销的优势特点，选择利用软文营销来提升自身品牌的知名度。在软文的编写上力求达到以下效果：

（1）本质是广告，追求低成本和高效回报，不要回避商业的本性。

（2）伪装形式是新闻资讯、管理思想，企业文化，技术、技巧文档，评论、包含文字元素等的一切文字资源。

（3）宗旨是制造信任，使受众“心软”。

（4）关键要求是把产品卖点说得明白透彻，使受众“脑软”。

（5）着力点是兴趣和利益，使受众“嘴软”。

（6）重要特性是口碑传播性，使受众“耳软”。

3.1.2 软文营销策划

1．确定软文形式

软文创作的表现形式、特点和方法到底是什么样的，软文以哪种形式呈现在用户面前会得到更多的点击呢？不同形式的软文决定了企业的营销价值观。常见的软文有以下几种：

（1）报道型：以媒体记者的身份发出，具备权威性，直接介绍企业实力、品牌形象。以官方口吻报道，配合以官方媒体传播平台，能大大增强报道的真实性、权威性、不可辩驳性，从而有力地提升企业实力和形象。

（2）用户体验型：以一般用户或第三方的身份，根据其切身体验，宣传品牌或者产品的优点、正面形象、企业实力、服务质量等。这种方法能悄无声息地对消费者和潜在客户产生良好关联或影响。

（3）故事讲述型：以讲故事的口吻，娓娓道来，能起到“随风潜入夜，润物细无声”的作用。

（4）专访、采访型：这类主要采用访谈录等，通过访谈可以深入各个方面宣传品牌。当然，这只有当所采访的对象达到了一定的高度时才可以实施，否则就有“王婆卖瓜，自卖自夸”的嫌疑。

（5）评论、批评型：以正面或者争议评论为主。当然，为了打击竞争对手，有时会采取负面评论。

（6）利用网络事件、民生热点型：目前网络热点软文报道层出不穷，只要拥有敏锐的洞查能力，就能将其中一些拿为己用。当然，前提是能找到热点和自身业务的关联性。这是制造事件营销的最好载体。

（7）网络热帖型：这是现在利用得比较多的一种形式。网络上有很多帖子流传很广，具备强大的传播能力。在进行软文创作时，就可以利用这些网络热帖进行巧妙的加工，然后进行二次传播。这个加工要巧妙，不露任何蛛丝马迹，不能太牵强。

（8）“傍大款”型：这也是现今常见的一种软文形式，即把自己和行业内的巨头、领先企业相提并论，从而达到借势的目的。

（9）总结归纳型：即对一些话题和问题进行归纳性总结，然后将自己的品牌或产品巧妙地融合进去，如“2015 年十大……”。

2．标题策划要点

信息时代的经济是眼球经济，能不能瞬间吸引网民的注意力，标题很关键。衡量一个好标题的依据是：①突出关键词；②具有很强的吸引力；③短小、简练、易记；④具体而不抽象。

3．内容编辑要点

（1）软性广告的植入要巧妙。生硬和明显的软文广告会让人们产生负面感受。比如推广一个网站，牵强地把网站名称和域名糅合到文章里，其实这是最蹩脚的做法，也达不到二次传播的效果。

（2）利用利益，挑起争议，引发围观。几乎所有软文都能吸引一部分眼球，这是因为软文内容总能涉及某一部分人的利益而一旦有了利益冲突，便会产生争议。争议越多，则关注度越高，从而达到提升品牌或产品知名度的效果。

（3）题材和内容要新颖、奇特，具备软文性。奇特、新颖、具备强烈软文性的事物和事件总能吸引人们的高度关注。在策划软文时要注意这些特点，否则难以达到被动传播的效果。

4．发布平台的选择

软文投放平台分为三类，详见表 3-1。

表 3-1　软文投放平台

项　　目	简　　介	优　　势	资源介绍	建　　议
门户网站发稿	在新浪、搜狐、腾讯等大型门户网站发布企业信息，宣传企业品牌	由于网络的虚拟性，企业网络营销的最大问题就是缺乏可信度 利用门户网站的优势，塑造企业的良好形象，提升用户转化率	新浪、搜狐、腾讯、网易、人民网、新华网、凤凰网	在企业网站开设“媒体报道”栏目，把媒体发布的软文截图、内容和链接发布在企业网站上，或在企业软文中对源报道软文进行转载
论坛置顶加精	根据企业产品或服务的特点，针对目标人群，选择行业论坛或影响力大的论坛发帖推广	目标人群集中，针对性强 提高企业品牌知名度，容易开展品牌口碑宣传，提高销售量 易于及时收集企业信息，调整推广思路	新浪论坛、腾讯论坛、搜狐论坛、网易论坛、猫扑论坛、天涯社区、豆瓣社区	选择精准的论坛，如猫扑、豆瓣等
博客平台	根据企业产品或服务的特点，选择影响力较大的博客平台	人群集中，具有一定的推广优势	新浪博客、腾讯 QQ 空间、搜狐博客等	在博客中导入链接，以及在企业网站中注明企业博客地址及链接

案例3-2 凡客诚品软文营销策划

1. 内容策划

（1）求助答疑与用户询问。此类话题的着眼点是对凡客诚品的产品、品牌及企业经营相关方面的疑惑类问题进行询问，通过提问的方式，引起那些有相似疑虑的消费者的注意，并以此为基点，以点带面，将问题的覆盖面扩散到最大。之后，以回答问题或者消除疑虑的方式，滴水不漏地对各方所关注的焦点问题予以阐释，或者从正面回答，直接打消消费者的疑虑，或者从侧面旁敲侧击，释放能够引导消费者态度走向积极的信息，引导消费者建立起对凡客诚品的良好印象。毋庸置疑，此类话题中具体的子类别可以是“凡客诚品的产品怎么样啊？”“凡客的产品质量不是不挺好啊？”“凡客的产品在哪里买啊？”等，涉及产品、价格、渠道（官网、联盟、代理等多方面）、促销信息等消费者较为关注的话题，不一而足。

（2）产品对比与体验分享。此类话题的着眼点都是那些已经购买或者使用过凡客诚品的意见领袖，通过第三方“客观”表达自己购买和使用凡客诚品产品的满意心情，进而分享体会，传达“与同类品牌产品相比，凡客诚品的东西物美价廉”或者为凡客诚品所独有的其他卖点。此类软文所释放的信息中，与行业品牌进行比较后，进一步佐证凡客诚品产品的物美价廉或者高性价比，通过买家消费后满意的炫耀心理，来打消那些尚未购买凡客诚品产品或者已经购买但尚未产生认知失调的消费者，用铺天盖地的正面消息湮没负面的言论，引领舆论环境。

（3）活动试用与促销优惠。此类话题的着眼点都是通过官方或非官方渠道，提前告知凡客诚品将要开展的活动或者可能的促销信息，通过让利消费者实现规模的扩大，具体的话题大都是优惠券、积分、降价、折扣等。

（4）企业文化与品牌形象。此类话题的传播重点是关于凡客诚品企业文化和品牌理念方面的阐释，通过推介，对凡客诚品倡导的企业文化、经营理念、人才观念、品牌形象等进行全方位释放，让更多的人了解、认同凡客诚品所倡导的价值观和行为标准，进而认同凡客诚品的产品和服务，树立良好的形象。

2. 类型选择

至于凡客诚品在软文创作的类型方面，可总结为以下几个方面：

（1）新闻报道型。化身媒体记者，以媒体记者之口吻，利用新闻媒体的官方、权威和相对客观性，传播诸如企业实力、企业文化、品牌形象等能够直接推介企业的信息，通过官方口吻报道，利用官方传播平台的权威效应，大大增强报道的真实性、权威性、不可辩驳性，从而有力提升企业实力、正面形象，同时也增强真实性和可信性。

（2）用户体验型。以已经购买或使用凡客诚品产品和服务的一般用户的切身真实体验，从正面传播自己使用后对产品和服务的满意心情，并通过传播放大这种满意，传播品牌或者产品的优点、正面形象、企业实力、服务质量等。该方法对那些有意向购买凡客诚品产品的消费者，以及那些已经购买了凡客诚品的产品可能产生认知失调的消费者而言，可以加速前者的购买决策过程，而对于后者，有利于提高满意度，增加忠诚度。因为显得较为客观，可信度较高，所以凡客诚品此方面的公关软文投放数量相对较多。

（3）访谈言论型。此类软性传播主要以凡客诚品的代言人为依托，利用相关权威媒体的访谈及采访之力，对公司的相关经营哲学、辉煌成就、营销策略及今后可能的营销战术进行传播，通过公司包装的代言人，采用访谈录等，宣传品牌信息。

（4）评论、批评型。以正面或者争议评论为主。通过假借一些类似于专家、学者、教授、知名企业家、电子商务研究机构等有一定知名度的人或机构，宣传凡客诚品在市场营销、企业文化等方面的优势做法，阐释能够体现凡客诚品特点的一次次经典广告、创新或者服务，最终得出的结论还是凡客诚品在电子商务方面的遥遥领先和对客户的关怀，从侧面为凡客诚品证言。此类在很多情况下，也囊括了“故事讲述型”的软文，比如对凡客诚品的成功故事、品牌故事等娓娓道来。

（5）病毒营销型。通过制造切合网民心理的造势贴或者跟风贴，在各大网络媒体进行病毒式的传播，很多帖子流传很广泛，具备非凡的传播能力。软文创作时，利用这些网络热贴进行巧妙的加工，然后进行二次传播。加工巧妙，不露任何蛛丝马迹，不能太牵强。事件营销亦属此列。

（6）“傍大款”型。与一线的电商品牌、知名人士及活动等相捆绑，将凡客诚品作为行业中的风向标进行研究的话题，此类媒体和报道的主题是通过对凡客诚品营销及管理动态的放大和学术研究，强调凡客诚品对目前整个电子商务领域的影响，凸显凡客诚品在行业中举足轻重的地位和作用，以此反映凡客诚品的实力和能量。此外，与投资界的知名人士、其他相关行业的知名人士进行捆绑，也是时常之举。

3．表现形式

发布原创内容，并与凡客诚品官网转载新产品宣传内容，与用户反馈形成互动。

4．发布时段

对于内容的发布，凡客诚品每周都会发布媒体公关稿件，最大化利用有效时间，无论何时发现内容均积极发布。

5．发布平台

国内四大微博平台——新浪、腾讯、网易、搜狐，就用户数和发展潜力而言，凡客诚品首选微博进行软文的发布。如图 3-2、图 3-3 所示。

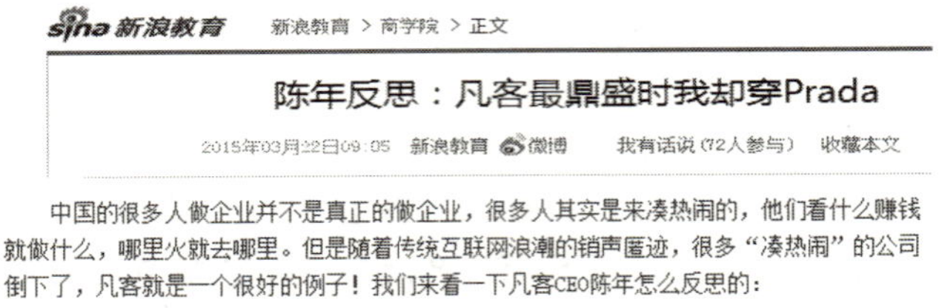
sina新浪教育　新浪教育 > 商学院 > 正文

陈年反思：凡客最鼎盛时我却穿Prada

2015年03月22日09:05　新浪教育　微博　我有话说（72人参与）　收藏本文

中国的很多人做企业并不是真正的做企业，很多人其实是来凑热闹的，他们看什么赚钱就做什么，哪里火就去哪里。但是随着传统互联网浪潮的销声匿迹，很多“凑热闹”的公司倒下了，凡客就是一个很好的例子！我们来看一下凡客CEO陈年怎么反思的：

图 3-2　软文发布页面（一）

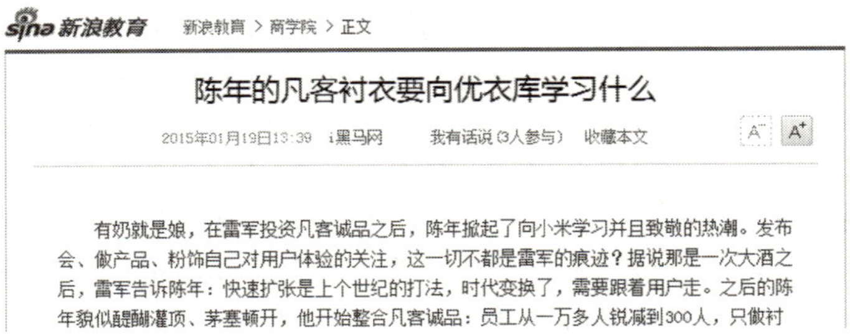
sina新浪教育　新浪教育 > 商学院 > 正文

陈年的凡客衬衣要向优衣库学习什么

2015年01月19日13:39　i黑马网　我有话说（3人参与）　收藏本文　A⁻　A⁺

有奶就是娘，在雷军投资凡客诚品之后，陈年掀起了向小米学习并且致敬的热潮。发布会、做产品、粉饰自己对用户体验的关注，这一切不都是雷军的痕迹？据说那是一次大酒之后，雷军告诉陈年：快速扩张是上个世纪的打法，时代变换了，需要跟着用户走。之后的陈年貌似醍醐灌顶、茅塞顿开，他开始整合凡客诚品：员工从一万多人锐减到300人，只做衬

图 3-3　软文发布页面（二）

3.2 软文写作与发布

3.2.1 软文写作

（1）准备工作。软文写作的准备工作如下：

调研：掌握真实的情况，提前做好软文的广告计划，选择好网络载体。

构思：确定软文的主题，同时选择一个好的标题并组织好正文的结构。确定软文的落脚点。要善于利用新闻词汇，把想要传递的信息巧妙地融合进软文中。

（2）标题

1）关注热点事件。

2）抓住客户心理。

（3）写作方法。软文的写作方法有以下几类：

1）新闻式。所谓新闻式，就是以发布新闻的姿态，传递某种信息，以新闻事件的写法去写，让读者更有信服感。

2）悬念式。悬念式也可以叫设问式，其核心是提出一个问题，然后围绕这个问题自问自答，如“人类可以长生不老？”“什么使她重获新生？”等，通过设问引起话题和关注是这种方式的优势，但必须掌握火候，首先，提出的问题要有吸引力，答案要符合常识，不能作茧自缚，漏洞百出。

3）故事式。通过讲一个完整的故事带出产品，使产品的“光环效应”和“神秘性”给消费者以强烈的暗示，使销售成为必然。讲故事不是目的，故事背后的产品线索是文章的关键。听故事是人类最古老的知识接受方式，所以故事的知识性、趣味性、合理性是软文成功的关键。

4）情感式。情感一直是广告的一个重要媒介，软文的情感表达由于信息传达量大、针对性强，更能引发人的共鸣。

5）恐吓式。恐吓式软文属于反情感式诉求，情感诉说美好，恐吓直击软肋。实际上，恐吓形成的效果要比赞美和爱更强烈和深刻，但也往往会遭人诟病，所以一定要把握好度，不要过火。

6）促销式。促销式软文常常在上述几种软文见效时出现——“北京人抢购×××”、“×××，在香港卖疯了”“一天断货三次，西单某厂家告急”……这样的软文或直接配合促销使用，或是使用“买托”造成产品的供不应求，通过“攀比心理”“影响力效应”等多种因素来激发消费者的购买欲。

案例 3-3 凡客诚品的软文创作

下面就以凡客诚品的软文推广为例，分析其软文的创作类型、创作手法。

1. 针对品牌形象

例如：“凡客诚品：由互联网成就的服饰家居时尚用品品牌”，直观地道出了自己的服务定位和核心诉求。和雅戈尔、杉杉等的传统渠道做了区隔。区隔是定位更是营销。

2．针对意见领袖类

某服装类 B2C 网站就利用奥巴马访华衣着话题，以“奥巴马访华衣着有技巧”为题目对自己网站进行软性介绍；行业精英、政要富商、影视体育明星、网络热门人物都是人们炒作的重要对象。这就是“借东风”之招式。

3．“针对第三方个人体验”

例如凡客诚品网站就以“我的第一次网购衬衫经历”为题目，以第三人称对网站服务进行介绍。此类软文能提升企业的美誉度，并引起消费者对服务产生美好联想和购买的冲动。金杯银杯不如老百姓的口碑，消费者更相信消费者的话语。

4．针对服务质量和满意度

凡客诚品网站就以“凡客诚品质量怎么样”针对服务进行第三方满意度传播。通过对产品质量的详细介绍，达到传播产品品质和服务的目的。网络购物最大障碍是信任问题，这就是解决信任问题的软文，与第三方个人体验配合可以说是双剑合璧。

5．针对服务升级

例如“凡客诚品启动自有品牌女装”，从开始的衬衫，到女装等系列服务的升级，说是服务升级，其实就是新品发布。

6．针对企业形象宣传报道

比如“凡客诚品创始人陈年：凡客诚品的互联网模式”“凡客诚品陈年：互联网开创服装品牌新市场”。间接宣传品牌的最佳途径就是讲老板的故事，故事越精彩品牌越受益！

7．针对服务细节创新

比如“凡客诚品自建物流掀起 B2C 配送大战”，这是间接宣传品牌的又一途径。

8．跨界营销

比如“完美时空携手凡客诚品—— 网游网购强强联手”。跨界营销的好处是可以让双方的客户群相互享用。

9．针对服务升级转型

比如“从衬衫到吊带，凡客诚品性感转身”。品牌要不断炒作，不断出软文，就像明星，长时间不露面人家都把你忘了。但是不能像明星那样搞绯闻。要搞正面的炒作，要定制正面的软文。

10．名人代言

比如“隐形代言凡客诚品徐静蕾转战 B2C 卖项链”。在网上明星代言比传统渠道更能发挥作用，延伸的东西更多。

11．针对促销

如“凡客诚品下周推超低价牛仔裤秋冬装促销开始”。

3.2.2 软文发布

常见的软文发布有以下几种：

（1）问答平台软文发布。

（2）论坛软文发布。

（3）博客软文发布。
（4）微博软文发布。
（5）新闻发布。
（6）分类信息软文发布。

案例3-4 凡客诚品软文的发布

在完成了软文整体检查后，就可以根据策划完成软文投放了。

消费者的定位决定了营销过程中广告风格的设计、广告渠道的选择方向，从而保证良好的用户体验以及高效的投放效果。凡客诚品清楚，针对消费者的兴趣和爱好制定的特定风格、创意并且投放在消费群体聚集区域的广告，将取得最佳的投放效果。而这种定向的、精确性的广告投放方式，相对于轰炸式广告投放，具有更加高效、节约的优势。

因此，凡客诚品在广告设计方面应尽量追求与25～35岁的消费者普遍关注的兴趣点贴合，尽量满足他们在消费理念、审美、品位、生活方式等方面的偏好。广告设计风格力求简洁明快，以突出产品简约、舒适、轻松、自由的特色以及所倡导的健康生活新方式。而无论从整体画面设计还是摄影上面都足以体现出产品的质感，满足这些用户对于品牌、品质的追求。

而在投放渠道上，除了门户网站上必须的覆盖式投放以提升知名度和影响力之外，更加侧重的应该是垂直类网站，以精确锁定消费者，进行定向投放，节约成本，提高效率。比如这类人群关注度较高的微博、微信平台，以及迅雷看看、UUsee、优酷、汽车之家、天涯等一些财经、体育、军事、娱乐类网站和论坛。

3.2.3 软文监控数据分析

软文监控数据主要有以下四个方面：
（1）转载率。
（2）被浏览的次数。
（3）被顶（踩）的次数。
（4）被评论的次数。

案例3-5 凡客诚品的软文营销效果监控与评估

1．营销效果

近年来，网络营销风生水起，几大电商行业巨头更是上演了一番视觉冲击、思想碰撞的盛会，凡客诚品借网络宣传之势，成功地对自己的品牌进行了宣传推广，提升了销售。提到凡客诚品，想起更多的是公交地铁网络上满天飞的广告语了，也是这朗朗上口的文案宣传策划，把一个默默无闻的网站推上了风口浪尖，到后来的风光无限，其强大、专业的网络推广工作功不可没。

2．效果分析

凡客诚品的市场策划人员所撰写的软文发布后，得到社会诸多反馈，其凡客诚品体即是最好的反馈之一，凡客诚品软文营销的发布是成功的，其成功之处可以归纳为以下几点：

（1）软文话题争议性强。话题争议性强可以引起众人的内心共鸣，引发思考。

（2）思路清晰、内容紧凑。软文篇幅适中，便于读者扫描式阅读。每篇软文结构清晰，语句连贯，段落紧凑，浑然一体。可见撰写软文人员扎实的文字功底。

凡客诚品在软文营销的同时广泛结合口碑营销、病毒营销、博客营销等新潮的营销方式来保持品牌的高曝光率。当我们在搜索引擎中输入“凡客”一词时，搜索引擎给我们列出了几十页上千条和凡客诚品有关的信息，如图 3-4 所示，包括很多软文、资讯。当我们点击进去时候，会发现这些软文具有一定的规律，那便是营销性。

图 3-4　搜索引擎结果

岗位技能训练

实训 1　软文营销技能训练——典型软文营销案例收集

【实训目的】

（1）能收集一份完整的典型软文营销案例。

（2）能清晰地表达出该软文营销案例的内容。

（3）能总结归纳出该软文营销案例的特点。

（4）能简要说出选择该软文营销案例的理由和它成为典型案例的缘由。

【实训指导】

（1）布置任务：将学生按每 6～8 人一组的标准划分成若干个任务小组，每个小组的成员收集一份典型软文营销案例。

（2）搜索选择：各小组成员总结归纳自己所收集的典型软文营销案例的特点，列明选择该典型软文营销案例的理由，之后形成典型软文营销案例实训报告。

（3）课堂陈述：各任务小组的成员上交典型软文营销案例实训报告，由指导老师从中选择一份具有代表性的典型软文营销案例实训报告，并邀请小组代表上台陈述。

（4）评价效果；各小组代表陈述结束后，指导老师点评该典型软文营销案例实训的情况，并由全班同学进行无记名投票，评选出该次实训的获奖小组，对获奖小组给予表扬和奖励。

【实训案例模板】

《28人跋涉了53天、20000km，只为一场梦》软文营销案例

一、营销背景

1. 上海大众新途观的全新面市。

2. “新丝绸之路”的提出。

3. 城市化的加快，从客观上大大促进了汽车消费，形成了新的汽车消费群体。

二、营销目的

1. 塑造企业及其产品、商标的形象并巩固和发展这一形象，使消费者对企业及其产品产生信赖和感情。

2. 推广其即将面市的新款汽车，提升新款汽车的关注度。

三、营销对象

1. 主要目标群体：商务刚需人群。

2. 潜在目标群：追求都市SUV的精锐感和时尚气息的广大大众“粉丝”。

四、营销内容

（一）软文内容

1. 软文标题

具有吸引力的标题是软文营销成功的基础，本软文以“28人跋涉了53天、20000km，只为一场梦”为标题，抓住了“新丝绸之路”的时事热点，利用热门事件和流行词为话题，也正好照应了“新丝路，新梦想，新途观”的广告语，以及“途”有境、心有垠的设计理念。

2. 软文内容

软文以消费者的口吻对本款车型进行全方位的介绍，用切身体验和感悟引起消费者对新途观产生美好联想和购买的冲动。软文具体内容如下：

在得到那个消息之后，我的心几乎要跳出来了。

我从没想过，在30出头的时候，梦想，就可以离得这么近。

从洛阳到西安，沿途的夕阳晒在公路上，掀起余下的一丝热浪。到达，下车。有着沉重历史感的古城墙上“古城西安欢迎你”的大红刻字灼然入眼。

“嘿，走啦，杨贵妃不在这儿。”同行的赛买提说道，嘴角勾起一抹狡黠。

我笑着跟他走进了旅馆。

我是一名摄影师，为了将大好河山逐一记录，也算是浪迹天涯，踏遍了五湖四海。苍莽的草原升腾了我的热血，温柔的西湖陶醉了我的灵魂。而这一次，我跟随途观的新丝路车队，终于踏上了那令我日思夜想的凿空之旅，带着对古王朝的敬畏与好奇，重走丝绸之路。

我对西北有着近乎痴狂的执着，几千年的飞沙走石、草原上的铁马疾风，无一不策动着我去追逐。绵延的沙漠中央，连通的这条古道，沉睡着金银财宝和生死纠葛的灵魂。丝绸之路，埋葬着无数碎梦与荣耀。

曾经的大唐西市经过岁月的洗礼，依旧明艳动人。文玩街附近的浆水鱼鱼吸引着饥饿的食客，人头攒动的回民街烟气升腾，四处可见的钟楼时刻提醒着人们长安城里曾经有过的辉煌。

离开西安前往兰州的路上，兰新铁路在窗外蜿蜒而过，北面绵延着广袤的草原，西面是万里黄沙。这条经过戈壁荒滩的铁路，曾是中国铁路历史上最大的工程，河西走廊没有铁路的历史自那时起永远结束。

车队在沙坡上颠簸前进，途中突然停了下来。

"嘿，怎么了？"

"前面有辆车没注意，卡沙坑里了。等等吧。"

"我就说，这翻山越岭的，没事开什么家庭 SUV，这不给自己整事儿嘛。"

"没事的，靠谱，相信我。"

趁着停歇的空挡，赛买提跟我说起了波瓦（爷爷）的故事……

20 世纪 50 年代的新中国，急需大量的钢铁支持建设。然而生活在这条路上的人们没有找到采矿的地点。当时，波瓦随着勘探小队，冒着严寒和给养中断的危险，孤军深入祁连山。在几乎弹尽粮绝的时刻，他们咬牙继续寻找。

赛买提还记得波瓦是这样跟他描述的："当时临近黄昏，大雨倾盆，天地昏暗。山路泥泞而陡峭，随时都有滑下去的危险。我们拄着树枝作为拐杖，前后帮扶着才爬了上去。虽不是雨季，但这雨却下了几天几夜。前路漫漫，我们的补给几乎跟不上了，铁矿到底在哪里，没有一个人知道……"

"那后来呢？他们怎么样了？有找到铁矿吗？"我等不及听到答案。

"当然是有的。"赛买提说道："后来他们在一个叫桦树沟的山岩上发现了一片赤红色的铁矿露头带。而这一片桦树沟，便是后来的镜铁山。"

"嘿！好了！走吧走吧！"前方的喊声中断了我的好奇。

"你看，我说的没错吧？靠谱！"赛买提竖起了大拇指，冲我使了个眼色。

"嘿，你小子怎么那么神？"我惊奇地问道。

"上回我们全家自驾游也开的途观，我家姐夫非得特立独行走山路，那路磕碜的呀简直没法说了。我觉着我们活脱脱就是飞跃在峭壁间的一车藏羚羊，换别的车估计下不来了……"

"噗哈哈哈，藏羚羊，你这脑洞也是大。"我忍不住笑出声。

车队再次启程，越过山头……

贯通东西的丝绸之路，让不同文化的学者和僧人穿越乱世动荡的年代，携带着古老的典籍和经书缓缓走来，闪耀着的思想和信念依然在薪火相传中生生不息。东西文化的交融与碰撞，让国家变得博大、平和、宽容……

"再往南就是那拉提草原啦。"赛买提眼神里充满兴奋："我小时候有段时间在那儿度过呢。"

“那儿一定很美吧。”我笑着说道。

此时此刻，车队已经奔驰在独库公路上，感受着大西北的苍莽。这条最美最险的公路，有一半以上的地段都在崇山峻岭、峡谷沟壑中。

我永远忘不了那巍峨之间的青山骏马，那一路的阳光，期间不乏哈萨克少年的纯真微笑、悠闲散步的牛羊和路边堆垒如山待买的西瓜。赛买提没有瞎说，那儿简直像天堂。

“我很感谢祖国。”赛买提说道，眼里泛着真诚。如果是一般情况下，我可能会“吐槽”这样的致谢词。

“这条丝绸之路，让我的家乡变得不一样了。如果没有它，或许我们依旧裹着布衣，啃着馕饼，靠着双脚和马匹行走在大漠草原上。我也不可能从这里走出去，再带着骄傲重返故乡。”

“嗯，我们还可以做得更好。”我拍了拍他的肩膀……

28 人，53 天，10 辆新途观，20000km，我随着新华社一行重走了一遍丝绸之路。16T 的影像资料，是我为工作交上的一份满意的答卷。那一路浩荡的旧事新颜，缥缈着几代人的血泪与荣耀，澎湃着对国家繁荣的期待和祝祷。

作为一名匆匆的过客，我依旧会在无数个夜梦中尘心难耐，无时无刻不想着再次出走，即使天寒地冻，路远马亡。

当然，这一次，我依旧会选择新途观。

因为，靠谱。

（二）多渠道发布，引关注

通过新浪博客、微信平台等多个渠道的发布引来了更多的关注。

五、营销效果

该软文一出便引起了网友的广泛转载与阅读，短短几天内，仅微信平台阅读量就达到了 10 万多，网友纷纷留言好评。广告的自然融入，最终取得了很好的软文营销效果。

对于上海大众来说，途观是一款相当成功的车型。2011 年它创下了 84.7%的销售增长率；2012 年又以全年 17 万辆的骄人成绩，跃居中高端市场的王者之位；至 2013 年 2 月，途观累计销量已突破 40 万辆，2015 年更是成为全国 SUV 销量冠军。

实训 2　软文营销技能训练——软文营销文案的编写

【实训背景】

“通灵珠宝，全球最大的钻石切割贸易机构 EDT（Eurostar Diamond Traders，欧陆之星）是其重要投资者。它是柏林电影节专用珠宝，更是随宇宙飞船进入太空的珠宝品牌。

通灵珠宝，始终致力于比利时优质切工钻石及传世翡翠的推广，为顾客创造值得‘为下一代珍藏’的珠宝。其独家发售的 Blue Flame（新一代钻石蓝色火焰），是中国珠宝行业完整拥有世界顶级钻石切割的专利产品。曾作为比利时国礼，于 2009 年在比利时王储见证下赠予中国政府代表团。

自 2009 年起，通灵珠宝作为柏林电影节官方合作伙伴，已经连续六年用蓝色火焰切工钻石为远赴的国际明星高端定制 STARLET（红毯）系列珠宝。

目前，通灵珠宝在中国各大城市开有 300 多家专营店。通灵珠宝，为下一代珍藏。”

试根据以上背景资料，为通灵珠宝制订一份软文营销文案。

【实训要求】

要求学生围绕特定的主题实施软文营销实践活动，教师可安排学生通过博星卓越网络营销实训软件完成市场分析、软文营销策划、软文写作、软文发布、效果预估等一系列工作内容，从而使学生掌握软文营销的相关方法和技巧。

（1）按实验内容完成操作，完成实验报告，在实验报告中要求记录软文营销的全过程。

（2）所有实验环节均由每位学生独立完成，严禁抄袭他人的实验结果。

【实训指导】

任务一：市场背景分析

教师安排学生根据“打开明星的珠宝箱”为主题，对案例背景进行分析。

营销主题	营销的品牌或核心要素
确定软文营销原因	确定软文营销的实施原因
营销目标	促进产品销售，提升品牌知名度，提高站点访问量等
视频创意及相关	相关资源的来路等

任务二：软文营销策划

按照要求，详细说明软文的创意、策略、实现手段、要素与实施细则。

软文营销受众	受众是谁
软文营销文案	用什么样的文章形式加以表现，其中涵盖什么诉求，如何与产品形成紧密联系
软文营销创意	描述软文营销的大体构思
软文营销规格	若为视觉化表现，具体尺寸是多少，格式是什么，需要控制在多大的文件范畴内
软文投放位置	建议在百度、新浪、网易、腾讯等主流网站进行
软文投放时间	什么时间或者什么时候进行投放，给出理由
软文投放区域	广告是否有区域性的考虑，给出原因

任务三：软文写作

学生根据文案策划进行软文的写作。

软文标题	
软文形式	
软文内容（截图）	

任务四：软文发布

学生通过分析不同平台的优缺点，做针对性投放。

发布平台	选择原因
百度	
新浪	
网易	
腾讯	
……	

【实训模板】

第 62 届柏林国际电影节上，最高规格、时间最长的红毯秀，留给了张艺谋和他的《金陵十三钗》。倪妮也一下从“默默无闻”变成“万众瞩目”。不得不承认，一夜成名获得的不仅仅是影迷的欢呼，还有大牌力挺。通灵珠宝“红毯系列”钻饰、Dior 的曳地长裙，是倪妮柏林首秀的“装备”。

通灵珠宝的工作人员说，这款名为“此情不渝”的项链，光钻石就耗费近百颗。作为电影节指定珠宝，他们每年会为明星们定制红毯作品，倪妮这款是其中之一。现在，通灵珠宝为你打开明星们的“珠宝箱”，解密这些珠宝的璀璨源泉。在我市观前街开有专卖店的通灵珠宝，值得“为自己，更为下一代珍藏”。

没有女人不爱浪漫，就像没有女人不渴望爱情。花朵、果实……这类从大自然中汲取的浪漫灵感，向来是珠宝高级定制中的重要元素。从红毯上明星们的选择，就可以看出女人有多爱这类题材。

在今年的柏林电影节上，倪妮佩戴的是白色“海芋花”、霍思燕选择了娇艳的“玫瑰”、张雨绮最爱熟透的“果实”……女星们将通灵珠宝“红毯系列”戴出了“春意盎然”的味道，柏林的红毯俨然成为一座大花园。

浪漫与爱是最令人愉悦的事。在通灵珠宝的设计师手里，大自然的一草一木幻化成精美作品，透过钻石的华美与闪耀，美态被永久定格。

除了精美绝伦的设计、无与伦比的镶嵌工艺，还要什么，才能让钻饰变成经典、被世代传承？答案是：钻石。一件值得代代相传、称得上经典的钻饰，必须拥有独一无二的完美钻石。它的品质直接影响整个作品的珍藏价值。

将设计稿转化为真正的作品，往往需要耗费很长时间。其中包括寻找品质一致的钻石，这如同爱情一样，可遇而不可求；还要针对钻石的折射率、天然色散性，选取最精确的切工方式。通灵珠宝全球战略合作伙伴 EDT，是世界领先钻石切割机构。在钻石甄选方面拥有无可比拟的优势。同时，通灵珠宝还是比利时钻石文化推广典范。比利时切工向来是完美切工的代名词，让钻石散发出夺目光彩。只有这样的作品，才是真正值得珍藏的传世珠宝。

4

第 4 章　社会化营销

案例导读

社会化营销是利用社会化网络，如在线社区、博客、百科或其他互联网协作平台来进行营销、公共关系和客户服务维护开拓的一种方式，又称社会媒体营销、社交媒体营销、社交媒体整合营销、大众弱关系营销。

4.1 微博营销

微博即一句话的博客，其作为目前活跃的社交应用平台之一，具有强大的互动性及便捷性，因此微博平台的进驻依然成为众多企业与客户之间互动的第一首选平台。

本节主要以小米公司微博账号营销作为案例来阐述和分析微博营销的策划环节。

4.1.1 微博营销分析

微博的发布方式简单，不需要太多的修饰，一两句话就可以成为一条微博。利用微博开展网络营销的方式就叫微博营销。公司、企业或者个人利用微博的交互性平台，发布更新企业、公司或个人的相关信息，并且积极参与相互间交流，通过较强的微博平台帮助企业、公司或个人以零成本获得搜索引擎的较前排位，以达到宣传目的。

案例 4-1 小米公司微博营销分析

这里主要通过产品营销分析、营销渠道分析及目标受众分析，来多维度地分析小米公司的微博营销策略。

1．产品营销分析

小米公司采用微博这种新兴的方式来完成小米产品推广和品牌传播的主要原因在于微博是一个“实时媒体”，它使用门槛低，并且信息传播效率高，可以迅速影响很多人群，能够更快地与用户产生交互。

2．营销渠道分析

小米公司采用微博营销主要是通过增加小米公司的“粉丝”量、所有微博的转发量及评论量，来达到以下目的：

（1）提升小米公司官方网站的访问量、用户注册量以及知名度，让更多手机“发烧友”了解小米。

（2）提高小米公司产品的销量以及品牌影响力。

3．目标受众分析

小米产品的主要目标受众如下：

（1）喜欢电子产品及其他新兴事物的 IT 人群。

（2）手机“发烧友”，对手机有高要求的时尚人群。

4.1.2 微博营销的基本技巧

1．微博使用技巧

（1）头像设置。企业 Logo、企业领导者的个人形象照等都可以作为微博头像。良好的微博头像能给“粉丝”真实感、亲近感，从而拉近企业与“粉丝”之间的距离。

（2）个性化的名称。一个好的微博名称不仅便于用户记忆，也可以取得不错的搜索流量。企业如果开通微博，准备在微博上进行营销，那么可以将企业名称、产品名称或者其他个性化的名称作为微博的用户名称。

（3）巧妙地利用模板。微博注册成功后，平台会提供一些模板给用户，用户可以从中选择一套与自身所处行业特色相符的。当然，如果用户有相应的设计能力，也可以设计一套具有自己特色的模板。

（4）设置好标签。微博标签可以选择描述自己的职业、个人兴趣爱好等的词语，如电子商务、团购、旅游等。在贴上标签的同时，微博会为你推荐贴同样标签的用户，以此扩展个人的社交圈。

（5）定期更新微博信息。微博平台一般对发布信息频率没有限制，但对于营销来说，微博的热度和关注度来自于微博的可持续话题，企业要不断制造新的话题、发布与自身相关的信息，才可以吸引目标客户的关注。

案例 4-2 小米公司微博营销策划

1．内容策划

（1）内容选题。小米公司的官方微博，在微博内容上注重与其产品小米手机相关联，同时能够与“粉丝”互动交流，以提升销量。

（2）表现形式。发布原创内容，并从小米公司官方网站转载新产品宣传内容，与用户形成互动。

（3）发布时段。对于内容的发布，小米公司并没有选择网上较为流传的“三段式时间”，而是最大化地利用全部时间，每天无论何时发现有价值的内容均积极发布。

2．选择微博平台

国内四大微博平台为新浪、腾讯、网易、搜狐，就用户数和发展潜力而言，小米公司首选新浪和腾讯进行微博营销，然而时间和精力有限，无法保证所有平台都达到良好的效果，于是小米公司的网络运营团队决定从新浪微博（现已更名为微博）入手：

小米公司在（新浪）微博平台的地址如下：

小米公司企业微博：http://weibo.com/xiaomikeji。

MIUI 微博：http://weibo.com/miui。

米聊微博：http://weibo.com/miliao。

图 4-1、图 4-2、图 4-3 分别为小米公司企业微博、MIUI 微博以及米聊微博的首页。

在选择好微博平台之后，接下来就需要注册微博账号。在注册微博账号时，要注意微博名称及个性域名的选择。对于企业微博，可在填写昵称和微博名称时，将企业名称或需要推广的产品品牌注明，这样有利于品牌的传播和产品的推广。个性域名可选择品牌名称的全拼，这样一方面可以让来访者一目了然地看到品牌名称，另一方面，对搜索引擎友好，利于使品牌关键字排名靠前。小米公司结合自身的发展战略，决定用小米科技的中文全拼作为个性域名定义其微博，使之与小米官网形成呼应，从而提升两者的统一性与“互惠互利”。MIUI 微博和米聊微博的个性域名同样使用了中文全拼，与品牌统一，以期提升品牌的影响力。

图 4-1　小米公司企业微博首页

图 4-2　MIUI 微博首页

图 4-3 米聊微博首页

其次对于微博账号而言，可以申请认证来提升微博的权威性和知名度，现有的认证方式有个人、企业、媒体、网站等，具体的微博认证需要通过完善相关资料等形式得以完成。

2. 微博内容的编辑技巧

微博内容要求语言简短精炼，字数限制在 140 字以内。这就要求微博内容的编辑者在书写内容时做到简明扼要。总的来说，微博内容的编辑有以下几大技巧：

（1）图文并茂。微博内容应尽量是文字和图片搭配，有图片的微博更能吸引网友。配图须选择精彩、清晰、信息量大等有冲击力的图片。

（2）语言要“新”。微博文风要活泼、有网络特点，注意运用最新最热的网络词汇；可对民生类资讯标题及文案做一定处理，突出口语化，并引导网友参与讨论，切忌官话连篇。

（3）融合微博特点。在叙述时体现互动的意向，尽可能地融合“@”“##”标签、表情、投票等互动工具，这样才能有效地与“粉丝”互动，才能够吸引更多的用户参与到活动中来。

（4）转发与原创技巧。原创：整合网友原创内容时，图片应尽量是多图拼合。同时加上针对事件的一些推荐内容、账号等。

转发：转发理由不能为空，可根据原内容提炼让用户讨论的话题，主动搜索内容中涉及的品牌、机构等对应微博，提高微博内容的真实性和针对性。

案例 4-3 小米公司微博内容编辑

微博的内容可归为两类：原创类和转发类。

1. 原创类

小米公司在编写微博内容时绝大多数采用的是原创性质，每一条内容贴合微博营销的需求，从产品促销刺激消费者购买到转发赠送优先购买权需求消费，对小米公司官网产品做了相应的营销。图 4-4 所示为小米公司原创内容之一，内容以促销产品为主，旨在通过微博的发布获取更多网友的参与，以期提升产品的销量。从营销的角度出发，微博内容展示的是小米手机在“双 11”期间的促销信息，在展示小米公司品牌影响力的同时激发了潜在微博用户的购买欲。

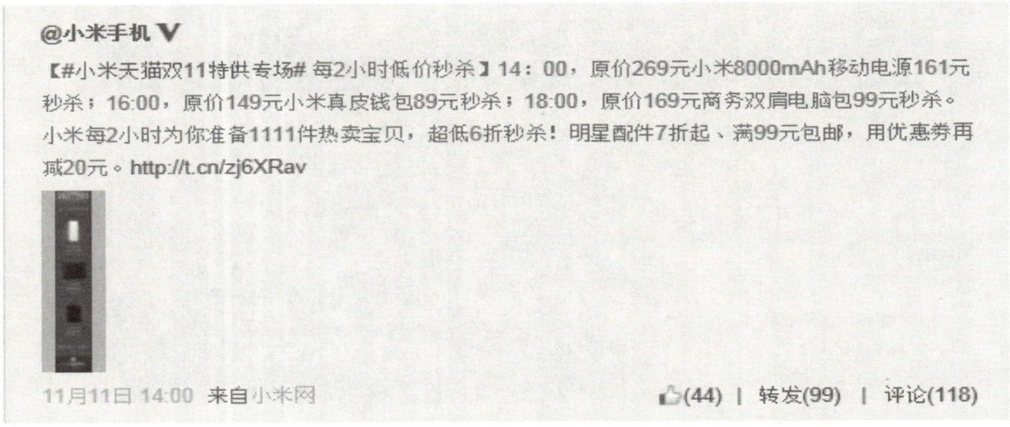

图 4-4　小米公司企业微博原创内容之一

图 4-5 所示为小米公司原创内容之二，内容以小米盒子的开放购买为主，从营销的角度出发，该微博中广泛使用了微博的话题功能和@功能，这些功能的使用不仅加大了微博内容的曝光率，而且在一定程度上与网友之间形成互动，拉近彼此之间的距离。

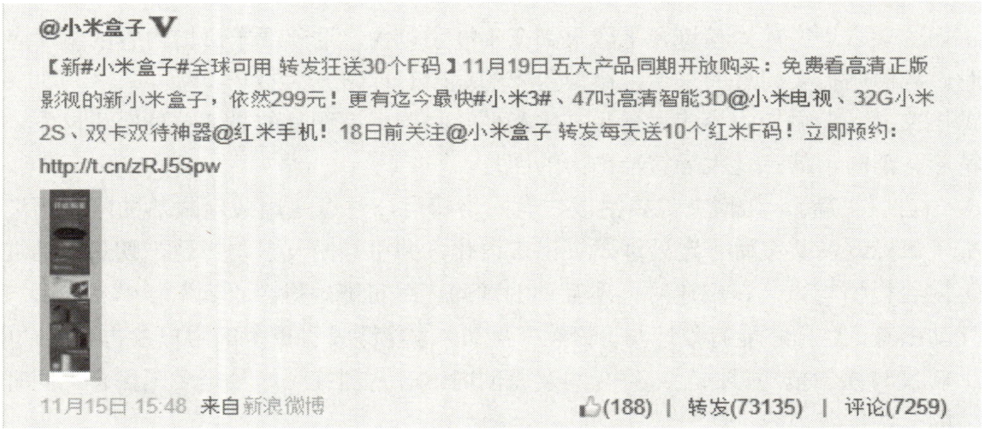

图 4-5　小米公司企业微博原创内容之二

2. **转发类**

小米公司的微博转发，主要以小米公司主打产品及“粉丝”之间的互动、评价+转发等内容形成联系。在转发的过程中赠送用户 F 码，鼓励更多用户参与，这样不仅扩大了微博内容的传播范围，而且激发了潜在用户的消费购买欲。图 4-6 所示为小米发起的话题，内容以关爱留守儿童为主，从营销角度出发，微博内容积极地响应民生热点，关注爱心公益事业，通过与网友之间的互动，让更多人参与进来，在彰显企业魅力的同时博得更多用户的关注和赏识。

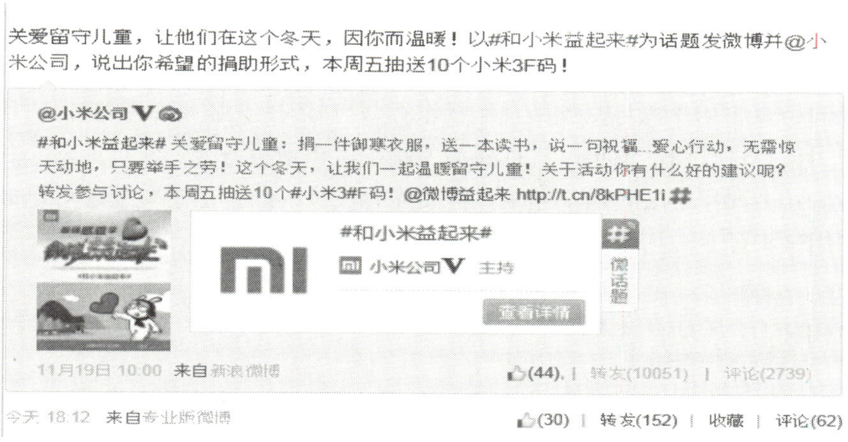

图 4-6 转发小米公司企业微博的内容

4.1.3 微博营销效果监测

微博营销效果监测主要包括以下五个方面的内容：

（1）舆情监控：微博信息及站内负面监控。

（2）信息分析：微博站内热词监控及分析。

（3）竞品分析：对同行竞争对手的监控。

（4）效果分析：评测微博对品牌提升和销售增长的影响。

（5）优化方案：优化微博的内容策划、互动方式、社交关系。

案例 4-4 小米微博发布与效果监控

对于编辑好的微博，点击“发送”即可。微博的发布形式有多种，如纯文字型、图文结合型、视频分享型以及加入热门话题型。可依照客观条件来选择发布形式。小米公司微博发布形式主要为纯文字型和图文结合型。在微博发布完之后，需要工作人员实时地关注微博发布的效果，包括微博的转发、评论及“粉丝”的增减等情况，并通过效果监控为后续的微博内容做出调整和规划提供参考。

4.2 微信营销

微信营销算是当下最热门的新媒体营销之一，微信作为移动端流量与用户最多的社交应用软件，其具有强关系、点对点的营销特点，因此对于很多传统企业而言微信营销的尝试无疑成为布局移动端的必备战略之一。

4.2.1 微信公众号的类型

微信公众号主要有订阅号、服务号及企业号三种，其特点分别如下：

（1）订阅号：主要为用户传达资讯（类似于报纸、杂志），认证后每天可群发一条消息。如果想简单地发送消息，达到宣传效果，可选择订阅号。

（2）服务号：主要用于服务交互（类似于银行、114，提供服务咨询），认证后每周可群发一条消息。如果想进行商品销售，进行商品售卖，可申请服务号。

（3）企业号：主要用于公司内部通信，需要先有成员的通信信息验证才可以成功关注企业号。如果想用来管理企业内部员工，可申请企业号。

案例 4-5 C 实习微信营销账号选择

C 实习作为专注于电子商务类相关专业的在线教育平台，其用户主要为在校大学生、教师及企业人员等。为了更贴近用户的生活、更具独创性，C 实习在对比了微信公众平台的三种类型后，决定以订阅号推广的方式来传达自身的价值。

微信公众账号分为订阅号、服务号与企业号三种类型，不同类型针对的功能及使用方法也截然不同。如下为三者之间的对比：

订阅号：微信公众平台订阅号，是公众平台的一种账号类型，为用户提供信息和资讯。图 4-7 所示为订阅号央视新闻。

订阅号的主要功能如下：

（1）每天（24h 内）可以发送 1 条群发消息。

（2）发给订阅用户的消息，将显示在对方的订阅号文件夹中。

（3）在发送消息给订阅用户时，订阅用户不会收到即时消息提醒。

（4）在订阅用户的通讯录中，订阅号将被放入订阅号文件夹中。

（5）订阅号不支持申请自定义菜单。

图 4-7 订阅号案例

服务号： 微信公众平台服务号，是公众平台的一种账号类型，旨在为用户提供服务。图 4-8 所示为服务号招商银行信用卡。

图 4-8　服务号案例

服务号的主要功能如下：

（1）每周可以发送 1 条群发消息。

（2）发给用户的消息，会显示在对方的聊天列表中。

（3）在发送消息给用户时，用户将收到即时的消息提醒。

（4）服务号会在用户的通讯录中。

（5）可申请自定义菜单。

企业号： 微信公众平台企业号，是公众平台的一种账号类型，旨在为企业上下游供应链及企业应用间的连接提供服务。图 4-9 所示为企业号维修师傅任务清单。

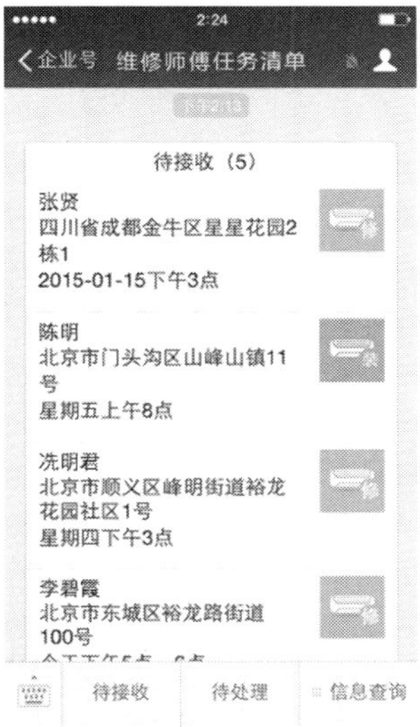

图 4-9　企业号案例

企业号的主要功能如下：

（1）关注更安全：只有企业通讯录的成员才能关注企业号，分级管理员、保密消息等各种特性确保企业内部信息的安全。

（2）应用可配置：企业可自行在企业号中配置多个服务号，可以连接不同的企业应用系统，只有授权的企业成员才能使用相应的服务号。

（3）消息无限制：发送消息无限制，并提供完善的的管理接口及微信原生能力，以适应企业复杂、个性化的应用场景。

（4）使用更便捷：企业号在微信中有统一的消费入口，用户可以更方便地管理企业号消息。微信通讯录也可以直接访问企业号中的应用。

以上三种公众号的设置方法均为点击进入公众平台→设置→账号信息→类型→升为服务号/订阅号/企业号，选择“确定”即可。其中，公众号只有1次机会可以选择成为服务号/订阅号，类型选择好后不可修改，请慎重选择。图4-10所示为微信公众平台账号类型选择界面。

C实习根据自身的特点，在微信营销的订阅号推广内容中，主要发表电子商务知识、互联网动态新闻及企业相关信息等。通过这些信息的传播使得用户在移动客户端更加方便快捷地了解最新的行业动态及C实习能带给大家的帮助。

图4-10　微信公众平台账号类型选择

4.2.2　微信图文消息编辑技巧

1. 封面标题美陪衬

通常，推送文章图片和标题是相映衬的，用户看标题的时候也会关注图片，图片做得精致，用户关注度就高。图片内容要与标题传达的意思相符，这样两者才能完美结合。当然，这需要有良好的平面设计的功底。

2．摘要抓取好奇心

标题吸引用户点击进来看文章，则成功了第一步。接下来就是摘要，很多微信运营者都不太重视摘要，直接将一大篇文章展现在用户面前，而用户在不知文章内容时，不一定有耐心将其读完。因此，编写摘要很重要。摘要应简洁明了，能概括文章大意，激发读者的兴趣。这样才能吸引用户将文章阅读完。

3．内容相关价值高

其实图文编辑中，内容是最重要的。许多用户关注你可能是觉得你发布的文章与自己相关，也可能是与自己不相关，但是有价值。就微信营销而言，最有价值的内容就是实战技巧。

4．文章排版有新意

文章排版很重要，直接关系到用户是否愿意阅读下去。现在越来越多的文章在排版上已无明显的差异，缺少一些新意。

案例 4-6 C 实习微信营销图文编辑

在确定了公众账号类型后，C 实习接着将对微信营销图文消息内容进行编辑。首先点击进入订阅号账号，单击“群发功能”，进入群发界面，如图 4-11 所示，在“群发对象”下拉列表中可以对发送的对象进行选择，可以选择一两个分组进行消息发送，也可以选择全部的用户进行发送。“群发对象”下方是编辑对话框，可以直接向用户发送消息，如果要发送图文消息，需要单击“图文消息”按钮，进入图文消息编辑区。

图 4-11　订阅号群发功能界面

进入图文消息编辑区后，系统跳转至素材管理界面，此时可以开始对图文内容进行编辑，可以对每个图文内容的标题、作者、封面、正文内容进行编辑，若有两则以上的图文内容，可以进行添加，最多添加 6 则图文消息，总数不能超过 8 则，整体编辑完成以后，单击“预览”按钮，可以将图文信息发送给指定的微信账号进行手机端的预览，这里需要强调一下图文消息的标题、封面图片及摘要的重要性。标题是用户点击预览的第一要素，在用户从关注的众多订阅号中，挑选阅读哪一个订阅号时，订阅号发出的文章标题能起到关键作用，因此图文消息标题的编辑不仅要惜字如金，而且要结合用户的关注点，这样才能吸引更多用户点击。

同样重要的还有封面图片和摘要。一张内容丰富且恰到好处的封面图，能与标题、文章内容相得益彰，能点燃用户的阅读欲望，而一张画面模糊、图文不搭的封面图，也可能使文章整体大打折扣，因此封面图不仅应图片清晰、尺寸得当，而且应与文章内容相呼应，这样才能起到画龙点睛的作用。摘要是在标题及封面图之外的另一个影响图文消息打开率的因素，摘要字数须控制在 140 字以内，并通过提炼文章核心内容来激发读者的阅读兴趣。

在图文消息编辑完成后，确定内容是否有误、排版有无差错、是否美观等，如果不理想可以接着修改，直到满意为止，最后单击“保存”按钮。图 4-12 所示为 C 实习订阅号图文消息编辑好的内容。

单击“保存”按钮后界面直接跳回到素材管理界面，该界面中有刚保存好的图文信息，如图 4-13 所示，每一条保存过的信息都有“编辑”和“删除”按钮。对于编辑重复的内容，可以单击“删除”按钮，而对于发送之前的图文内容就可以单击“编辑”按钮来修改和调试。

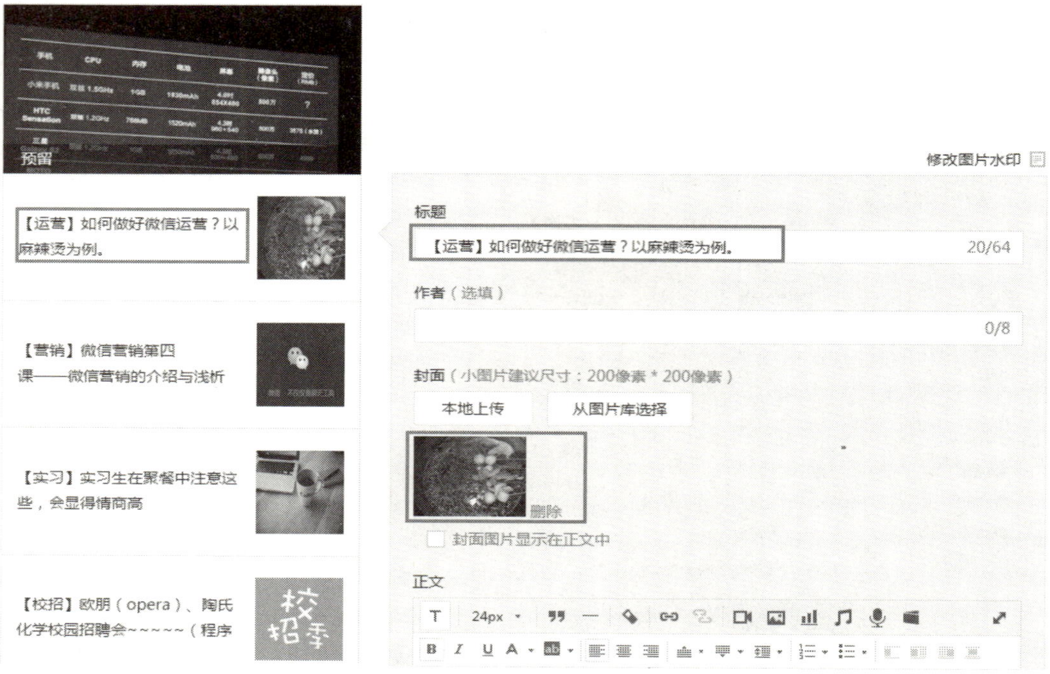

图 4-12　订阅号图文消息编辑界面

图 4-13 订阅号素材管理界面

对于编辑好的图文消息，返回到“群发功能”界面，再次单击“图文消息”按钮，选取刚刚保存好的图文消息，确定好发送对象，单击“群发”按钮，图文消息即发送成功，如图 4-14 所示。

图 4-14 订阅号群发内容编辑界面

每日向订阅用户发送图文消息是订阅号运营中最基本的一项技能，掌握好这项技能只是掌握了操作的本领，实际对用户最为重要的是消息本身的内容以及内容的质量，所以运营者应该把更多的精力投入到内容的设计上。而服务号图文消息的编辑也是采用同样的操作步骤，只是在内容的发送次数上有所要求。

4.3 论坛营销

论坛营销就是企业利用论坛这种网络交流的平台，通过文字、图片、视频等方式发布产品和服务的信息，从而让目标客户更加深刻地了解企业的产品和服务，最终达到宣传企业品牌、加深市场认知度的目的的网络营销活动。

本节主要以法国百吉福奶酪作为案例来阐述和分析论坛营销的策划与编辑环节。

4.3.1 论坛营销的基本流程

论坛营销与传统营销模式的不同在于它特有的互动方式，传统营销模式中，人与人之间的交流十分重要，营销手法比较单一，论坛营销则可以根据自身产品的特性，选定目标客户群，以特有的企业文化来加强互动，节约开支，形式新颖多样，避免了传统营销模式的老套单一。在进行论坛营销时，应遵循以下基本流程：

1．明确产品定位

在进行营销前，市场定位很重要，如产品（服务）针对的是哪一类人群，这部分客户在哪些论坛比较集中。只有精准的市场定位才能为营销的开展打下坚实的基础。

2．制订工作计划

工作计划是保证营销有序进行的要素，计划的制订需要列举清楚将要通过哪些方式进行营销，明确基本的目标和工作步骤。

3．注册登录账号

注册论坛账号时不要使用那些没有任何意义的数字或英文字母，避免留下“路人”的印象，最好使用企业名或产品名作为账号名称，让人清楚地知道你是干什么的，吸引目标受众的注意力。

4．准备发帖内容

围绕制订的计划准备发帖内容，如果要迎合特定受众的需求，可先进行实地考察，通过拍照或摄像采集相关素材，最后进行文字编辑工作。

案例 4-7 百吉福奶酪论坛营销分析

这里主要从目标受众定位分析、目标受众行为分析以及营销目标分析三个方面，对百吉福奶酪的受众群体进行多维度的分析，使营销受众更加清晰，营销目的更加明确。

1．目标受众定位分析

百吉福奶酪的目标受众定位如下：

（1）孩子年龄在 1～3 岁的父母。

（2）以年轻女性为主。

（3）受众年龄为 21～35 岁。

2. **目标受众行为分析**

百吉福奶酪的目标受众应定位为活跃的、时尚的、有明确消费取向的新生儿父母，这些用户的行为特点可归纳如下：

（1）经常登录育儿类网站获取育儿资讯。

（2）习惯通过网络和其他年轻父母交流经验。

（3）乐于与网友分享自己孩子的新发现和新乐趣。

（4）对于产品的选择，他们愿意倾听网民的声音。

（5）将孩子视为生活中心，乐于参与与孩子相关的各种活动。

3. **营销目标分析**

百吉福奶酪的营销目标如下：

（1）进一步提升百吉福的品牌影响力，确立百吉福“法国奶酪专家”形象。

（2）在论坛宣传育儿知识，确保与消费者保持顺畅的沟通。

（3）通过论坛活动，促进百吉福相关产品的销售。

4.3.2 论坛营销策划

1．论坛营销策划思路

论坛营销作为互联网营销的产物，历经数年的发展，已经成为现代网络营销必不可少的手段。其具有超高的人气和传播效应，其因低廉的营销成本而获得越来越多企业的青睐。

（1）论坛活动：具有强大的聚众能力，将论坛作为平台举办各类踩楼、视频等活动，调动网友与企业之间的互动。

（2）事件炒作：通过泡制网民感兴趣的活动，将客户的品牌、产品、活动内容植入传播内容，并展开持续的传播效应，引发新闻事件，导致传播的连锁反应。

所以在具体的实施中，需要企业精心的策划，包括对目标群体的分析、方法的选择、论坛的甄选、账号的注册等一系列安排，才能达到预期的效果。

2．实施细则

在论坛营销前期，首先要对企业所在的行业进行透彻的分析，寻找所在行业的一些著名论坛和主题论坛，其次需要对论坛本身所处的行业进行对比，寻找适合自己的论坛，而这些论坛本身一定聚集着大量的人气，只有这样才能确保精确的营销。

在进入论坛以后，需要与网友之间建立良好的关系，积极地在论坛上参与讨论、发表意见和看法。同时也要时刻留意其他会员的动态，当发现其他会员有问题或困难时，应主动出击，积极帮忙。这样可以大大提升自己在会员心目中的可信度。

在论坛营销中不要发广告，以免造成大家的反感和抵触心理，而且被版主发现了还可能会被禁用现有账号。正确的营销方式是，通过长期回答与企业产品相关的问题，不断积累潜在用户和人脉，并且学会使用论坛自身附带的功能，这样既可以扩大品牌知名度，又可以宣传产品和服务。

论坛营销是一个长久的过程，需要不断地积累自身的权威和用户关注度，才能更好地利用论坛为企业创造价值。

3．论坛制度制定

论坛作为网友之间交流互动的平台，在管理上也有自身的特点。一般论坛内部有一定的管理制度，如账户注册与管理、发帖须知、文章管理及积分管理等。一个成功的论坛必定有一套健全而科学的管理制度，它的存在不仅可以使论坛易于管理，而且可以鼓励网友成为版主来进行论坛维护，充分调动了网友的积极性。

案例 4-8　百吉福奶酪论坛营销策划

1．**主题策划**

（1）内容选题。在帖子的内容选题上，百吉福主要围绕奶酪知识，进行宝宝营养膳食教育，引起受众的兴趣，增加与客户的互动，促进受众对品牌的认知。

（2）表现形式。针对当前奶酪市场知识匮乏的情况，百吉福奶酪采取“不设重点，全面覆盖”的策略，覆盖大型网络社区的育婴、育儿等版面，同时也覆盖各小型论坛，全面撒网，精准捕捉，以便目标受众能不断地从论坛中获取奶酪的相关信息。

（3）发布时间。以月为单位，每月设置不同的主题，根据当月的热点话题安排论坛话题，并根据天气、气候，制作温馨提醒话题，各月份之间不绝对孤立，热门的论坛活动可跨月度进行。

2．**实施策划**

一个帖子的成功不能完全依靠网友，需要“马甲”与推手的暗中引导与烘托，共同来促使帖子热度的形成。这些“马甲”并非前期已经准备好相应的内容，而是需要针对网友留言有的放矢。在掌握宗旨后，通过共鸣描述的方式来激发更多网友内心对百吉福奶酪的认可。

因此，确定计划后就需要列出详细的实施策划流程（见图 4-15），便于管理和效果把关。

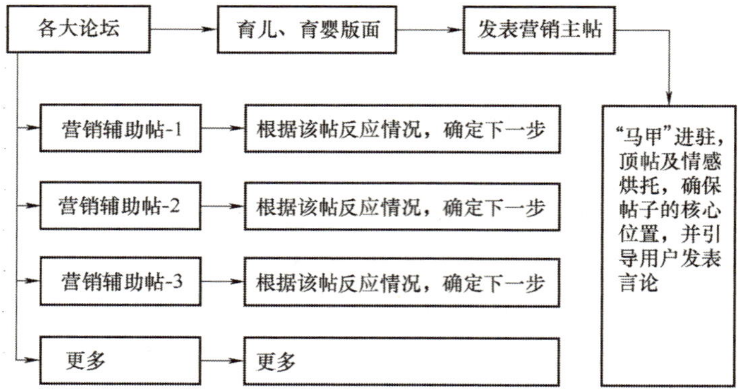

图 4-15　实施策划流程

4.3.3　论坛营销技巧

1．论坛帖子编辑技巧

在论坛帖子编辑上一定要注意以下几点：

（1）帖子的标题一定要亮眼，要能吸引网友的注意力，激起他们的好奇心，这样才能提高帖子的浏览量。但一定要做到标题和内容贴合。

（2）在图片帖和视频帖上加上相关的宣传文字，因为图片和视频比较直观，能吸引网友。

（3）帖子中最好不要有硬广告，因为如果广告内容非常明显，帖子被删除的可能性就非常大。倘若帖子的内容不吸引人，发得再多，总体的浏览量也高不到哪去。

（4）帖子的内容最好有一定的争议性。如果没有任何争议性，只是平铺直叙，则大部分的网友都是一看而过，很少会在你的帖子里面留言或者发表评论。

2. 论坛帖子发布技巧

在论坛发布帖子时，要注意一些细节问题，如关键字和标签的设置以及文字链接的添加。

（1）一般在论坛发布帖子时都会有关键字或标签的设置，这两个要素基本决定了你的帖子搜索引擎优化的效果。标签的设置可以很好地体现在搜索引擎的搜索上，其在引导读者来访论坛方面起到了重要作用，所以在标签的设置上一定要斟酌好用哪些词语。

（2）在帖子首尾加上文字链接，不仅可以引导读者进入论坛，而且可以给论坛增加外链。除文字链接外，在文章中增加外链的方式还有图片链接、小图标链接、视频链接等。链接地址可以直接指向帖子内页或文章列表页。

（3）在发布帖子后，需要将主题的 URL 整理成文档存放，以便后期进行效果分析与维护。在主题发布后，论坛账户管理人员需要定期回访主题，对主题进行检查，如是否被删除、是否被执行管理操作（如加精、火、置顶、推荐），是否有人回复，提出新的问题或质疑，回复用户的疑问、顶帖等。在账户的维护过程中，需要长期培养高级账户，使用高级账户与论坛成员建立互动关系，提高账户的知名度、美誉度、权威性，使账户成为论坛的舆论领袖，从而使由该账户发布的主题更具说服力。

案例 4-9 百吉福论坛营销内容编辑

1. 编辑帖子

由于帖子列表的存在，用户无法第一时间知晓主帖的内容，倘若标题无法吸引眼球，点击则无从谈起。没有点击打开页面，自然无法知道内容，从而降低了帖子的效果。故而，帖子的标题非常重要。

针对当前受众对儿童奶酪认识不足的情况，百吉福奶酪致力在论坛中进行一场说教，在普及受众对儿童奶酪认识的基础上，加深用户对品牌的认识。百吉福根据明确的受众定位，通过咨询、调查与分享找到了突破口，其论坛营销脉络如图 4-16 所示。

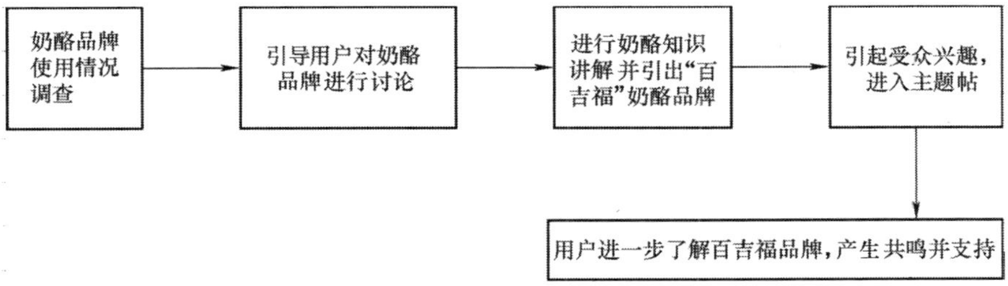

图 4-16 百吉福论坛营销脉络

因此，百吉福的营销帖标题为“奶酪是否安全？儿子一直在吃法国百吉福在国内产的儿童奶酪”“小调查，你家孩子吃什么奶酪”等。从标题来看，是在询问受众的奶酪品牌认知与使用情况，而百吉福的受众范围多为年轻的父母，这必然会获得受众的热烈反馈，这样也就达到了预期的效果。

对于帖子的内容，要与标题紧密相扣，“灌水”绝非达到营销目标的理想方法。帖子不需要长篇大论，也不需要引经据典，核心是让用户第一时间通晓内容，在用户对标题的“咨询”充满解惑的动力时，通过真实的内容与用户情感促成交汇，让用户“不得不”发表言论，表达心情。

根据上述规划，百吉福的论坛帖以询问、调查类型为主。图 4-17 所示为百吉福奶酪论坛营销内容示范。

> 奶酪是否安全？儿子一直在吃法国百吉福在国内产的儿童奶酪。
>
> 儿子不太喜欢喝奶，没办法，只好给他花大价钱买奶酪（品名：百吉福奶酪宝宝）吃。小家伙还挺喜欢吃，几乎一天一盒。为了省钱，我们都是从市场成箱按批发价买的，怎么办？？
>
> 婴幼儿奶粉有问题，那儿童奶酪呢？？
>
> 盼高人指点!!!

图 4-17　百吉福奶酪论坛营销内容示范

2．发布帖子

根据策划的表现形式，百吉福将编辑好的营销贴分别发布在各大论坛，进入实施阶段，如图 4-18～图 4-21 所示。

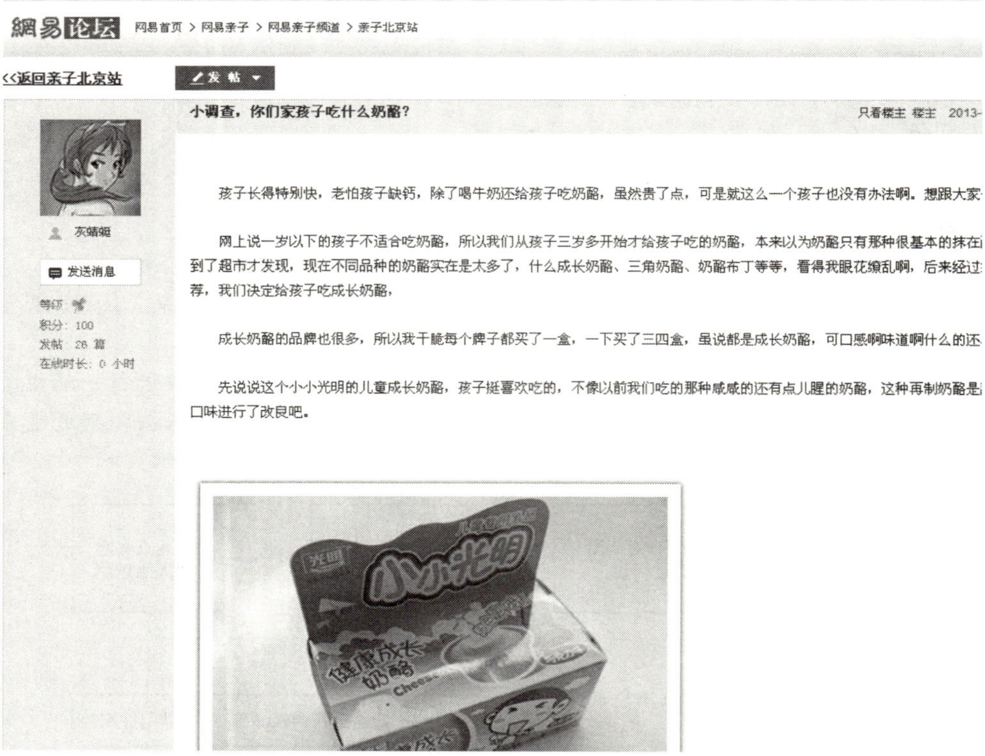

图 4-18　网易论坛

图 4-19 太平洋亲子论坛

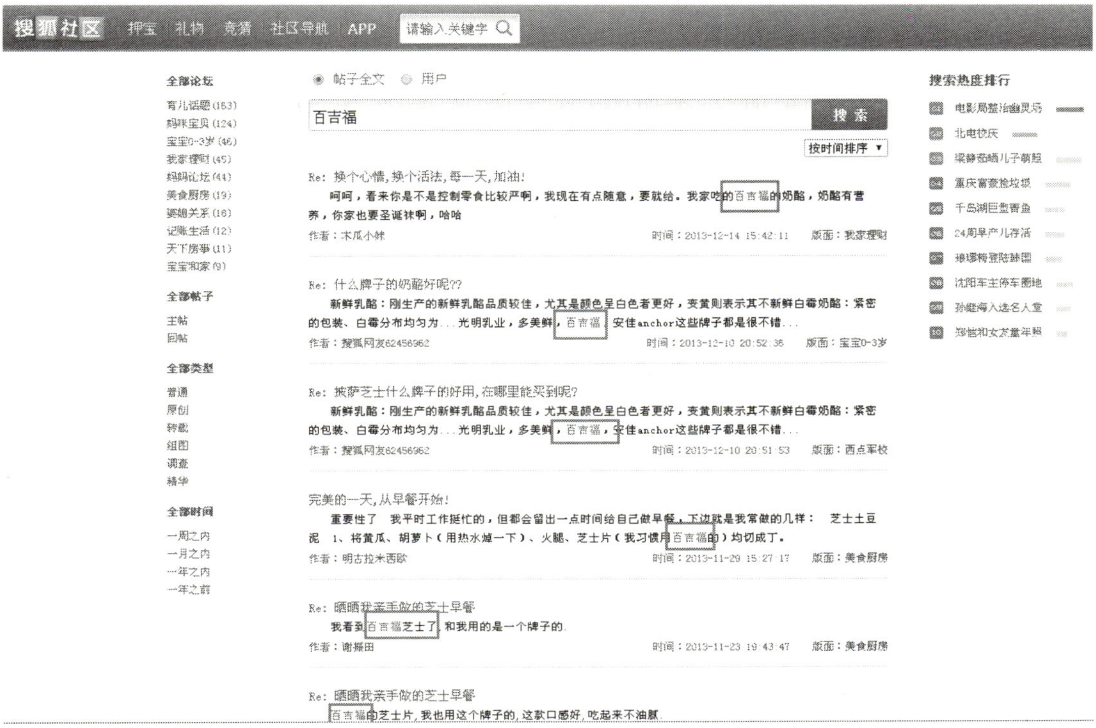

图 4-20 搜狐论坛

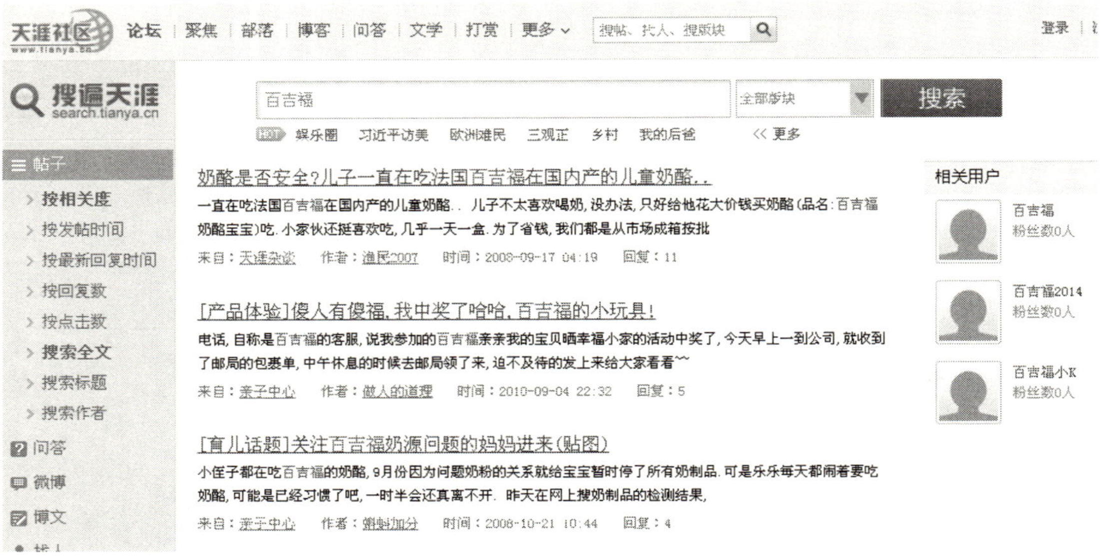

图 4-21 天涯论坛

在各大论坛帖子发布成功后，同时，由各论坛的“马甲”来对帖子进行更新与跟进，加强帖子的热度。

4.3.4 论坛营销效果监测

论坛营销效果监控通常从以下四个方面入手：

（1）查看帖子总浏览量。

（2）查看总回帖量。

（3）统计参与用户数。

（4）通过回帖情况找出有价值的讨论。

岗位技能训练

实训 1 微博营销技能训练——典型微博营销案例收集

【实训目的】

（1）能收集一份完整的典型微博营销案例。

（2）能清晰地表达出该微博营销案例的内容。

（3）能归纳出该微博营销案例的特点。

（4）能简要说出选择该微博营销案例的理由及其成为典型案例的缘由。

【实训指导】

（1）布置任务：将学生按 6～8 人一组的标准划分成若干个任务小组，各小组成员收集一份典型微博营销案例。

（2）搜索选择：各小组成员总结归纳自己所收集的典型微博营销案例的特点，列明选择该案例的理由及其成为典型案例的缘由，之后形成典型微博营销案例实训报告。

（3）课堂陈述：各小组成员上交典型微博营销案例实训报告，由指导老师从每组提交的实训报告中选择一份具有代表性的典型微博营销案例实训报告，并邀请其小组代表上台陈述。

（4）评价效果；各小组代表陈述后，指导老师点评该次实训的情况，并由全班同学进行无记名投票，评选出获奖小组，并对其给予表扬和奖励。

【实训案例模板】

《后会无期》微博营销案例

一、营销背景

1. 韩寒担任编剧及导演的作品《后会无期》即将开拍。

2. 韩寒，具有中国知名作家、职业赛车手等多重身份，个性特立独行，在微博上深受广大青年群体的关注。

二、营销目的

1. 推广其即将上映的电影，提升电影的关注度。

2. 加大电影在青年群体中的宣传力度，提升电影及个人知名度和形象。

三、营销对象

1. 主要目标群体：微博“粉丝”、青年群体。

2. 潜在目标群：韩寒作品的热衷者。

四、营销内容

（一）营销前期

与其他电影不同的是，《后会无期》决定开拍后并没有开发布会，而是选择在微博上进行宣传，如图 4-22 所示。

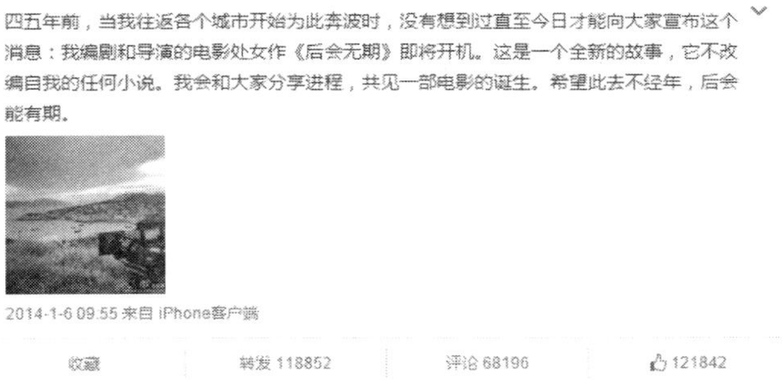

图 4-22 《后会无期》微博上宣布即将开机

在宣布电影即将开机之后，微博营销贯穿着该部电影的整个过程，包括筹备期、拍摄期、制作期、宣传期及上映期。如筹备期，韩寒通过微博讲述选择拍摄风景的趣事，如图 4-23 所示。

图 4-23 《后会无期》选景微博营销

在电影筹备期，韩寒还在微博上晒出自己女儿的照片，网友纷纷表示“被萌呆”，韩寒也瞬间成为微博上的“国民岳父”，该微博吸引了大批明星的参与，曾一度成为微博热门话题，也让“粉丝”们对电影有了更多的期待。图 4-24 所示为韩寒发微博晒出的女儿照片。

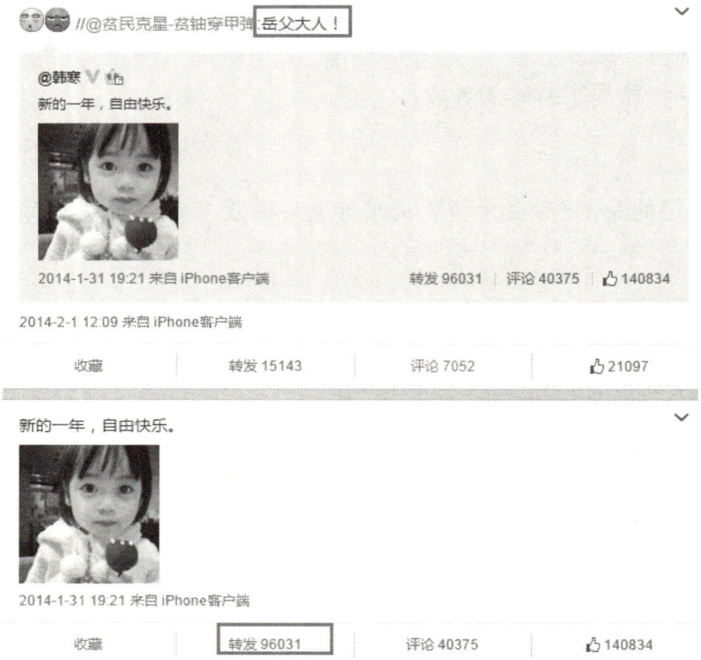

图 4-24 韩寒发布微博晒出女儿照片

（二）微博矩阵和内容的打造

在宣布电影正式开拍后，韩寒通过微博逐一曝光演员，结合演员剧照、人物海报逐条公布演员名单，这样既能吸引演员的“粉丝”关注电影，又能增加网友的期待。图 4-25 和图 4-26 所示为韩寒通过微博曝光参演演员海报。

在公布某一演员后，韩寒、演员和《后会无期》官方微博就展开联合互动，在微博上，《后会无期》导演韩寒及其他主创拥有海量的“粉丝”，仅韩寒的“粉丝”就超过 4000 万，陈柏霖、王珞丹、冯绍峰等主创的粉丝加起来也超过 5000 万，再加上《后会无期》的官方微博、韩寒的马达加斯加等微博矩阵，“亿级别”的“粉丝”受众基础，为电影的口碑热度打下了坚实的基础。图 4-27 和图 4-28 所示为微博矩阵之间的互动，所形成的转发和互动量。

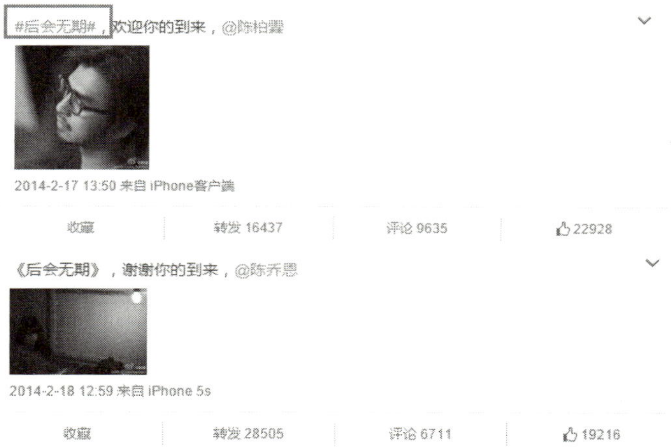

图 4-25 韩寒通过微博公布演员海报（一）

图 4-26 韩寒通过微博公布演员海报（二）

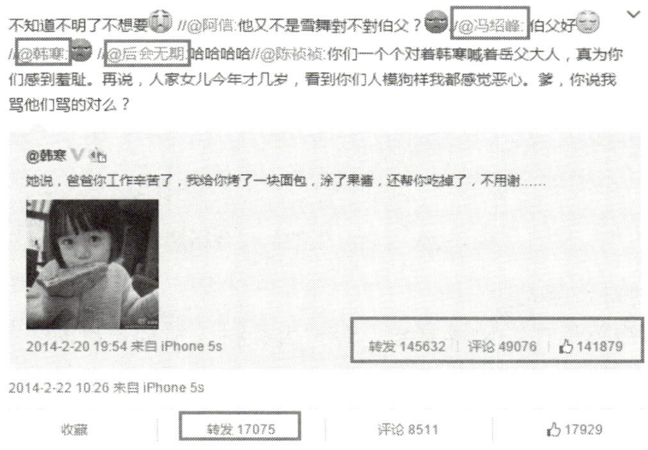

4-27 微博矩阵之间的互动（一）

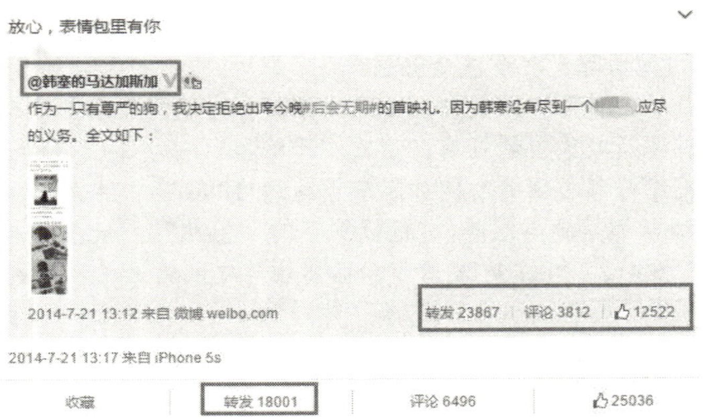

图 4-28　微博矩阵之间的互动（二）

据不完全统计，从电影宣布立项到电影上映前的十五天，韩寒共发布了 84 条相关微博（平均每两天多发一条），吸引了很多网友的注意，为电影后续上映打下了坚实的基础。

（三）微博互动形式多样

除了主话题“后会无期”以外，片方还在微博上制造了多个话题，如“帮小马达加 V”“后会无期大解读”等，形成强大的阵营，让“粉丝”更容易在微博上获得影片的相关内容。如图 4-29 所示，仅“后会无期”话题的阅读量就超过了 26.6 亿。

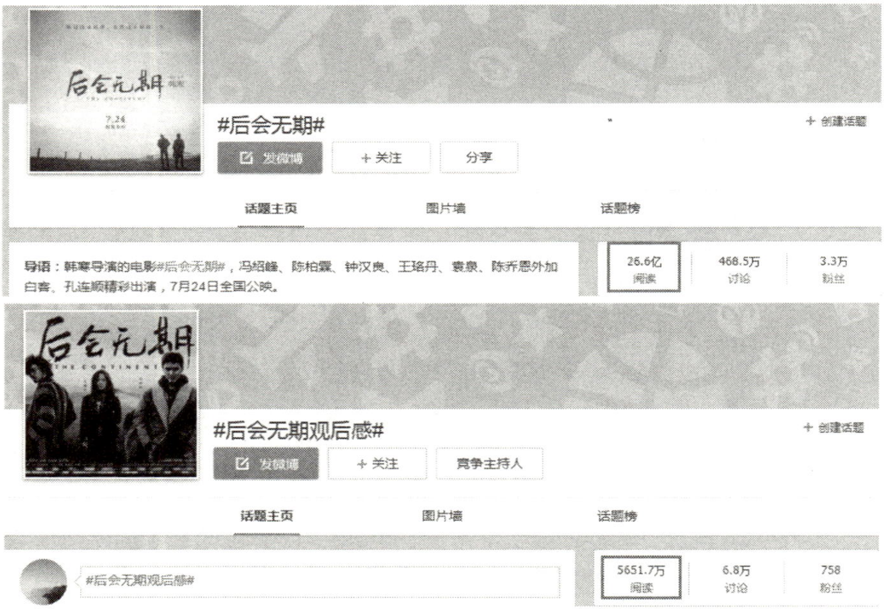

图 4-29　《后会无期》相关话题

1. 微博产品功能增加互动

主题曲《平凡之路》选择在微博首发，这首由朴树久别歌坛后演唱的作品一经发布就引爆了“80 后”的集体情绪，让“刷屏”成为缅怀青春的出口。歌曲发布后很快攀升至新歌榜第一名，并在 7h 内获得了 100 万的试听量和 4.2 万个赞，韩寒发布歌曲的微博也被转发超过 37 万次，互动量超过 50 万次，如图 4-30 所示。

图 4-30　主题曲首发微博

2. 其他微博互动方式

在整个《后会无期》的营销推广过程中韩寒共使用了 16 次粉丝头条为电影海报、预售、主题曲、倒计时等进行造势。宣传期间发布的 10 条海报微博中，有 3 条使用了粉丝头条，效果是其他微博互动量的 4～10 倍。同时，《后会无期》投放了 5 次顶部通栏广告，进一步提升了人群覆盖率。可以说，在《后会无期》的营销推广中，微博发挥了重要作用。

五、营销效果

（1）《后会无期》除了跟各大票务网站进行合作，上映前还在微博上发起预售活动，4h 内卖出了 1 万张电影票，受欢迎程度由此可见一斑。

（2）拥有海量用户的微博，能够在短时间内最高效率地反映用户对于影片的真实评价，这为有兴趣观影的微博网友提供了直观的参考，为了提升上座率，影院也可以依靠微博点评数据，来安排影片排期。

实训 2　微信营销技能训练——微信营销图文消息文案

【实训背景】

西安艳坤电子科技有限公司是一家电子商务公司，旗下有多个购物网站，专营全国范围内的“名、特、优、新、奇”商品，品类涵盖“吃、喝、穿、用、赏”五大方面，深入挖掘各地特色商品，不仅为消费者提供了“原汁、原味、原生态”的产地精品，更重要的是为中小企业提供了销售渠道，助其打造品牌，提升产品销量。

为了切实扩大西安艳坤电子科技有限公司的知名度，树立公司的良好形象，有效地提高西安艳坤电子科技有限公司线上商品的销售量和扩大公司的固定消费群体，西安艳坤电子科技有限公司拟在微信公众号中以图文消息的形式来推广其公司新品蜂蜜芦荟茶，图文内容须包含产品卖点、产品食用或使用方法及销售价格等基本消息，并在结尾说明购买方式。对此需要公司编辑人员策划多组切合产品营销的微信图文内容，来宣传产品的卖点，提升产品的知名度，从而达到扩大销量的目的。

试根据以上背景资料，为西安艳坤电子科技有限公司制订一份微信图文消息文案。具体实训过程中的选品可不局限于蜂蜜芦荟茶本身，可在食品类目下挑选任意单品来完成微信公众号图文消息的创作。

【实训要求】

（1）能认识并实现组织分工与团队合作。

（2）能撰写内容新颖的微信图文消息文案。

（3）能整理出微信营销图文消息文案分析报告。

（4）能清晰地口头表达出微信营销图文消息文案实训心得。

【实训指导】

（1）组建实训课题小组：将学生按 6～8 人一组的标准划分成若干个任务小组，每个小组指定或推选出一名小组长。

（2）确定实训小组课题：各小组成员根据微信营销图文消息文案背景资料的要求，完成一份微信图文消息文案的策划。

（3）实施策划课题内容：各小组根据微信营销图文消息资源，进行微信图文消息文案策划任务分配，包括图文设计、文案撰写及微信订阅号的注册与设置，在完成图文稿件后，在微信订阅号内进行排版调试，包括标题字数的显示完整与否、摘要描述语句是否突出主题、封面图片展示是否具有吸引力等，在此基础上进行修改和定稿，定稿完成后将内容发送至微信订阅号，以便实训老师查看。

（4）陈述实训心得：由各个小组推荐的发言人或小组长代表本小组陈述实训课题分析报告和实训心得。

【实训模板】

实训模板如图 4-31～图 4-33 所示。

图 4-31　实训模板（一）

韩国农协的农业销售网遍布全国的所有生产区，管理着1000多个点的生产销售，蜂蜜芦荟茶纯天然制作，无添加剂和防腐剂，更健康！

这样喝更美丽！

1、依个人喜好，取1-2勺放入杯中，加冷/热水冲泡。

[热饮]：加70-80度热水冲泡，效果最佳。　[冷饮]：清爽可口。

（1）用热水冲泡后，放入冰箱内冷却或加冰块饮用。

（2）直接加入冰水冲饮，为保持香气可适当增加浓度（冲饮时，里面的果肉可一起食用，味道清香）

2、可当成果酱涂抹于面包上，口味独特。

3、加入红茶一起冲调，也可作为调酒配料或制作沙冰、甜品等配料使用。

温馨提示：本品添加芦荟，婴幼儿及孕妇慎用，每日芦荟食用量不超过30克。

图 4-32　实训模板（二）

● 48.8元1kg，美味更美丽 ●

点击图文页左下方"阅读原文"

图 4-33　实训模板（三）

第5章 Email营销

案例导读

1号店是一家电子商务网站，于2008年7月11日正式上线，开创了中国电子商务行业“网上超市”的先河。2013年12月，1号店注册用户达到5700万，“掌上1号店”注册用户达到1500万。2015年7月沃尔玛收购1号店股份，1号店继续以现有名称运营。

作为一家电商企业，1号店非常注重通过对用户行为习惯的分析，进行精准化营销，尤其是Email营销。据1号店相关负责人介绍，1号店的Email营销更注重给用户带来价值，变营销为服务。在营销Email中，将营销信息与资讯相结合，同时，将Email营销体系融入用户关系管理（Customer Relationship Management，CRM）中，通过CRM后台记录的各种数据，推断出用户的需求。

5.1 Email 营销概述

5.1.1 Email 营销的概念

Email 营销是在用户许可的前提下，通过电子邮件的方式向目标用户传递有价值信息的一种网络营销手段。企业可以通过 Email 营销建立同目标顾客的沟通渠道，向其直接传达相关信息，用来促进销售。

Email 营销有多种用途，可发送电子广告、产品信息、销售信息、市场调查、市场推广活动信息等。

5.1.2 Email 营销分析

Email 营销分析是指企业在规定时间内对 Email 营销工作进行的总结、分析、检讨及评估，并对下阶段的 Email 营销工作提出修正建议，对 Email 营销策略进行局部调整，甚至对 Email 营销的计划予以重新制订。因此，Email 营销分析工作是企业营销管理工作中一项极其重要的内容。Email 营销策划的主要内容如下：

（1）明确 Email 营销的目的和主题。

（2）分析自身产品及品牌，挖掘 Email 营销目标受众的需求。

（3）确定营销的产品类别、节日搭配等。

（4）通过价格对比、活动推荐及新鲜特色产品的明确，选择 Email 营销的具体产品。

（5）分析邮件营销所能达到的效果。

案例 5-1　1 号店 Email 营销策划分析

这里主要从营销主题确定、营销群体分析和营销内容策划三个方面来对 1 号店的 Email 营销进行分析。

1．营销主题确定

（1）电子邮件主题体现出 1 号店的品牌或者产品信息。使有独特价值的商品、信息或者给人印象深刻的品牌出现在邮件主题中，尽可能地将 1 号店商品的重要营销信息展示出来，如近期上线的新品和促销及热销商品的打折信息，即使用户不阅读邮件内容也会留下一定的印象，这是可以监测到的 Email 效果之外获得的意外效果。

（2）电子邮件主题含有丰富的关键词。设置关键词除了可以加深用户的印象，也是为了当用户检索收件箱中的邮件时增加营销邮件被发现的机会，因为部分用户收到邮件后并不一定马上对邮件中的信息做出回应，有些甚至可能在 1 个月之后才突然想到曾经收到的某封邮件中含有自己所需要的信息。

（3）电子邮件主题体现出邮件内容的精华。邮件主题可以让用户对 1 号店邮件传达的促销信息一目了然，明确的主题可以增加用户的信心，通过邮件主题来让用户感觉到邮件内容的价值，使其迅速做出打开邮件详细阅读的决定。

（4）电子邮件主题体现出发件人信息中无法包含的内容。发件人信息多半不够详尽，用户对发件人的信任还需要通过邮件主题来进一步强化，将邮件主题的空间留出一部分来推广品牌是很有必要的，尤其在用户对企业品牌信任度不高的情况下更显重要。

（5）电子邮件主题不宜过于简单或过于复杂。尽管没有严格的标准来限制邮件主题的字数，但应保持在一定的范围内，既能反映出比较重要的信息，又不至于在邮件主题栏默认的宽度内看不到有价值的信息。所以 1 号店的电子邮件主题一般保持在 8～20 个汉字范围内。

2．营销群体分析

首先，1 号店是 B2C 网上购物平台，网站本身所面向的对象是互联网用户中的网购群体，大体的目标群体可以做如下划分:

（1）待开发目标群体：这一部分用户属于没有网购经验，或者没有使用过 1 号店购物的群体，需要通过引导来进行购物活动的群体。

（2）营销目标群体：该组群体属于有网购经验，且在多个电子商务平台购物过的用户，熟知网络购物流程，但不是 1 号店的会员，此类用户需要通过相关营销方式，引导其进入 1 号店购物。

（3）维护型目标群体：该组群体属于已在 1 号店注册并进行购物过的用户，由于当前网络购物平台相当纷杂，因此需要通过一定的营销手段来留住已注册的用户。同时，因为网站掌握了已注册用户的 Email 信息及相关购物偏好，可更有针对性地进行精准营销，因此该类用户非常重要。

通过对用户群体的分析，确定维护型目标群体是此次 Email 营销中的主要针对群体。

3．营销内容策划

主要针对目标群体既已确定，接下来就要针对目标群体进行 Email 营销内容的策划。

邮件的内容需要能体现出 1 号店商品的特色，还需要表现出其价值，根据受众不同时期的不同需求，要适时地对邮件内容进行调整，做到有的放矢。

在对邮件内容进行规划时，首先需要确定营销的商品类别，1 号店的主要商品类别如图 5-1 所示。

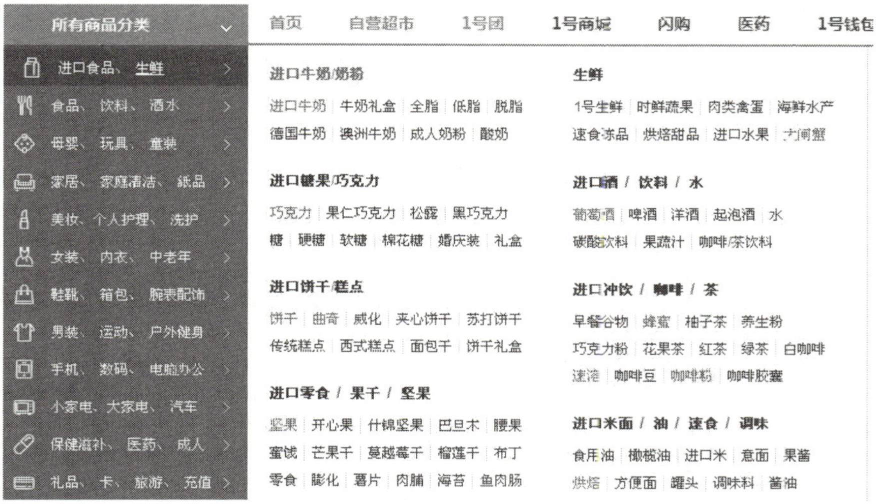

图 5-1　1 号店的主要商品类别

由图 5-1 可以看出，1 号店网站的商品类别非常丰富，从日用品、食品到户外用品、电子产品、礼品一应俱全，在通过邮件向目标用户发送营销内容时，自然是不能全部发送，就需要进行一定的分析和筛选。

首先，确定网站的主打方向，1 号店网站主打日用品、食品及进口食品的销售，同时，网站会员在各个商品类别中的购买比例也大幅偏向于此类商品，所以在选择方向时，应将重点放在日用品、食品这部分，与此同时，不重点推荐数码产品和大家电可以有效地和京东商城、苏宁易购等同类网上商城形成差异，避免用户的选择与思考，使得营销精准度进一步提升。

在确定了主要的方向为食品日用品后，需要进一步筛选，根据网站相关统计数据，对用户青睐的商品进行精准定位。

根据 1 号店对商品销售情况的数据，将每个商品类别进行统计，并将详细的数据规划为指标，其中，访问量、购买量以及再次来访指标较高的几个类别归纳见表 5-1。

表 5-1　商品各项指标

产品类别	访问指标	购买指标	再次来访指标
食品饮料、酒水、生鲜	272	397	321
厨卫清洁、纸、清洁剂	156	355	346
进口食品、进口牛奶	149	323	180
母婴用品、玩具	98	179	121
家居家纺、锅具餐具	92	201	37
创意礼品中心、礼品卡	70	197	40

根据上述分析，结合网站的受众目标、营业重点，可以确定在 Email 营销中，应该将食品、日用品及进口食品列为重点营销对象。

通过分析网民日常购物习惯（见图 5-2），可以发现一个特点，即节假日前的购物需求更大。

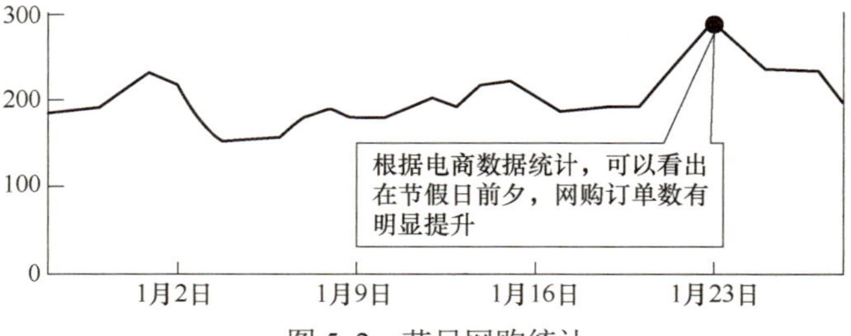

图 5-2　节日网购统计

做 Email 营销活动时，需要考虑近期节假日，并根据相应节假日推荐对应商品，这样一来，网站访客的相关需求就更加精准，营销效果也会更好。

此次 Email 营销的时间段距中秋节很近，那么在商品的推荐方面，就需要在原有的商品列表中筛选出和中秋节相关的商品，如大闸蟹、月饼等。

在确定了需要营销推广的主要商品类别、节日搭配之后，还需要再次确定邮件的其他营销内容。之前提到网站主打日用品、食品的销售，但也有 3C 数码等其他类别的商品，在营销邮件中也应该有所展示，根据 Email 营销的目标可知，此次营销的主要对象是网站会员，这类人群具有网购经验及相关购物意向，通过推荐其他商品，可以向他们发出一个信号，即“网站不仅有食品、日用品，还有数码产品、大宗商品的销售”，可以在一定程度上提升网站商品的销售量。

在选择具体商品时，要考虑以下几个因素：

（1）价格对比。在选择具体的营销商品时，需要考虑该商品是否具有价格优势，也就是说，该商品的网购价格和市场价对比，需要具有较大的优势。

（2）活动推荐。网购网站常举办相关优惠活动，如打折、赠送礼品或者返利等，通过推荐此类活动商品，可以抓住购物者的“实惠优先”心理。

（3）新鲜/新奇/特色商品。参与网购的网民通常对新商品有较大的兴趣，对新商品进行营销推广，可以有效地提高新商品的知名度以及销售量。

据上述分析，可发现需要进行 Email 营销的商品非常丰富，但实际电子邮件的篇幅会有限制，无法展示所有商品，那么就需要对商品做营销比重分析，得出哪些商品需要重点营销推广，哪些不需要，并对这些商品进行整理归纳，见表 5-2。

表 5-2　营销内容分析表

选中商品	理　由	展现方式
和田一品玉枣	价格优势	具体商品
好亲家燕麦巧克力	价格优势	具体商品
统一拉面+双汇火腿肠	网站优惠活动	具体商品
金龙鱼 葵花籽食用调和油	价格优势	具体商品
洋蓝色经典海之蓝 42 度	价格优势	具体商品
华夏长城干红葡萄酒	价格优势	具体商品
天喔茶庄 柚子茶	网站活动	具体商品
东阿桃花姬阿胶糕	价格优势	具体商品
天然螺旋藻精片	网站活动	具体商品
蓝钻石 盐烤风味巴旦木仁	网站优惠活动	具体商品
德运 全脂牛奶	特色商品	具体商品
日清思高 巧克力味威化饼干	特色商品	具体商品
月饼	活动推荐	类别推荐
大闸蟹	活动推荐	类别推荐
其他进口食品	活动推荐/新鲜商品	类别推荐

由表 5-2 可以看出，大部分商品的特色为“价格优势”，将这一类商品的价格、图片展现在营销邮件中，会获得更好的营销效果。而月饼、大闸蟹等商品属于节日性商品，具有较大优惠幅度，同时其类别也具有多样性，所以通过类别推荐的方式引导网民进入网站会获得更好的营销效果。

5.2 Email 营销实施

5.2.1 Email 营销的实施技巧与步骤

1. Email 营销的实施技巧

（1）收集用户邮箱。Email 营销的具体操作就是将商品信息发布到众多的用户邮箱中去，所以首先要进行邮箱资源的收集。有些企业在进行邮件营销的过程中，盲目地向很多用户发送邮件，但是收效甚微，这就涉及邮箱资源收集的途径。邮箱资源并不是随意收集的，要根据自己的行业针对的客户来收集，可以加入与行业相关的QQ群，也可以购买一部分，价格还是很低的。只有针对意向客户收集到的邮箱，在进行邮件营销的过程中才会更精准。

（2）编写邮件内容。有了邮箱资源后，接下来要进行邮件内容的编写。首先，邮件的标题要吸引用户的注意，还要符合邮件的内容，标题不宜过长，要精简。其次，邮件的内容要围绕标题来写，篇幅不宜过长，附上适量的图片，用户的体验会更好。

（3）邮件发送时间。邮件发送时间最好根据意向用户浏览邮件的习惯来定，这样邮件停留在用户邮箱里的时间不会太长，更容易被用户浏览。

应该首先了解用户的上网时间，用户的上网时间一般为15:00—17:00和20:00—22:00这两个时段。在用户上网最集中的时间段发送邮件，其接受及打开的概率会非常高。

此外，结合网站性质及受众人群，再分析下午和晚上这两个时间段，可以发现，通常情况下，上班族在下午上网的概率更高，并且网站的目标用户也是该人群占多数，同时，夜间上网人群通常不会打开邮箱，而是将邮件堆积到第二天查看。所以，邮件发送时间应该选择在15:00—16:30，也就是临近下班时间为佳。

（4）邮件发送频率。邮件发送频率应该与用户的预期和需要相结合，这种频率预期因时因地因产品而异。千万不要认为发送频率越高，收件人的印象就越深。过于频繁的邮件“轰炸”，会让人厌烦。同样内容的邮件，每个月至多发送2～3次。

2. Email营销的实施步骤

（1）确定Email营销方案。首先要根据公司的市场定位、目标用户群体的特点、产品或者服务的价值等，确定目标客户邮箱的收集方案、投送工具的评估方案、邮件内容设计原则、邮件发送方案、跟踪方案以及优化方案等。

（2）收集目标用户的邮箱。首先考虑是建立自己的邮件列表，还是利用第三方提供的邮件列表服务。这两种方式都可以实现Email营销的目的，但各有优缺点。利用第三方提供的邮件列表服务，费用较高，很难了解潜在用户的资料，事先很难判断定位的程度如何，还可能受到发送时间、发送频率等因素的制约。由于用户资料是重要资产和营销资源，因而许多公司都希望拥有自己的用户资料，并将建立自己的邮件列表作为一项重要的网络营销策略。一般，建立自己的邮件列表包括：收集老用户数据；通过订阅框收集客户邮箱；通过专门的活动收集感兴趣的客户邮箱；建立行业论坛，吸引注册用户，然后从数据库中提取用户邮箱；通过预订电子杂志或者其他交互行为收集用户邮箱；提供一些有价值的信息来换取一些用户的邮箱；通过传统媒体如报纸、杂志、电视等收集用户邮箱；从企业宣传品或调查问卷上收集邮箱。当然，这里面的用户，有些还不是真正意义上的订阅者，最好跟他们确认过后，再给他们发送邮件。

（3）评估邮件发送工具。一般在进行邮件发送时，一次性发送用户数量是有限的，要想邮件营销高效进行，可以选择网络营销软件来辅助邮件的发送，这样不仅发送成功率高，还能及时跟踪发送出去的邮件动态。

企业可以根据自身的实际情况，选择自己建设发信服务器、购买群发软件或使用第三方邮件营销平台等邮件发送工具。对于邮件营销平台的考察，可以从软件功能、发信成功率、发信速度、价格、售后服务等方面来考虑。

（4）制订营销邮件发送方案。

1）电子邮件主题。邮件的主题是收件人最早看到的信息，邮件内容是否能引人注意，主题起到相当重要的作用。邮件主题应言简意赅，也可以考虑跟热点结合，以便吸引更多的收件人继续阅读。

2）内容。营销邮件在内容上注重与其销售的产品相关联，与企业品牌相呼应，同时能够与订阅企业邮件的用户形成互动，促进销量的提升。

3）邮件格式。虽然说电子邮件没有统一的格式，但它毕竟是封邮件，作为一封商业函件，应该参考普通商务信件的格式，包括对收件人的称呼、邮件正文、发件人签名等因素。邮件要能够方便收件人阅读。有些发件人为图省事，将一个甚至多个不同格式的文件作为附件插入邮件内容，给收件人带来很多麻烦，最好采用纯文本格式的文档，把内容尽量安排在邮件的正文部分，除非插入图片、声音等资料。

4）邮件呈现方式。电子邮件的呈现方式多种多样，其实现方式通过 Html 语言进行编辑，所以在编辑营销邮件时，还需要通过相关的 Html 编辑器进行设计，最常用的 Html 编辑器是 Adobe Dreamweaver。邮件表现形式通常为已有商品的促销信息，同时配合新品宣传内容，与邮件订阅用户形成互动。

（5）发送 Email。可以选择群发邮件，也可以针对某些用户进行单独发送。开展营销活动应该获得特定计划的总体反应率（如点击率和转化率）并跟踪用户的反应，从而将用户过去的反应行为作为将来的细分依据。当接到业务问询时，应及时做出回复，最好在 24h 以内回复。拖的时间越长，对企业形象损害越大。注意养成一天查收信件数次的习惯，并做到及时回复。在对潜在用户的问询做出及时回复之后，还应该在两三天内，跟踪问询 2～3 次。很多人一天会收到大量的电子邮件，邮件的回复很有可能被忽略或者被删。跟踪联系意在确认用户确实收到了回复，同时也给对方受重视的感觉，还能传达企业的诚意。

（6）邮件发送方式。邮件发送方式有三种，首先是直接发送，即在输入收件人邮件地址后，再输入邮件主题和正文，单击“发送”按钮就可以直接将邮件发送到对方的邮件接收服务器。其次是抄送，即将邮件同时发送给收件人以外的人。一般来说，使用“抄送”服务时，多个抄送对象的电子邮件地址使用“；”分隔。最后是暗送，虽然“暗送”栏中的邮件地址都会收到邮件，但其他收件人无法看到暗送中的邮件地址。

（7）邮件跟踪。添加邮件跟踪代码，按照少量多批次的原则进行发送，一周后提供详细的打开、点击、IP、退订、弹回等统计数据，制作评估报告，为后续营销提供数据依据。数帆市场营销策划有限公司可以为企业提供一整套的电子邮件营销解决方案，通过最经济有效的方式可以实现企业与目标客户一对一的交流，快速便捷地发送个性化邮件，达到发送产品和服务信息以及广告的目的，提升产品和服务品牌，并最终扩大销量。

（8）更新邮件列表。根据从用户那里得到的信息进行整理，更新邮件列表，创建一个与产品和服务相关的用户数据库，改善“信噪比”，提高回应率，同时了解许可的水平。用户许可的水平有一定的连续性，每封发送的邮件中都应该包含允许加入或退出营销关系的信息，没有必要用某些条件限制用户退出营销关系。通过这些信息，加深个性化服务，增强用户的忠诚度。

案例 5-2 1 号店营销邮件内容编辑

1．邮件布局规划

根据分析，得知 1 号店此次 Email 营销的内容以食品为主，并且包含节日信息，那么在邮件布局上就需要做到既能体现出节日的优惠力度，还要兼顾普通推广商品的展示效果。对于此类需求，通常采用通栏 banner 的方式展现节日主题，再使用小橱窗展现的方式展示普通推广商品，简单的布局效果如图 5-3 所示。

从图 5-3 的结构规划可以看出，除去顶部和底部，页面的结构可以分为上下两大部分，其中，上部的通栏 banner 可以有力地展现出需要营销的类别，大面积的 banner 可以对阅读邮件的人造成很大的视觉冲击；中间普通推广商品展示区的面积有限，不能通栏展示一个内容，就需要将其进行分割，如图 5-4 所示，以便在有限的空间内展示更多的内容以及尽可能丰富的商品细节。

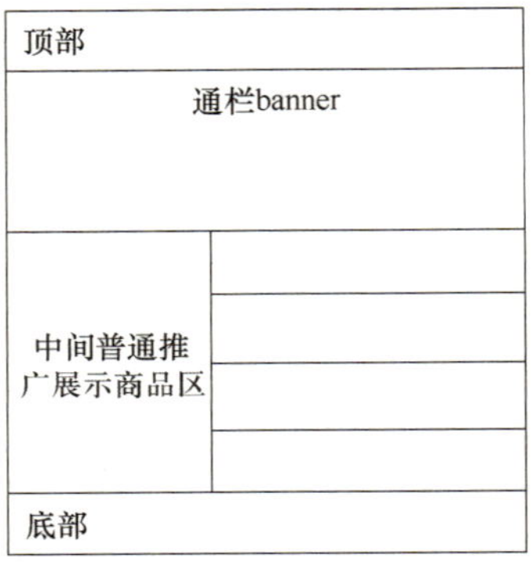

图 5-3　营销邮件布局框架

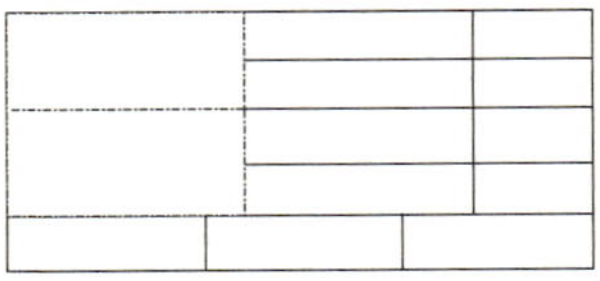

图 5-4　中部框架二次划分

经过对框架的再次划分，可以看出新的框架图在原有的基础上更加细致了，由于“营销内容分析表”中提到了不止一处的“活动推荐”，但是一个通栏 banner 无法将其全部包容并良好展现，那么就需要开辟新的位置来展示这些活动，例如，图 5-4 中两处虚线框处可以用来展示活动推荐的相关内容；虚线框右侧框中正好可以将之前暂定的商品全部显示出来，并且预留的空间可以同时展示商品的名称、缩略图以及价格；最下方三个白色实线框体可以用来展示网站近期热门的活动、促销信息等。

2．营销邮件的制作

在确定了邮件的布局之后，就需要根据相关的布局来展开详细规划与制作。

首先要确定邮件框架的宽度，在确定框架宽度之前首先需要分析网民屏幕分辨率，同时为了兼顾大多数网民的浏览体验，营销邮件框架的宽度需要保持在 900px 以内，同时结合实际的邮件展示效果，此宽度还需要进一步缩小，因为用户打开邮件后，屏幕中不仅只显示营销邮件，还会有电子邮件提供商的框架及内容，考虑到这一点，需要对营销邮件框架的宽度定义进行更改，在原定的 900px 之上剪掉邮件提供商的菜单宽度，那么较为合适的营销邮件框架宽度为 650px。

当邮件框架的宽度确定之后，就需要对之前定义的框架进行进一步细化及内容填充。下面通过设计好的 1 号店邮件进行相关布局说明。整个 1 号店营销邮件制作好后的效果如图 5-5 所示。

图 5-5 营销邮件

通常情况下，邮件顶部需要展示出网站的相关信息，即企业 Logo。这样当网民打开邮件时，可以立刻看到企业的名称。

邮件中部可以再细分为通栏 banner 和中间普通推广商品展示区。通过表格方式将需要展现在中间部分的商品及促销活动列举出来，这样可以让用户直观地对营销内容进行浏览。

邮件底部可以设置更多邮件中部未涉及的商品，同时可以放置企业 Logo，做到首尾呼应。

由图 5-6 可以看出，此前策划的内容均已经列入邮件内容中，但是还需要进行进一步细节优化。

3．营销邮件细节优化

此次邮件营销针对的是网站的注册会员，配合网站注册协议，此次邮件营销已经满足了“需要获取用户的订阅确认”这一条件，为了满足“退订”的要求，就需要在邮件中加入“退订邮件”的按钮。

通常情况下，营销邮件的退订按钮均设置在邮件的最底部，这样做的目的是让邮件阅读者最晚发现“退订”，以此来提高邮件的被阅读概率以及降低退订率。

除此之外，还需要考虑到邮件接收者的邮箱过滤设置，所以需要在邮件中给用户提示，推荐用户将发件账号添加为联系人，这样可以避免营销邮件被部分邮件提供商过滤为垃圾邮件，以此来提高邮件送达率。

在进行邮件营销行为中，还需要做出发件声明，让邮件阅读者明白邮件的发送原因，即声明“之所以收到这封邮件，是因为您曾经注册成为 1 号店的用户。保证仅向您发送关于 1 号店的商品、促销优惠以及服务的电子邮件”。

由于受市场价格、网站活动等因素的影响，商品价格会有一定的变动，所以需要在邮件中声明实际的价格以网站中的为准，以免造成不必要的纠纷。

综合以上内容，就需要在邮件的底部加入如图 5-6 所示的相关声明。

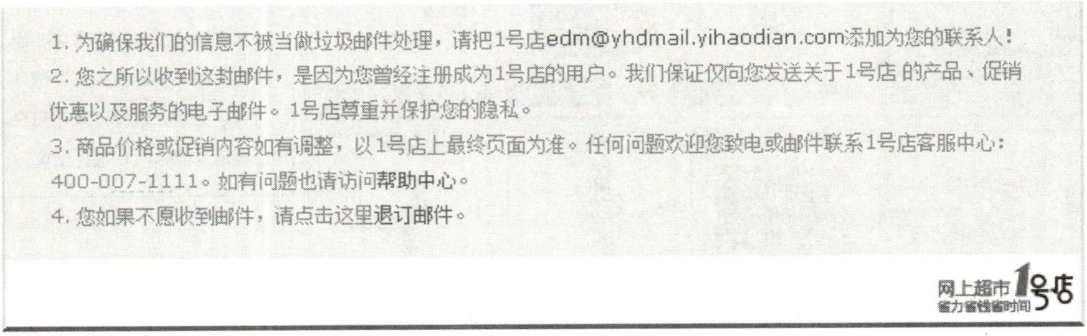

图 5-6　邮件底部的声明

但是再观察邮件顶部，就显得十分空洞，如图 5-7 所示。

图 5-7　空白的顶部

仅有一个 Logo 的顶部显然是不够的，还需要对顶部的内容进行完善和填充。

首先考虑到一个问题，即很多电子邮件提供商会屏蔽邮件中的图片，所以在邮件的开篇部分，就需要向邮件阅读者提供一个按钮——“如果邮件没有显示，请点击此处”引导用户在新页面打开邮件的内容。

除此之外，还需要在顶部加入一些网站的链接，方便用户通过邮件直接进入网站。由于该营销邮件的发送目标是网站注册用户，所以出于用户体验考虑，不仅加入网站的链接、帮助内容，同时提供“购物车”的链接，方便用户的操作。更新后的顶部如图 5-8 所示。

图 5-8 更新后的顶部

到这里，一封完整的营销邮件页面就制作完成了。

5.2.2 Email 营销效果监测

Email 营销效果监测的方法和指标如下：

1. 退订率

订阅用户点击邮件中的退订链接后，其电子邮件地址将从数据库中删除，电子邮件营销系统后台应做相应记录。

2. 邮件送达率

以发送邮件总数减去接收到的退还邮件数目，得到的就是送达邮件数。以送达邮件数除以发送总数，就得到送达率。在实践中，邮件打开率（阅读率）比送达率更有意义。

3. 邮件打开率/阅读率

邮件阅读率显示的是用户真正打开邮件的比例。其测量方法是在邮件的 Html 版本中，嵌入一个像素为 1×1 的跟踪图片文件。

4. 链接点击率

在邮件的链接中增加一个特定的跟踪代码，这样就可以知道对方是更喜欢点击邮件顶部的导航链接，还是更喜欢点击正文中的推荐链接，还是邮件结尾处的链接。有了这些统计数字，再查看邮件的布局、内容，就可以了解什么样的内容更吸引用户。电子邮件点击率是更为精准的测量电子邮件营销效果的指标，表明用户不但看了邮件，还对营销邮件所推广的产品产生了兴趣。

5. 邮件列表注册转化率

邮件列表注册转化率也就是完成注册人数与访问网站的独立 IP 人数之比。其测量方式是参考网站流量统计中的独立 IP 人数、提交电子杂志注册表格后所显示的确认网页次数以及电子杂志数据库中最终完成双重选择加入的总人数。通常，电子商务网站销售转化率在 1%左右属于正常。邮件列表的转化率应该更高，达到 5%～20%都属正常。

6. 检测和删除无效地址

注册过邮件列表后不意味着每个邮件地址都能收到电子邮件。每次发送邮件后通常都会收到一部分退回邮件，系统需要自动检查这些退回邮件，并删除无效地址。

案例 5-3　1 号店 Email 营销效果分析

在营销数据统计中，需要进行数据对比，将 Email 营销活动执行前的相关数据与营销活动执行后的数据进行对比，从中观察营销效果。1 号店详细的 Email 营销效果评价指标及具体数据见表 5-3。

表 5-3　1 号店营销效果对比表

获取和保持用户资源	产品页平均访问量（IP）		产品页平均访问量（PV）		营销商品订单量		关键词搜索量（百度）	
	前	后	前	后	前	后	前	后
	日均 451000	日均 974000	日均 3654000	日均 8570000	日均 8507	日均 12750	日均 56076	日均 110765
邮件信息传递	发送邮件总量				送达率		失败率	
	2796530				87%		13%	
用户信息接受	发送邮件总量				邮件阅读率			
	2796530				73%			

由表 5-3 看出，营销邮件发送前后，网站、产品页的访问量明显上升，说明产品页面的展示次数提高了至少一倍，且营销商品的订单量大幅提升，这都说明了此次 Email 营销的效果是较为理想的。

通过关键词搜索量的监控可以发现，在 Email 营销工作进行之后，关键词搜索量几乎翻了一番，这也间接说明了此次 Email 营销使得 1 号店的知名度及网络影响力得到了较大的提升。

此次 Email 营销的面向对象是在 1 号店注册的会员，其中 87%的邮件送达率可以说明覆盖相对全面，因为互联网平台化之后，会有一小部分用户通过第三方平台登录，如 QQ、微博等，为了用户购物的便利，此类用户在购物时不需要进行邮箱验证也可以购物，所以难免有部分用户填写无效的邮箱地址。此外，也会有一些过滤规则极为严格的邮箱服务商对邮件进行拦截。

通常，营销邮件的阅读率不足 50%，但是此次 Email 营销的邮件阅读率达到 73%，可以说明面向的受众是具有购物需求的并且在 1 号店注册过，所以通常不会将邮件误视作骚扰而直接删除，加之此次邮件中含有节日优惠内容，用户的潜在需求更容易被激发，所以也间接提升了邮件的阅读率。

根据上述分析，可以发现，提高 Email 营销效率的主要方法如下:

（1）明确目标受众。对具有一定需求的用户发起邮件营销，可以有效地提高邮件针对性。

（2）抓住时事热点。利用节日、公众事件等热点话题来激发用户的需求以及求知欲，引导用户阅读邮件。

在此次邮件营销活动中，用户回应主要表现在营销商品及活动商品的访问量、订单数、关键词搜索量的提升上。在提高了销售额的同时，也提高了 1 号店网站的知名度，达到了 Email 营销的目的。

岗位技能训练

实训 1　Email 营销技能训练——典型 Email 营销案例搜索

【实训目的】

（1）能搜索到一份完整的典型 Email 营销案例。

（2）能清晰地表达出该 Email 营销案例的内容。

（3）能总结出该 Email 营销案例的特点。

（4）能简要说出选择该 Email 营销案例的理由及其成为典型案例的缘由。

【实训指导】

（1）布置任务：将学生按 6～8 人一组的标准划分成若干个任务小组，各小组成员搜索一份典型 Email 营销案例。

（2）搜索选择：各小组成员总结归纳自己所搜索的典型 Email 营销案例的特点，列明选择该典型 Email 营销案例的理由及其成为典型案例的缘由，之后形成典型 Email 营销案例实训报告。

（3）课堂陈述：各小组成员上交典型 Email 营销案例实训报告，由指导老师从每组提交的实训报告中选择一份具有代表性的典型 Email 营销案例实训报告，并邀请其小组代表上台陈述。

（4）评价效果；各小组代表陈述后，指导老师点评该次实训的情况，并由全班同学进行无记名投票，评选出获奖小组，并对其给予表扬和奖励。

【实训案例模板】

美团网“史上最萌”Email 营销

一、营销背景

1. 美团网是目前国内最大的生活服务类电子商务网站。

2. 美团网的宗旨是让每位用户“每天一次团购”，这就需要通过邮件营销促使消费者订阅企业邮件或者是每日登录一次美团网。

二、营销目的

1. 推广其团购服务，提升企业品牌的关注度。

2. 提升团购在青少年群体中的宣传力度，提高美团网的知名度和形象。

三、营销对象

1. 主要目标群体：美团会员、“80 后”及“90 后”网络群体。

2. 潜在目标群：希望了解美团业务的商家和普通网民。

四、营销内容

（一）营销前期

（1）纯粹线上召集。美团的推广渠道竟然是大家已经逐渐遗忘的邮件订阅，这邮件群发模式似乎已经在网络营销领域被视为司空见惯，然而美团网络营销团队却能将这种传统的网络营销方式玩出花样，并且屡试不爽。如图5-9所示。

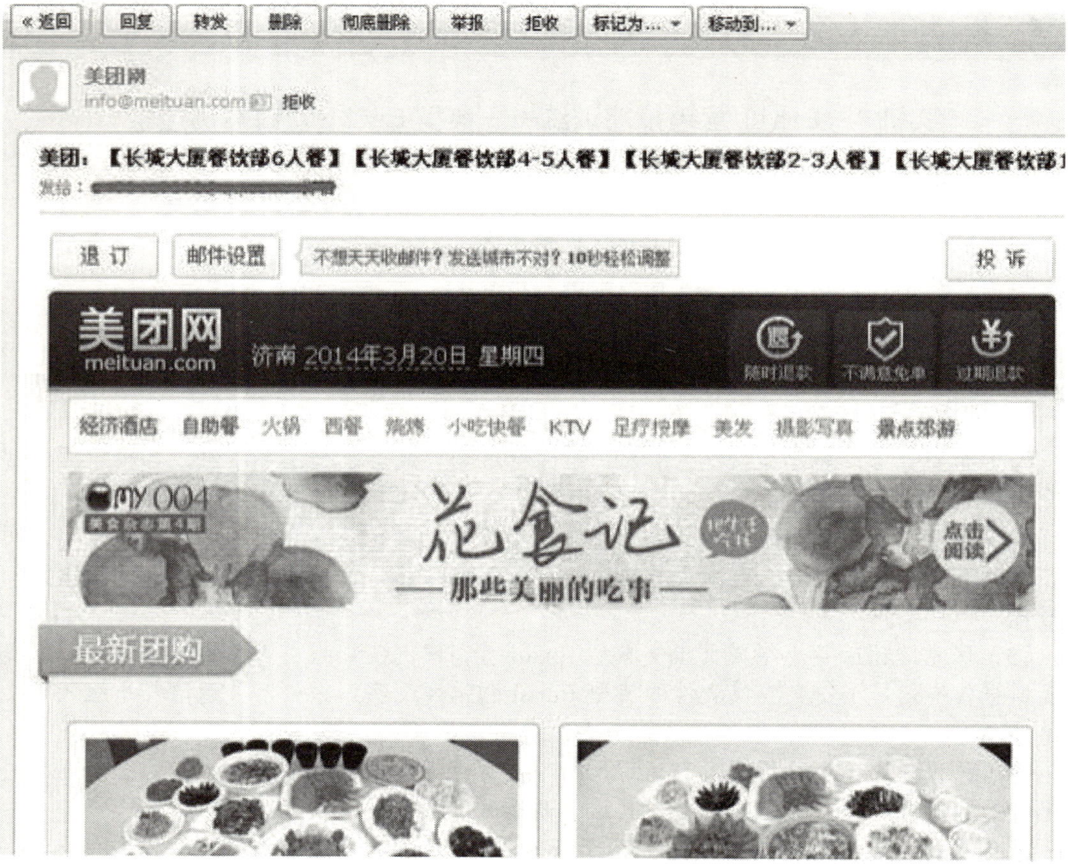

图5-9 美团营销邮件的一般内容

（2）产品价格非常低。美团营销团队推出的商品价格超乎想象得低，低到秒杀那个数量级。用传统团购思维想之，结论一定是：疯了！怎么可能赚钱？但是消费者却被超低的价格所吸引。

（3）营销要针对“每日一次”的理念，培养用户的消费习惯。“每天一次团购”是这类网站的宣传语。于是，美团营销团队会通过用户订阅的邮件传达品牌理念，邀请用户每日光临一次。

（4）营销内容一般以服务类产品为主。用户在美团上团得最多的是温泉、足疗、瑜伽服务。实物商品较少。美团营销模式的核心：“美团，团的不是商品，是广告！”低价构成“病毒源”，天天团购能培养用户的习惯。美团通过所谓团购带来的体验式消费，迅速病毒式传播品牌。

（二）“史上最萌”邮件营销的内容打造

美团网打破了以往邮件营销针对目标用户的常规思维，向一些非活跃用户发送了一封题为“你走后，感觉再也不会爱了”的营销邮件（见图 5-10），并在用户间形成了口碑传播，引发了众多网友在微博上的讨论。大家对美团网这封“萌点”十足的邮件赞不绝口，直呼是“史上最萌”的营销邮件。

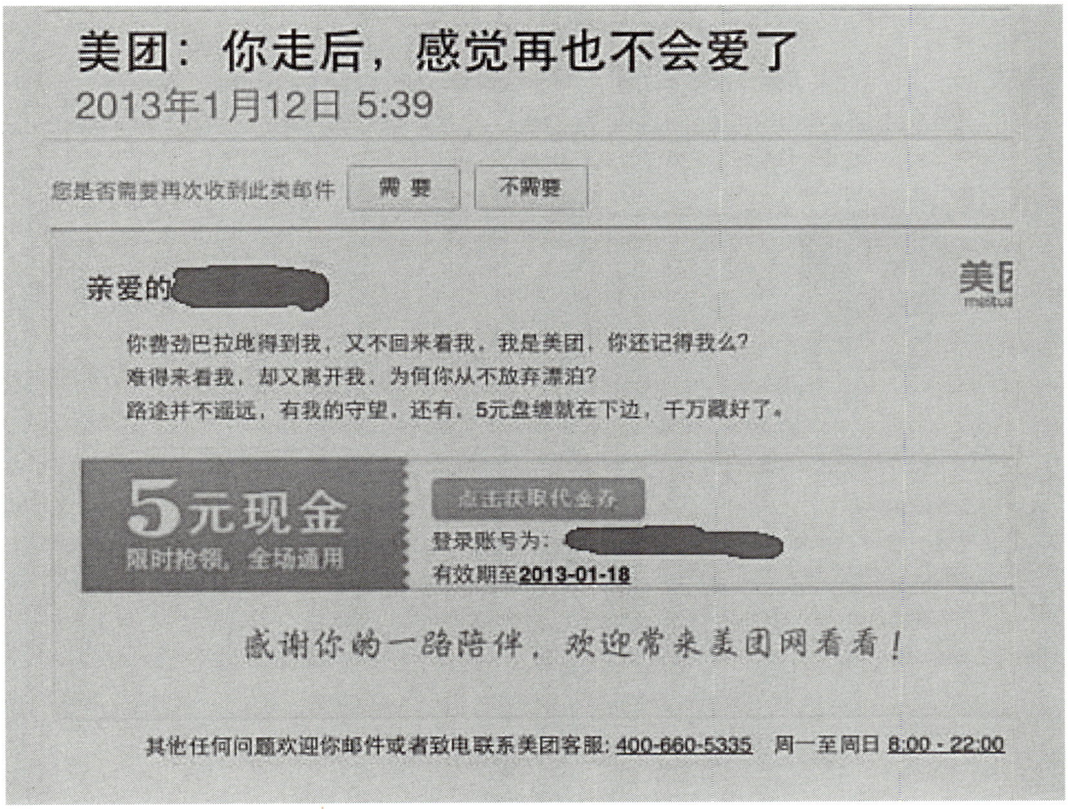

图 5-10 美团“史上最萌”邮件

美团网的邮件标题是“你走后，感觉再也不会爱了”，当看到这个标题的时候，相信出于好奇，很多用户都会点开一探究竟。而事实上也确实如此，微博上很多网友均表示，着实被邮件标题吓到了，有些人以为是某个前男/女友发来的，更有人“责怪”道，要是让自己老婆看到了，肯定会以为是某个“小三”的杰作，甚至会影响到家庭幸福。其实，这封邮件的用意很简单，就是向用户赠送一张“5 元代金券”。

不过，若是和一般营销邮件似的硬塞来一张优惠券，可能也就不会产生这种效果了。因为但凡理智一点的用户都会明白为何赠送代金券。但是，美团网营销邮件的高明之处，就在于邮件正文写得非常别致。为了写好这封营销邮件，既向消费者传达优惠信息，又给人耳目一新的感觉，工作人员花费了很多心思，仅邮件正文内容就修改了 119 次。让用户感觉这篇邮件更像是一个委屈的、受伤的恋人在和你撒娇、“卖萌”：“你费劲巴拉地得到我，又不回来看我，我是美团，你还记得我么？难得来看我，却又离开我，为何你从不放弃漂泊？路途并不遥远，有我的守望，还有，5 元盘缠就在下边，千万藏好了。”

美团网的邮件在微博上受到了用户的热议，被称为“史上最萌”的营销邮件。许多业界人士以及加“V”的营销人员，也对该邮件的新颖立意表示赞叹。例如，“灵动邮件营销”就表示，美团网的营销邮件“够煽情”。而“LN 在闭关修炼”则称“如何让客户不那么讨厌你的广告邮件？美团这点做得不错。”试想，在一天的忙碌之后，有这样一种营销方式，它不仅给你小恩小惠，还会像恋人一样和你撒娇，你还会烦吗？

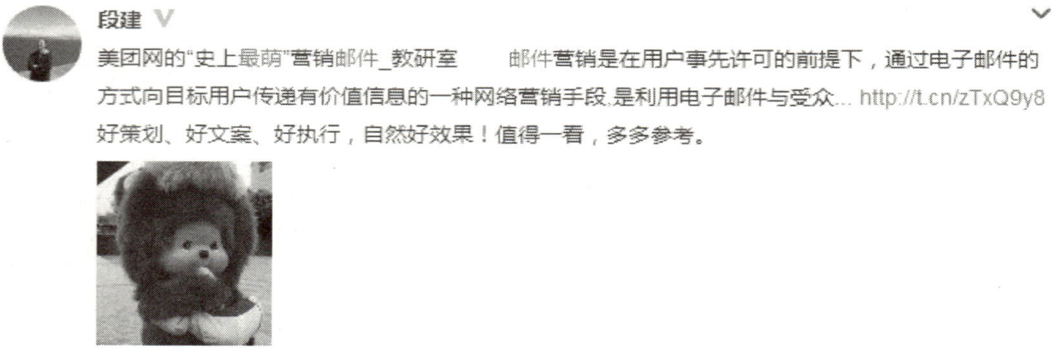

图 5-11　美团网“最萌”邮件引业界人士微博热议

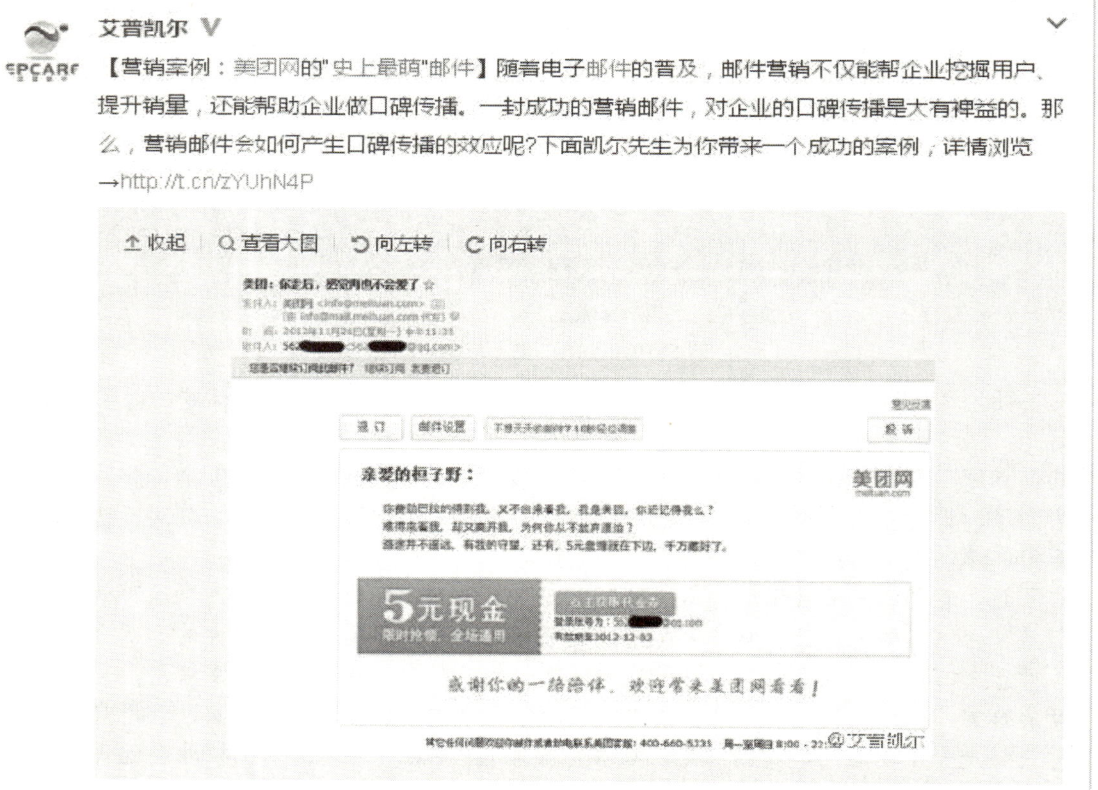

图 5-12　美团网营销邮件卖萌引发微博热议

五、营销效果

除了造成口碑传播效应，美团“最萌”邮件营销提升销量的作用也很大。因为即便很多人不看，正常的反馈率也在 5%～15%，比传统的 banner 广告高出 50 倍。而且效果是立竿见影的，在发完邮件的几分钟内就能看到反应和新的订单，可以通过调整最佳时刻来群发邮件，以获得最高的反馈率。其测试的时间成本也很低，几个小时内就能基本得出结果。在提升销量的同时形成口碑传播，美团网营销邮件在内容上的出奇制胜，引起了用户的好奇并产生了自动传播的欲望。美团网的成功经验值得借鉴。

实训 2 Email 营销技能训练——Email 营销邮件内容制作

【实训背景】

中国太平洋保险公司成立于 1991 年 5 月 13 日，是经中国人民银行批准设立的全国性股份制商业保险公司。2001 年，根据中国国务院和中国保监会分业经营机构体制改革的批复，原中国太平洋保险公司更名为“中国太平洋保险（集团）股份有限公司”。其是中国大陆第二大财产保险公司，仅次于中国财险，也是第三大人寿保险公司，仅次于中国人寿和中国平安。它本身经营多元化保险服务，包括人寿保险、财产保险、再保险等。

为扩大中国太平洋保险（集团）股份有限公司的知名度和良好形象，有效地提高中国太平洋保险（集团）股份有限公司线上商品的销售量和扩大公司的固定消费群体，中国太平洋保险（集团）股份有限公司拟以企业邮件的形式来推广其新的保险理财产品，邮件图文内容须描述产品卖点等基本消息，并在结尾说明购买方式。对此需要公司编辑人员策划多组切合产品营销的邮件图文内容，来宣传产品的卖点，提升产品的知名度，从而达到扩大销量的目的。

试根据以上背景资料，为中国太平洋保险（集团）股份有限公司制作一份邮件营销图文文案。具体实训过程中的选择业务并无限制，可选择公司任意理财产品业务来完成邮件营销图文消息内容的创作。

【实训要求】

（1）能认识并实现组织分工与团队合作。

（2）能制作出内容新颖的邮件营销文案。

（3）能撰写出邮件营销文案分析报告。

（4）能清晰地口头表达出邮件营销文案实训心得。

【实训指导】

（1）组建实训课题小组：将学生按 6～8 人一组的标准划分成若干个任务小组，每个小组指定或推选出一名小组长。

（2）确定实训小组课题：各小组成员根据邮件营销图文背景资料的要求，完成一份邮件营销图文文案的策划。

（3）实施策划课题内容：各小组根据邮件营销图文消息资源，进行邮件图文任务分配，包括图文设计、文案撰写，在完成图文稿件后，进行排版调试，包括摘要描述语句是否突出主题、邮件图片展示是否具有吸引力等，在此基础上进行修改和定稿，定稿完成后将内容发送给实训老师，以便实训老师查看。

（4）陈述创作实训心得：由各小组推荐的发言人或小组长代表本小组陈述实训课题分析报告和实训心得。

【实训模板】

实训模板如图 5-13、图 5-14 和图 5-15 所示。

图 5-13　实训营销邮件模板（一）

图 5-14　实训营销邮件模板（二）

图 5-15　实训营销邮件模板（三）

6

第 6 章　网络广告

案例导读

雷克萨斯（LEXUS）是日本丰田集团旗下的全球著名豪华汽车品牌。创立于 1983 年，仅仅用了十几年的时间，在北美的销量便超过了奔驰、宝马。1999 年起至今，其连续位居北美豪华汽车销量第一。

雷克萨斯 NX 系列车型，是雷克萨斯车型中尺寸最小的 SUV 车型。雷克萨斯作为全混动科技的引领者，于 2014 年 4 月推出全球首款 LHD 油电混合技术的中型豪华 SUV-NX300h 系列。雷克萨斯 NX 300h 搭载了一台由阿特金森循环发动机、发电机、电动机和蓄电池构成的混动系统。作为同级细分市场第一款完全混合动力的车型，NX 300h 能够在实现高性能的同时带来无可匹敌的环保特性和操控稳定性。2015 年 5 月，雷克萨斯联手互动通，结合雾霾话题，开展了一场“重现天空之净”的营销活动。

6.1 网络广告概述

网络广告是在传统广告四大媒体（电视、广播、报纸、杂志）的基础上发展出的第五大广告信息传播方式。网络广告是广告主为了推销自己的产品或服务在互联网上向目标群体进行有偿的信息传达，从而引起群体和广告主之间信息交流的活动。

6.1.1 网络广告投放前分析

为了让网络广告获得更好的宣传效果，投放网络广告前需要进行以下三个方面的准备工作：

1．明确广告传播的目的与评估方式

网络广告的互动性、创意表现力、受众定向性、反馈及时性及可评估性，决定了网络媒体推广策略的灵活度。因此明确广告投放的目的，对于制定正确的推广策略尤其重要。制定明确的评估方式不仅可以确保投放目标的量化达成，同时可以整合资源，实现在资源不变的前提下的效果最大化。

2．选择合适的网络媒体

在媒体的选择上，网络不同于传统媒体，不仅具备媒体特性还具有渠道、客户关系、服务等特性，因此不能单纯地从受众的到达率来选择。各网站所具有的技术力量、内容配合、创意表现、营销策划服务直接决定了其在整合营销中可发挥的空间。

3．建立内容/活动页面

网络广告能传达大容量的广告信息，实际上是指通过点击网络广告进入到内容/活动网站，所有企业新闻、品牌背景、产品介绍、促销活动、消费行为调查全部都可以在此呈现。因此在投放广告之前，必须先建立一个企业网站、活动网站、内容网站，以便用户点击后浏览。另外，在广告创意与活动网站之间建立明确的传播目的分配，在确保页面广告创意诉求清晰的同时也确保整体信息叙述的清晰。

案例 6-1 雷克萨斯网络广告投放分析

近年来，当“雾霾”、PM2.5 开始变得耳熟能详，空气质量以至整个环境质量已渗透到人们的日常生活中时，大家开始寻找环境友好型的生活用品。雷克萨斯作为全混动科技的引领者，于 2014 年 4 月推出全球首款 LHD 油电混合技术的中型豪华 SUV NX300h 系列。那么怎样推广雷克萨斯 NX300h，让人们喜欢并购买这款节能环保的座驾呢？2015 年 5 月，雷克萨斯联手互动通数字广告平台，结合雾霾话题，开展了一场“重现天空之净”的营销活动。

传播目标：

（1）通过互联网平台，精准触达目标受众，深入诠释采用 LHD 油电混合技术的雷克萨斯 NX300h 系列环保节能的亮点，引起目标受众的关注及购买兴趣。

（2）收集有价值的客户信息，促进品牌与消费者之间的互动，全面提升品牌影响力，树立健康正面的品牌形象，带来销量的提升。

6.1.2 网络广告的投放实施

网络广告具有覆盖范围广、主动性积极性强、时间持续性久、费用相对较低、性价比高等优势，近几年，受众在网络上看到的广告内容都属于“精准广告”，也就是把广告更精准地展现在受众的面前，根据受众的喜好、消费特征或职业特点，通过精准的匹配使广告商与消费者建立起一对一的沟通，从而更深层地促进消费，扩大影响。把广告投放在众多媒体的广告位上，根据每天投放 24h 之后检测广告位的广告表现效果进行增减，实时优化，可以有效提高广告的整体效果，降低成本，提高收益。

因此，广告直接投放的广告位置是否合适，访问群体、广告投放时间以及广告产品受欢迎程度均对网站广告位的价值产生直接的影响。

进行网络广告营销，首先应该对不同的广告位的大概价值有一定的了解，另外还需要对投放的产品、媒介类型、用户关联匹配进行进一步的规划。完成以上一系列的动作，必须通过一段时间的测试得出的数据才能确定广告位是否适合企业想要投放的广告，一个测试调查过程通常需要 15～30 天。所以在投放广告的时候需要慎重检测广告位的价值，根据得出的结果决定是否投放及投放时长，以达到最终的广告效果。

广告位的价值除了取决于媒介类型、消费人群、年龄性别、广告产品的匹配外，影响其广告效果的还有以下几点因素：

（1）广告投放素材设计。

（2）服务器速度。

（3）广告产品的吸引度。

（4）人群的游离度。

因此对投放广告位的广告效果，需要一系列的监测评估，才可以衡量出广告投放真正的价值，达到推广的目的。

在精准投放的网络广告中，我们可以把网络广告分为地域定向、时间段定向、兴趣爱好行为定向等。将这些定向结合在一起，通过测试得出数据，然后再进行优化，广告效果可以得到很好的提升。

考虑到网络广告价格方面的因素，目前国内多数门户站的广告价格偏高，由于门户的访问群体庞大，很难得出最准确的数据，致使很多广告商投入了大量的广告费用而没有收到很好的效果。根据爱蜂窝网调查结果显示，有 49%的广告商投放门户广告未达到预期效果，其中广告商自己选择广告位的高达 70%，多数广告商企业根据广告预算来决定投放广告的位置，这对投放效果产生了很大的影响。

所以在门户站多数投放的广告位是品牌宣传广告，其原因主要是门户站单页面浏览人数巨大，访问群体复杂，以地毯式轰炸来吸引访问群体的眼球，达到宣传目的。不可否认，要宣传公司品牌，门户站是最好的媒体平台。看到过广告的人比没有看到过广告的人，更有可能前去网站浏览（虽然当时直接点击广告的人可能只有 0.1%），差距达到 46%，但是差距会随着时间而缩小，看到过广告的人更有可能去搜索该品牌或者产品。

案例 6-2 雷克萨斯广告投放过程分析

根据雷克萨斯的产品特性，参考各尺寸广告的点击效果，调整各版本素材的投放量，当空气质量 PM2.5 达到 100ug/m^3 时，页面就会展示广告，有的放矢，获得更精准高效的展示机会，减少广告因过多展示而产生的负面影响，吸引更多的关注，提升用户的购买兴趣。

图 6-1　雷克萨斯广告内容

该广告图片在设计中结合雾霾主题，以灰色作为底色，过渡到蓝色背景，贴合雾霾从有到无的环保理念，同时也是对雷克萨斯 NX300h 系列车型全新混合动力科技的有效阐述。而在广告词宣传方面，雷克萨斯并没有直接提倡“雾霾天气不开车”，而是以最新科技为基础，宣扬混合动力的环保车型，所以最终广告主题为：重现天空之净的实际行动。这是一种全新大胆的宣传方式，也是一种新的环保理念。

此次雷克萨斯的网络广告投放过程分为三个阶段，分别为学习期、迭代期和效果期。这样有助于对广告投放数据的精准把控，以便分阶段对广告投放策略进行调整，得到更好的广告投放效果。

（1）第一阶段为学习期。在投放过程中搜集人群 cookie 数据（储存在用户本地终端上的数据），选定人群标签，并对第一阶段数据进行详细的统计和分析，在此投放阶段适当添加媒体白名单，为后续优化手段提供依据。

（2）第二阶段为迭代期。根据前期积累的人群 cookie 数据，不断优化媒体和兴趣标签。以点击、到达、转化等综合指标，实时监测媒体，不断更新媒体投放表单，着重增加在新闻资讯、视频网站、汽车资讯以及财经类网站上的曝光，提升点击率，加深品牌印象；根据广告的曝光量和点击量，对具有汽车、环保、网购、智能、财经等兴趣标签的流量定向投放，达到很好的品牌互动效果。

（3）第三阶段为效果期。延续第二阶段的优质策略，结合搜集的数据，进一步优化，有效提升点击率，吸引更多关注。

6.2 网络广告传播

6.2.1 网络广告传播策略

大数据为广告带来了商机。根据 2014 年 4 月 17 日全国工商系统会议的消息，2013 年我国网络广告发展较快，效果也较为显著，网商经营额同比增长 46.1%，市场规模达到 1100 亿元。网络广告已经成为企业宣传的新媒体。那么怎样在大数据时代实现广告效果最大化呢？

1．传播策略

（1）以受众为本。这里所说的以受众为本，是指从受众角度出发，通过分析受众对媒介的接触动机以及所触发的受众需求，来考察大众传播给人们带来的心理和行为上的推动作用。传统广告围绕“媒体”方的“时间”（广告时段）与“空间”（版面、广告位置）进行商业交易。这种“以媒体为本”的传播方式以传播为目的，让观众强制性观看和接受，因此到达率不佳，同时传播效果无法量化，所传播的广告也不能有效覆盖目标群体。随着近几年大数据的兴起，广告业迎来由“以媒体为本”到“以受众为本”的转换。特别是 RTB（Real Time Bidding，实时竞价）广告的兴起，使得广告产业的核心开始脱离传播，围绕“人”（即受众）展开交易。RTB 广告以在每个广告展示曝光的基础上进行竞价的方式进行广告售卖，所以在这种模式下，广告售卖的不仅仅是传统意义上的广告位，而是访问这个广告位的具体用户。买方明确广告所面向受众的标签属性，卖方提供与之对应的受众的点击流量。

（2）社交化网络传播平台。信息技术的进步使网络环境下“用户创造内容”成为可能，不少企业看到了利用社会化媒体进行营销的力量。在传播手段上，社交化网络传播平台主要由电子邮件、微博、视频分享、微信、网络社区等多种类型的网络应用组成，同时涵盖了文字、视频、音频等多种媒介手段，将多种媒介融合在一起。企业通过各种创意的表现形式将广告信息通过人与人之间传播的方式传达给受众，网民通过分享、评价、讨论等方式进行参与，这样就可以充分地实现广告信息的“病毒式”传播。社交化网络传播平台具有“人人均可参与”的特点，广告的受众不再是被动接受信息，而是能够主动掌握、控制信息，甚至参与到信息的传播中去。根据参与程度不同，可以将社交化网络传播分为“强关系”和“弱关系”的连接。比如基于媒体属性的微博，它的特征就是偏向于社会化信息网络，它聚合的群组就更加偏重于弱关系连接，在微博中可实现多地区的传递信息方式和多地区的公开互动，促进品牌推广。作为一种分享和交流平台，微博能表达出人们每时每刻的思想和事物的最新动态，迎合了目前社会的快节奏特征。它是商家或个人发现并满足用户的各类需求的一种工具。相对于微博，微信的服务性更强，其特征偏向于社会化关系网络，其聚合的群组偏重于强关系连接，是典型的熟人模式，同时由公众账号、朋友圈分享等向半熟人发展。用户会订阅自己所需的信息，商家也可以通过提供用户需要的信息，推广自己的产品，从而实现点对点的传播。社交化网络传播实质上是一种人际传播。所以在新媒介时代，广告传播应该充分利用网络优势，以受众为本位，发挥社交媒体功能。

2．营销策略：广告精准营销

2005 年 9 月世界级营销大师菲利普·科特勒最早指出了营销传播的一个新趋势——精准营销。所谓广告精准营销就是依托现代信息技术手段，在对用户属性和用户行为精准判断和精准定位的基础上，建立个性化的服务体系，实现企业广告精准地传达到目标消费者的目的。借助 cookies 的跟踪和庞大的数据库系统的储存，记录下来大量的姓名和信息，运用大数据技术搜集、分析网络用户的网上“踪迹”，精准地发现目标消费者甚至其消费情境，预测消费者行为。在发放广告的时候，不是针对每个人，而是针对预测的目标客户进行营销。例如 Google 借助 Adsense，通过分析消费者的搜索习惯，进行数据挖掘，然后寻找到更适合消费者需求的广告，也就是说广告营销者可以借助网络技术深入洞察消费者的兴趣和需求，把营销信息制作成消费者“想要的信息”，借助现代化信息技术精确地传递给目标消费者。

案例 6-3 雷克萨斯网络广告传播策略

雷克萨斯 NX300h 采用 LHD 油电全混动科技，不仅节能环保，还可以让目标人群在驾驶途中享受速度与激情。针对这一产品特性，此次投放计划从性别、年龄、收入和教育背景等人群标签切入，研究目标消费人群的消费习惯，最终将人群标签确定为 25～40 岁、受过高等教育、有着中高档收入的男性群体。

此次广告采用了一项程序化广告营销平台中的天气定向技术，及时、准确地从互动通气象数据库调取目标受众所在地的空气质量数据，在当地的 PM2.5 超过 100 ug/m^3 时（PM2.5 的值处于 75～115ug/m^3 时属于轻度污染），雷克萨斯全混动科技 NX300h 的广告页面就会在不同的媒体上展示，以节能环保的亮点呈现，直击受众眼球，传达雷克萨斯环保、能跑又能省的正面形象。

6.2.2 网络广告效果监测

网络广告效果监测分三个步骤：

1．广告投放前期分析

广告投放前期分析主要包括历史投放效果分析、竞品广告投放策略分析、目标用户行为进行分析及媒体选择策略分析。

2．广告投放中期分析

广告投放中期分析主要是实施监测，例如我们可以根据各媒体的用户曝光量推算出在哪个媒体的广告投放效果最好，哪些原因会让企业的网络广告被网民关注程度增加。

3．广告投放后期分析

广告投放后期分析就是对广告效果做一个全面的评估，我们可以从中了解到本次广告投放的 ROI 怎样、本次广告投放覆盖的规模有多大、本次投放是否有效覆盖了企业/产品的核心目标群体、本次投放有效覆盖了哪些区域的群体、本次投放有效传播过程是怎样的、本次投放的效率如何、本次投放的资源是否得到了有效利用等。

广告投放前期的媒体选择是有偏差的，但通过监测可以及时调整。精准的网络广告效果监测，可挖掘网络用户更细致的数据，创造在广告市场上的最大价值。为广告主在前期提供更好的选择媒介的根据，减少广告投放的浪费。而广告投放完成后的整体评价，也能为下次广告投放做好更充足的准备。

如今，在中国市场做精准广告效果监测服务的机构主要有PHPAD、百度精算、DCCI互联网数据中心、缔元信网络数据、上海科捷、央视市场研究等。

案例6-4 雷克萨斯网络广告传播效果统计

广告投放时间是2015年6月5日～7月8日，基于前期对目标人群的有效定位，有效达成了各维度的推广KPI（关键绩效指标）考核目标，广告曝光量479857223次，超过预估值的38%；点击数达904941次，超过预估值的30%。

岗位技能训练

实训1 网络广告技能训练——发现你身边的网络广告

【实训目的】

（1）能发现互联网中的网络广告。

（2）能清晰表达出该广告的类型。

（3）能总结归纳出该广告位的价值和特点。

（4）能简要说出该广告的设计思路及预估出该广告位的投放效果。

【实训指导】

（1）布置任务：将教学班学生按每6～8人的标准划分成若干个任务小组，每个小组成员搜寻3～5个网络广告案例。

（2）搜索选择：各小组成员总结归纳自己所搜寻到的网络广告案例的特点，列明该广告的设计要点和投放特点，之后形成网络广告实训报告。

（3）课堂陈述：各任务小组成员上交网络广告实训报告，由指导老师从每组中选择一份具有代表性的网络广告实训报告，并邀请小组代表上台陈述。

（4）评价效果：各小组代表陈述后，指导老师点评每份网络广告实训，并由全班同学无记名投票，评选出该次实训的获奖小组，给予表扬和奖励。

【实训案例模板】

一汽大众广告投放

（一）广告表现形式

采用弹出式广告。因为载体（腾讯QQ资讯面板）环境色彩信息较为丰富，受众很难在那么多信息中注意到本广告信息，而一汽大众选择了弹出式广告的新颖表现形式，能够使一汽大众的广告信息在凌乱复杂的资讯信息中凸现出来，进而吸引网络浏览者的眼球。单从弹出式广告这种网络广告形式上看，我们可以看到弹出式广告的优点：感官性强（视觉冲击力大）、受众范围广、实时、灵活、制作成本低、速度快、更改灵活、不受时空限制等。如图6-2所示。

图6-2　一汽大众广告页面

（二）广告设计

一汽大众平面广告鲜明的黑、银、灰相结合的颜色与弹出式广告形式相结合，更能凸显一汽大众品牌全新迈腾V6旗舰版的视觉形象，网络浏览者在繁杂的信息中一眼就能看到一汽大众的广告画面。画面中霸气的汽车图片大幅提升了全新迈腾的豪华感，所体现出来的低调的奢华气质与全新迈腾所要展现的理念更是浑然天成，凸显了其全新璀璨上市的亮点，使得“智臻成就　辉映人生”的广告语对网络浏览者产生更强烈的视觉冲击与心理冲击。

（三）媒体选择

在媒体选择上，选择了腾讯QQ自弹式资讯面板这一载体，点击率高、受众广泛，媒体选择可以说非常到位。

（四）广告效果评价

一汽大众的弹出式广告，以“弹”的运动形式，吸引了受众的眼球，在吸引网民关注度方面要远远高于其他静态的图像广告和文字广告，但因为是自动弹出，所以带有强制性植入的性质，很多网民对这种弹出式广告的霸道形式感到很厌烦，所以受众的抵触情绪也会高于普通广告。

实训2　网络广告技能训练——网络广告策划实训

【实训背景】

叮当小店是一家经营小饰品的电子商务网店，小店始终走在潮流前端，汲取和捕捉全球最前沿的时尚流行元素，不断演绎多彩青春、时尚活力以及追求美丽的主题内涵。叮当小店饰品店赋予女孩们无尽的遐想与梦幻，每个女孩都能在自己身上找到独有的魅力，可以展露不同以往的绚丽风格。凭借其独特的设计理念、专业的潮流信息中心、独有的市场经验、完善的服务体系、高远的品牌战略，现已拥有饰品、礼品、针织百货、皮具皮包、化妆品等五大类近万款产品。

为了切实扩大叮当小店的知名度和良好形象，有效地提高叮当小店线上商品的销售量和扩大小店的固定消费群体，叮当小店拟实行网络广告投放策略，在门户网站的相应频道投放网络广告图片，对此需要公司编辑人员策划多组契合产品营销的微信图文内容，宣传产品的卖点，提升产品的知名度，从而达到扩大销量的目的。

试根据以上背景资料，为叮当小店制定一份网络广告投放策划文案。具体实训过程中的选品需要严格按照小饰品范围进行挑选，或进行店铺整体设计。

【实训要求】

（1）能认识并实现组织分工与团队合作。

（2）能独立撰写出网络广告策划文案。

（3）能清晰地表达出网络广告策划文案实训心得。

【实训指导】

（1）组建实训课题小组：将教学班学生按每 6～8 人的标准划分成若干个任务小组，每个小组指定或推选出一名小组长。

（2）确定实训小组课题：每个小组成员根据企业背景资料和产品资料的要求，进行网络广告的设计和投放方案的策划。

（3）实施策划课题内容：各小组成员可分工合作，进行网络广告产品分析和广告图片风格的确定。

（4）陈述创作实训心得：由各个小组推荐的发言人或小组长代表本小组陈述实训课题分析报告和实训心得。

【实训模板】

网络广告设计方案

一、网络广告设计方案概述

1. 产品分析

叮当小店主要经营情侣项链、手链、戒指、耳饰、挂件等，产品经济实用，是众多小女生喜爱的产品，市场范围广阔，营销量大。在国外发达国家，饰品这个产业已日趋成熟，各种档次的专卖店星罗棋布，而在国内尚属于一个新兴行业，虽然之前有类似的专卖店，但市场散乱、品牌空白，存在产品单一杂乱、缺乏创意、经营模式老化等严重问题，而且并没有专门的饰品专卖店。许多经营服饰的专卖店，只是随便印上相同的图案，缺乏新意，缺乏时尚意识。

2. 产品优势

叮当小店产品品种多样，价格相对实体店更便宜，并且网店产品全部都是品牌产品，可以弥补消费者的不信任，在质量上让消费者放心。女性的生活品味、生活质量正在发生着质的飞跃。消费者崇尚人性和时尚，不断塑造个性和魅力，更崇尚文化和风情，时尚饰品让女人释放美丽情结，让女人慷慨解囊。街上的女性四处寻找着时尚饰品，可是店面却零零散散，专业时尚消费经济圈仍是一个空白。因而经营市场潜力巨大，女人无奈的叹气声敲击和触动着商家投资者的神经。女人天性爱美，当拥有了从生存消费向享受型消费转化的条件，她们对美的追求也在升华。审美的时尚化和生活品味的提高，使当代女性对饰品爱不释手，因为有了饰品的装点，女人才变得更加妩媚动人。

3. 产品劣势

相对于实体店，缺少消费者的信任度，没有实际的店面，产品对于部分消费者来说是较空的东西。

4. 宣传目标

年龄在20～35岁，有一定的经济收入、有品味的时尚白领女性。

5. 品牌效应

提高品牌知名度，加深品牌在渠道商心中的品牌印象，已经在最终消费者心中形成品牌形象，增加了网店知名度，提高了消费者的信任度。

6. 销售促进

直接影响产品在消费者心目中的地位，充分宣传产品优势，刺激购买欲望，直接促进产品销售。

7. 网络广告投放方向

在选择广告投放商的时候，我们充分考虑到产品的特性，包括产品类别、档次、优劣势及群众等多方面元素，以及在有限的广告投放预算的情况下，本着性高价廉的原则，在投放方向选择上，只选择“网络搜索引擎、专业行业网站、腾讯QQ、邮件广告”这几类，具体选择的投放服务商包括：

（1）百度中文搜索引擎 www.baidu.com（网络搜索引擎类）。

（2）56网、优酷网等年轻人爱好的网站（潜在消费者多）。

（3）腾讯QQ。

（4）女性专业网站。

（5）网易邮箱网站。

8. 投放总预算

投放总预算10000元人民币，该精致名品店每月可收入4000～6000元人民币，所以对于广告投放费用可在短期内回收。

9. 规划投放总时间

6个月。

二、投放方案

1. 百度中文搜索引擎关键词广告

百度公司是专业提供搜索引擎技术的服务商，在中文检索技术上处于领先地位，占有国内80%以上的中文检索市场，包括新浪、搜狐、网易、21CN、上海热线、163电子邮局、TOM、广州视窗等多家国内最著名的网站，都使用百度的检索技术。作为全球最大中文搜索引擎，每天有超过6000万人次访问百度或查询信息，是使用量最大的中文搜索引擎。

关键词：时尚首饰、情侣首饰

2. 在56网、优酷网等视频中投放广告

许多年轻人都喜欢在56网、优酷网等网站上观看视频，【Vowlove.com】形象设计，叮当小店经营的情侣珠宝首饰是非常时尚流行的。年轻一族，很多人都会追求时尚、流行的商品。12月份，可以以圣诞为主题，开设圣诞情侣卖场，吸引在校学生的眼球。找到视频制作者，请他们在其视频制作中加入我们的广告，广告费用金额2000元左右即可。广告可以有两种：一是视频Loading广告，二是视频插播广告。用户在等待视频缓冲时播放广告具有以下优势：用户利用等待的时间观看；用户可以点击，点击率高；可形成记忆效果，从而达到树立网店品牌形象的目的。视频插播广告可统计观看次数，也可以树立品牌形象。广告语可为“圣诞情侣物特卖，送给你的那个她/他”，广告背景拟用华丽的情侣首饰图片。

3. 利用即时通信工具投放广告

腾讯QQ，一个大多数人使用的即时通信工具，在其上面投放广告，可以带来较大的流量。

在腾讯QQ上投放广告，有几种方式。例如，QQ硬性广告包括客户端迷你首页、QQ视频等待广告、QQ客户端查找好友、QQ对话框广告等；QQ游戏广告；QQ首页广告等多种广告服务。网店可选择QQ硬性广告的四种方式中的一种，如选择QQ对话框广告，广告费用约2500元。选择QQ对话框广告的优势：干扰程度最低，信息容量大、性价比高，页面曝光量大、频次高，能在短时间内最大限度地传递品牌信息，互动性强。

4. 太平洋女性网等女性专业网站

太平洋女性网是目前国内屈指可数的专业女性网站。网站依托集团旗下另外三大网站（太平洋电脑网、太平洋汽车网和太平洋游戏网）的专业信息资源，致力于传播国内外时尚资讯，专注于女性网民的需求。因此在这个网站上进行广告投放，可以增加广告浏览量，提高网店知名度。

5. 网易邮箱底纹广告

投放位置：163邮箱文件夹页面。

特点：

（1）较高的曝光率：网易163邮箱有8000万注册用户，每日超过700万独立用户使用网易免费邮件服务，网易126邮箱有3500万注册用户，每日超过210万独立用户使用网易免费邮件服务。

（2）较大的曝光面积：将品牌形象或产品内容设计成邮件底图，相当于全屏广告。

（3）广告接受度高：广告美观性高，又不干扰用户收发邮件，大大降低了用户对广告的反感度。

三、广告设计

在设计广告时充分发挥女性饰品的特色，将网店产品与女性消费者兴趣反复联系在一起，具体要注意以下几个方面：

1. 品质独特

网络广告所显示的内容经常具有独特的品质或功能，能让消费者真正感知到这一点，是网络广告设计最有效的手段和目的。但一般而言，网络广告由于受其文件和幅面大小的限制，其表现方式有很大的局限性。只要找到合适的表现方法，则效果将事半功倍。

2. 情节生动

网络广告像影视广告一样可以制作成动画，表现一定的情节。具有情节的广告，容易吸引网友的注意力和好奇心，获得认同感，达到更好的广告效果。

3. 氛围活泼

在网上，富有情感的广告更易激发网友点击的欲望。设计师通过色彩、文字、图像、构图等手段营造出一种氛围，使观看广告的人产生一种情绪，正是这种情绪使人们接受并点击广告，从而接受广告所推出的服务或产品。

4. 事实有力

帮助消费者找出他们购买商品的动机，并将产品与此动机直接联系起来。有时消费者感觉不到该产品会给他们带来什么好处，故有必要在广告中强调商品某方面的功能。

5. 品牌亲和

广告可以在推销产品的同时将产品背后的公司一起推销出去，即通过树立公司的品牌让消费者对产品产生信心。但是，由于各种媒介之间的差异性，在传达同一信息时必然各有特色。在网络广告中，对于品牌的过分宣传会降低网友的好奇心，从而影响点击率。对此应予以重视。

6. 文化浓郁

中国是一个历史悠久的国家，几千年的古老的文化塑造了中国人特有的价值观和审美观。将这种特色应用在网络上，既熟悉又新鲜，会起到很好的效果。女性饰品自古有之，可以利用这一点，将广告设计成具有中国古代特色，与现代一些广告形成鲜明对比，吸引消费者的注意。

7. 利益诱人

这是指在网络广告中告诉网友，点击这则广告可以获得除产品信息以外的其他好处，如果不点击就会失去。因为点击网络广告需要网友付出时间和经济上的代价，所以给他们一种付出就会有收获的感觉是十分重要的。通常表现为“奖”“礼”，或者“免费”等。网络作为新的传播媒体，其开放性和自由性是前所未有的，作为企业配合整体营销战略，发挥网络互动性、及时性、多媒体、跨时空等特征优势，策划吸引客户参与活动的网络广告形式，并根据各商业网站网民构成特征与企业目标客户的吻合度，选择网络媒体进行网络广告投放，借助网络传播优势的有力翅膀，在传播的空间自由翱翔。

7

第 7 章　整合营销

案例导读

根据北京集琦医药网络有限公司《零售药品数据库》的数据显示，从 2003 年到 2004 年上半年，珍视明滴眼液瓜分了中药类滴眼液 OTC 市场的绝大部分市场份额。珍视明滴眼液以其品牌优势，占据销售金额市场份额的第一名，约为 60%。但随之而来的问题是，一直以来在受众的品牌印象里，滴眼液等同于医疗药品的比重明显高于护眼保健，这对于珍视明拓展消费群体范围显然是不利的。珍视明滴眼液的主力消费群体是青少年，在这一群体中扩大品牌知名度和影响力，同时将“护眼保健必需品”的新品牌属性根植在他们心中，使之潜移默化地产生“珍视明=护眼保健=健康生活态度”的品牌联想，是珍视明在营销传播过程中必须面对的问题。

7.1 整合营销策划

简单来说，整合营销就是为了建立、维护和传播品牌，以及加强客户关系，而对品牌进行计划、实施和监督的一系列营销工作。整合就是把各个独立的营销综合成一个整体，以产生协同效应。这些独立的营销工作包括广告、直接营销、销售促进、人员推销、包装、赞助和客户服务等。

7.1.1 整合营销的目标

整合营销针对明确的目标消费者，以直接影响消费者的购买行为为目标。它并不是针对所有的消费者，而是根据对特定时期和一定区域的消费者的了解和掌握，并根据这类目标消费者的需求特点而采取的措施和传播过程。因此，整合营销的目标应该包含目标受众分析和营销目标确定。

案例 7-1 珍视明整合营销目标

整合营销目标的确定，首先需要明确营销原因。对于珍视明品牌来说，基于本身的品牌属性，品牌印象是困扰新客户拓展的最主要原因，因此整合营销目标的确定应从目标受众分析和营销目标确定两个方面落实。

1．目标受众分析

80 后或 90 后的“新生代”青少年群体是珍视明最主力的消费人群，也是营销者最希望影响到的群体。

2．营销目标确定

（1）拓展和培养新客户。巧妙运用优质媒体平台和传播内容，精准覆盖和培养新的青少年用户群体。

（2）带动销售，提升市场占有份额。打通线上线下资源，通过整体活动推广加大品牌曝光量，带动整体产品销售。

（3）传递并强化品牌印象。借助热点事件的营销传播，让更多的消费人群理解和认同珍视明提倡的“健康生活”这一全新品牌精神，进一步拉动销售。

7.1.2 整合营销策划思路

1．以整合为中心

着重以消费者为中心并把企业所有资源综合利用，实现企业的高度一体化营销。整合既包括企业营销过程、营销方式以及营销管理等方面的整合，也包括对企业内外的商流、物流及信息流的整合。

2．讲求系统化管理

整体配置企业所有资源，企业中各层次、各部门和各岗位，总公司、子公司，与产品供应商、经销商及相关合作伙伴协调行动，形成竞争优势。

3. 强调协调与统一

企业营销活动的协调性，不仅是企业内部各环节、各部门的协调一致，而且也强调企业与外部环境的协调一致，共同努力以实现整合营销。

4. 注重规模化与现代化

整合营销十分注重企业的规模化与现代化经营。规模化能使企业获得规模经济效益，为企业有效地实施整合营销提供客观基础。整合营销同样也依赖于现代科学技术和现代化的管理手段，现代化可为企业实施整合营销提供效益保障。

案例 7-2 珍视明整合营销策划

1. 营销方式的选择

确定好营销目标后，珍视明全新的品牌属性想要在目标青少年消费群体中一炮而红，必须从六大方面去制定营销方式，分别是：目标匹配，寻找直接影响目标用户的优质媒体传播平台；调性契合，传播内容必须与珍视明健康的品牌调性一致；覆盖宽广，要在有限的预算下尽可能影响足够多的受众；新奇独特，方式要充分吸引青少年的关注；深度互动，加强用户亲身参与度，强化用户对品牌的记忆；效果影响深远，形成全社会共同讨论和关注的现象级事件。

综合上述六方面的要求，珍视明策划团队决定联手“乐视网”平台——《小时代》的出品方和发行方之一，整合 PC、Pad、Phone、乐视 TV · 超级电视以及电影院线大屏，并全程赞助热点“现象级”电影《小时代》，依托“平台+内容+终端+应用”的乐视生态布局，统一传播内容，在终端上实现 PC、Phone、Pad、TV 大屏以及电影大银幕的五屏落地，从而实现精准、多维度触及目标用户群体的营销方式。见表 7-1。

表 7-1 营销方式的选择

营销方式	选择原因	是否可行
事件营销	珍视明一直都是选择知名度比较高、在青少年受众群中口碑比较好的明星作为其代言人，而其品牌代言人郭敬明作为根据自己小说《小时代》改编的电影的导演，其本身在青少年心中就占据着比较重要的地位，借助他的现身说法就更能取得有说服力的营销效果	经调查可行
网络广告	“五屏联动”是在乐视“平台+内容+终端+应用”的生态布局基础上，围绕《小时代》在电影大屏、PC、Phone、Pad 和超级电视上的落地，调动五屏各自特有的广告和内容资源，将珍视明品牌形象以不同的广告形式（贴片广告、开机广告、banner 广告等）和软性内容充分表现出来，充分覆盖用户各个屏幕接触点和碎片化媒体接触时间	经调查可行
网络直销	首创了“两片联映，跨界营销”的模式，即在乐视网上购买《小时代 2》电影票，就可以获得《小时代》乐视网在线点播券，这样可以借助《小时代》的影响力，促进受众群体及时看到其品牌信息，激发消费者的购买欲望	经调查可行
视频营销	《小时代》电影分为上下两部，在空档期，珍视明决定定制关联微电影并进行推广，保持外界对影片的关注度，从而使推广更进一步	经调查可行
其他营销	线上线下资源大整合，营造 360 度无死角的营销模式，更全面、更有力地贴近目标人群，发挥最大程度的曝光与宣传力度	经调查可行

2．**制订实施计划**（见表 7-2）

表 7-2 制订实施计划

实施阶段	主要任务	具体内容	落实人	时间段
第一阶段	确定受众人群	确定受众人群主要为 80 后或 90 后的“新生代”青少年群体	珍视明网络营销人员	2013.6
第二阶段	选择营销手段	确定使用事件营销、网络广告、网络直销，视频营销以及其他多渠道营销方式	珍视明网络营销人员	2013.6
第三阶段	确定营销内容	由珍视明网络营销主管与网络营销人员商讨，确定适合的推广内容，将确定的推广内容进行编辑、修改	珍视明网络营销人员	2013.6
第四阶段	选择营销平台	与《小时代》联合出品发行方乐视影业联手，基于“乐视生态”全产业链多终端布局，运作电影与互联网跨界营销，打通线上线下传播通道，全面触达目标人群	珍视明网络营销人员	2013.6
第五阶段	发布营销内容	整合 PC、Pad、Phone、乐视 TV·超级电视以及电影院线大屏，进行“五屏联动”	珍视明网络营销人员	2013.6
第六阶段	效果监测	在将推广内容发布后，监测珍视明官网和乐视网的访问量与产品销量，以查看营销效果并进行评估。	珍视明网络营销人员	2013.7

7.2 整合营销技巧与监测

7.2.1 整合营销技巧

在互联网大潮的影响下，企业营销手段更加多样化，而对营销工具的整合也成为企业面对市场竞争的一种必然选择。因此需要更加精准的定位与切入，才能够更好地引起人们的关注，产生共鸣。

（1）任何营销方式都要融入搜索营销的思想。软文营销、论坛营销、微博、视频、社会化媒体营销、网络公关等营销方式都要融入搜索营销的思想，因为无论哪种营销方式都需要搜索。

（2）社会化媒体营销要融入网络公关的思想。社会化媒体可以与客户产生互动，可以迅速地传播信息，因此这时要时刻监控客户的反应，很多企业危机都是从这里爆发的。一旦发现客户有不良反应，就要及时处理，消除隐患。

（3）新闻营销和社会媒体相结合。一个事件发生后，可以先采取新闻报道的形式加以推广，之后再以新闻为切入点在社会化媒体进行传播，而社会化媒体的言论又可作为新闻营销的内容源头。

（4）视频营销和硬广告营销相结合。视频营销可以采用“润物细无声”的方式予以传播，而硬广告则相反。将这两种方式相结合，则会给客户带来巨大的冲击力。

案例 7-3 珍视明整合营销方案实施

1．**事件营销**

（1）热点事件传播“四两拨千斤”。珍视明全程赞助郭敬明导演处女作《小时代》，借助影片本身高力度的宣传以及媒体对热点事件的追逐，实现珍视明品牌的充分曝光。

（2）郭敬明双重身份巧妙借势。郭敬明既是《小时代》的编剧和导演，同时也是珍视明滴眼液的代言人。这一双重身份，让珍视明搭乘郭敬明极高的人气和媒体关注度，巧妙地实现了品牌曝光和品牌联想两大目标，如图 7-1 所示。

图 7-1　郭敬明代言珍视明

（3）粉丝聚合效应锁定目标人群。《小时代》聚集了杨幂、郭采洁等一众偶像明星，加上同名原著在青少年群体中已经积攒的极高人气，强强联手，轻而易举地聚拢了亿万青少年粉丝，从而使珍视明不费吹灰之力就实现了对目标人群的精准锁定。

2．网络广告

乐视影业发力 O2O 推广模式，实现互联网与电影的跨界营销，对目标人群实现整合包围式传播。在乐视网站上，乐视为珍视明提供的营销推广，除了提供核心的贴片广告、暂停广告资源外，还增加了首页焦点图及 banner 广告，以及种子视频、网站剧场专题入口等软性资源；在投放策略上，一方面绑定《小时代》相关花絮及片花，一方面持续锁定当月热播剧，以“点状曝光+长期曝光”的策略覆盖目标消费者。以移动端为例，在 2012 年 6 月 6 日“爱眼日”当天选择曝光度比较高的“Pad+手机客户端”开机大图，手机客户端垄断式全流量投放 15 秒贴片，常规推广期间则以软性的 Pad 提示语为主，整个推广期间根据不同的推广阶段更换广告创意。

（1）PC、Phone、Pad、乐视 TV·超级电视、电影大屏，一个都不能少。基于“乐视生态”全产业链的多终端布局和多屏合一技术，《小时代》借助联合出品和发行方乐视影业，在中国电影史上首次实现了五屏联动的内容放射。珍视明作为《小时代》全程赞助商，得以在五屏上实现全平台、全时间、全触点的视频营销模式，以不同的品牌展现方式触达全部目标人群，如图 7-2 所示。

（2）五屏展现形式营造多层次品牌传播效果。

TV 大屏与电影大屏——视觉冲击力造成强烈的品牌印象；

移动端屏幕——占据用户碎片化时间，提升品牌曝光频率；

PC 屏幕——丰富的广告呈现形式，多维度展现品牌脸谱，如图 7-3 所示。

图 7-2　五屏联动模式

图 7-3　珍视明《小时代》五屏递进

3．网络直销

首创了“两片联映，跨界营销”的模式，即在乐视网上购买《小时代 2》电影票，就可以获得《小时代》乐视网在线点播券，并在同年的 8 月 9 日，《小时代 2》上映的第二天，作为出品方和宣传方之一的乐视影业宣布联合兄弟公司乐视 TV，联手推出“看《小时代 2》，超级电视买单”的跨界营销活动，只要在 8 月 18 日前拍下两张以上《小时代 2》电影票票根并晒到微博上，同时@“乐视 TV”和“电影小时代”，就可以获得乐视商城的 100 元代金券，可用于购买乐视商城包括超级电视、乐视盒子以及所有配件在内的全线产品。该活动通过乐视网 PC 端、手机端和乐视 TV、乐视影业等兄弟公司的媒体平台，以及微博、论坛等社会化营销工具在线上全面铺开，珍视明借此机会也得到了大范围推广。

4．视频营销

品牌充分曝光只是第一步，如何用优质传播内容打动消费者，从而获取他们的理解、喜爱、认同，最终刺激购买，才是品牌传播的王道。

《小时代》记录了 85 后、90 后一群人的青春记忆，电影中凝聚了友情、爱情、亲情、奋斗、梦想等一系列正能量的情感因素，强调健康积极的生活态度。这和珍视明滴眼液宣扬健康生活的品牌调性完美契合。影片中林萧、顾里、宛如和南湘四位主角的悲欢离合，就如同目标群体自己映射在大银幕上的写照。这种直击人心的情感力量是如此强大，足以让目标群体对珍视明品牌产生深刻自然的移情。

因此，珍视明的营销人员决定，借助“移情”的优势，在《小时代》电影上下两部的空档期，定制关联微电影并进行推广，保持外界对影片的关注度。微电影采用与《小时代》同样的镜头语言和讲述形式，将一个全新的故事娓娓道来，一个青春年少成长的故事，并继续运用郭敬明等《小时代》明星的吸引力进行造势，捆绑电影内容，维持珍视明的传播基调和热度，如图 7-4、图 7-5 所示。

图 7-4　微电影《你是我的眼》片花（一）

图 7-5　微电影《你是我的眼》片花（二）

5．其他营销

（1）线上传播渠道整合，吸引“乐迷”关注。在《小时代》上线之前，通过乐视网 PC 端、手机端和乐视 TV·超级电视等集团媒体平台，以及微博、论坛等社会化营销工具，开展多个话题讨论，举办多次适宜用户参与的有奖活动，在乐视网上设置《小时代》专题，对影片进行深入广泛的宣传，获得了“乐迷”的广泛关注和较高的票房预判。

（2）线下地网联动，深入市场运作。至 6 月 26 日晚 8 点《小时代》提前点映，850

场点映庆典在60个城市同时开始，包括导演郭敬明、杨幂、郭采洁在内的11位主创人员空降上海、苏州、济南、青岛、厦门等11座城市，引起当地粉丝疯狂追捧，如图7-6所示。

图7-6 主演空降活动

举办“小时代嘉年华”活动，史无前例地涉及全国60座城市近千家电影院、数十万观众、数百万份奖品。影城落地、物流发运、密钥匹配、票码兑换、奖品分发、活动组织、观众导流，同一时间，全国11座城市同时开始演员路演见面会，随时带出惊喜给现场观众。

7.2.2 效果监测的内容

1. 做一份有效的整合网络营销计划

每一个企业在进行网络营销服务时都有一个明确的网络营销目的，网络营销策划人员要根据企业的网络营销目的做好执行计划，对整合网络营销中的每一个单项的营销手段做好分析及实施方案，使各项网络营销手段的网络营销效果为总体的营销目标服务。

2. 把握每个网络营销平台的网络营销方向

整合网络营销服务的特点就是整合各种网络营销手段，为达到企业总体的网络营销目标而发挥各项网络营销手段的作用。所以，在进行整合网络营销服务时，监控人员要把握好每项网络营销手段的营销方向。

3. 注重网络营销的细节

把握好网络营销的方向需要通过对网络营销信息的有效监控来实现。细节决定营销成果的“命运”，切莫让网络营销信息成为企业负面信息的导火索。

4. 定期做好网络营销总结

定期做好网络营销总结，既可以对前期网络营销信息做很好的总结，又能对后期的网络营销方向做有效的调整，保证整合网络营销服务的顺利进行。

岗位技能训练

实训 整合营销技能训练——典型整合营销案例搜索

【实训目的】

（1）能搜索到一份典型的整合营销案例。

（2）能根据整合营销案例的目标归纳出选择该种营销方式的原因。

（3）能归纳该整合营销方案策划的要点。

（4）能根据整合营销方案策划的实施，对营销效果进行评估。

【实训指导】

（1）布置任务：将教学班学生按每 6～8 人的标准划分成若干个任务小组，每个小组成员搜寻一份典型整合营销案例；

（2）搜索选择：各小组成员总结归纳自己所搜寻的典型整合营销案例中营销策划的要点与营销方式的选择原因，并对营销案例效果进行评估，之后形成典型整合营销案例实训报告；

（3）课堂陈述：各任务小组成员上交典型整合营销案例实训报告，由指导老师从每组中选择一份具有代表性的典型整合营销案例实训报告，并邀请小组代表上台陈述；

（4）评价效果：各小组代表陈述后，指导老师点评该典型整合营销案例搜索实训的情况，并由全班同学无记名投票，评选出该次实训的获奖小组，给予表扬和奖励。

【实训案例模板】

TCL—《钢铁侠 3》整合营销案例

一、营销背景

“英雄”是《钢铁侠 3》的主题，用正义和科技拯救世界。“英雄”是 TCL 的精神，用创意和正能量感动世界。这两股英雄的气质不谋而合。

二、营销目的

（1）通过对植入产品的最大化曝光，提升产品知名度，将 TCL 最新最炫的智能产品和技术呈现给消费者。

（2）通过新媒体平台与消费者有效互动，娱乐营销的社交化将品牌与消费者紧密结合，让消费者和受众感受更真实生动的品牌魅力。

（3）借助新媒体平台整合娱乐营销，强化 TCL 年轻、时尚和国际化的品牌形象，拉近与年轻消费群体的距离。

三、营销对象

主要针对 80 后、90 后年轻消费群体。

四、营销内容方案策划与实施

（一）第一阶段——全球推广

2013 年 1 月，TCL 与《钢铁侠 3》宣布了在品牌植入、联合推广等方面的合作。TCL 联袂《钢铁侠 3》全球首映，TCL 携手《钢铁侠 3》在欧美、澳大利亚、东南亚等全球 20 多个国家和地区进行联合推广，如图 7-7 所示。

4 月 6 日，“钢铁侠之夜”在北京太庙隆重举行。唐尼、王学圻等主创到场，与 TCL 共飨盛宴。TCL 集团股份有限公司董事长 CEO 李东生先生及夫人魏雪女士接受邀请参加红毯首映礼。

图 7-7　好莱坞 TCL 中国大剧院举行红毯首映礼

全球瞩目的好莱坞巨制《钢铁侠 3》“中国之夜”活动邀请了百余家媒体、社会各界知名人士等共襄盛举，并由 BTV《大戏看北京》栏目全程转播。星光熠熠，130 余位明星、各界知名人士到场支持。

据了解，TCL 通讯在《钢铁侠 3》中的产品植入以 S850 为主，这款手机体现了世界较高的工业水准。但 TCL 在《钢铁侠 3》中并不限于简单的产品植入，其相关产品很有可能成为影片中各位主演的重要道具（剧中美国总统使用的手机、钢铁侠客厅摆放的电视），并将成为剧情发展、逆转的重要元素，有机地融入影片整体，如图 7-8、图 7-9 所示。

图 7-8　TCL 产品电影植入（一）

图 7-9　TCL 产品电影植入（二）

（二）第二阶段——线上推广活动

1. “英雄献礼”主题网站

该活动网站于 4 月 28 日上线，持续到 5 月 24 日。主要功能有：承载线上互动游戏、品牌合作/产品介绍、官方微博互动、电商销售引流。进入活动页面，参与“钢 3 来袭，英雄献礼”活动，分享至新浪微博即可参与抽奖，获得相关礼品。活动为结合《钢铁侠 3》电影设置两个场景，为英雄测试其性质。不同性质的英雄匹配 5 款具有各自英雄特质的 TCL 智能手机，如图 7-10 所示。

图 7-10 主题网站

2. 搜狗输入法

在搜狗输入法官方首页的精彩皮肤推荐处即可下载“TCL—钢 3 来袭”与“钢铁侠 3”输入法皮肤。点击皮肤状态栏图像区域，或者在搜狗输入法中输入：tcl、gtx、gangtiexia，输入框中出现“网站直达……”，单击鼠标，即可以跳转到“TCL 智能手机—钢 3 来袭，英雄献礼”活动主页，可谓暗藏机关，如图 7-11 所示。

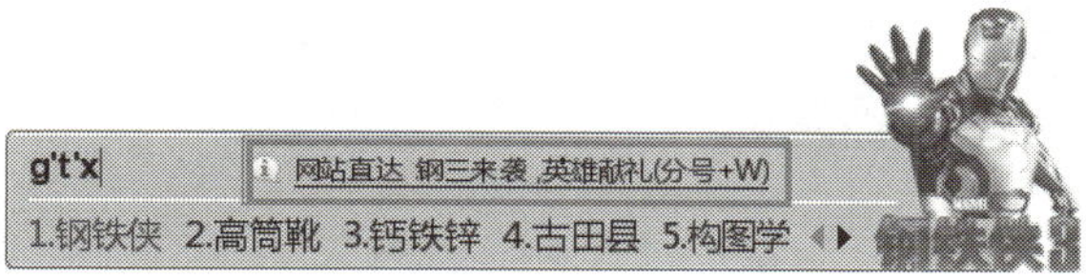

图 7-11 输入法皮肤导入官网

3. 优酷广告资源

《钢铁侠 3》植入广告片上传优酷 TCL 品牌专区，优酷给予全网推荐传播。暂停广告 5 天（点击进入 minisite 活动），每天 10 万次展示，如图 7-12 所示。

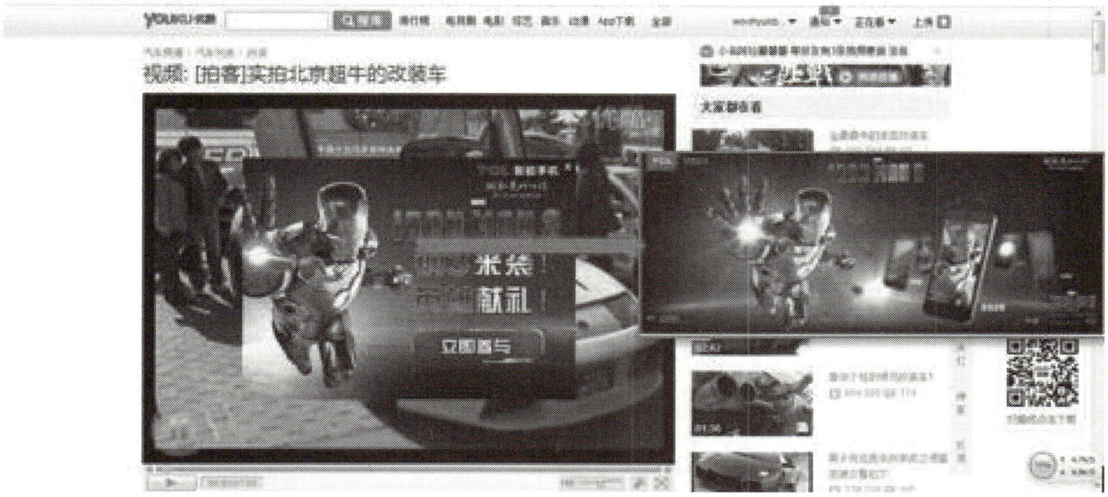

图 7-12 优酷平台植入

4. 搜狐视频广告资源

《钢铁侠 3》植入广告片上传搜狐 TCL 品牌专区，搜狐给予全网推荐传播，搜狐视频 banner

广告共计 13 天，如图 7-13 所示。

图 7-13　搜狐平台植入

5. 网络直销——京东销售主页

京东商城（www.jd.com）首页 banner、首页产品推介、手机通信轮播大图，均有推送 TCL 的《钢铁侠 3》活动，并且在 TCL《钢铁侠 3》主题网站中所有的手机购买通道均为京东商城，如图 7-14 所示。

图 7-14　京东销售主页

6. 微博营销

TCL 与《钢铁侠 3》的全球推广充分借助新媒体平台，策划实施“英雄”系列互动活动。集团官方微博围绕《钢铁侠 3》发布系列微博引爆“英雄主题”，微博大号及草根资源配合助推，有效扩大了传播声量。并于第一时间发布抗震救灾信息，反响良好。不但如此，配合

“你是我的英雄”活动评选出平民英雄代表，利用人物漫画故事和长微博的新颖形式，借助新媒体平台传播平民英雄事迹，传播正能量，引发网友关注，如图 7-15 所示。

图 7-15　微博活动

7. TCL 微信营销

自 4 月 3 号《贱问贱答》发布“中国之夜”有奖竞猜活动以来，微信平台粉丝增长了 305 人。后台还可以选出答对的用户参与抽奖活动。微信平台 4 月 8 日推送公共消息，通过图文结合对活动进行全方位报道和介绍，引起粉丝关注并参与互动，如图 7-16、图 7-17 所示。

全国院线宣传阵地现场布置任一带有 TCL 手机官方微信二维码的单页、台卡、展架、Flash 广告等宣传物料，引导用户使用微信客户端扫描 TCL 手机微信二维码，关注官方微信，并适当送出礼品，如图 7-18 所示。

（三）第三阶段——线下推广活动

1. “不一样的惊喜”活动

“不一样的惊喜”线下活动，4 月 13—14 日在上海、广州、重庆、天津 4 地同时进行。网络红人潘春春现场助阵，活动传播曝光量达 380000000 次，如图 7-19、图 7-20 所示。

2. 钢铁侠大篷车巡展

钢铁侠大篷车在深圳电子展首次亮相后，在北京国际电影节举行了启动仪式。截至 6 月份，大篷车历经济南、太原、石家庄、西安、邯郸等城市，影响人群达 123000 人次，拉动产业销售 6200 余万元，如图 7-21 所示。

图 7-16 微信活动（一）

图 7-17 微信活动（二）

图 7-18 微信扫码活动

图 7-19 “不一样的惊喜”活动现场（一）

图 7-20 “不一样的惊喜”活动现场（二）

图 7-21　TCL 钢铁侠大篷车巡展现场

3. 钢铁侠快闪活动

5 月 2 日在北京三里屯、芳草地，数十位钢铁侠粉丝也通过“快闪”舞蹈向钢铁侠影片致敬，并邀请行人共同传递“出手相助”的英雄正能量，如图 7-22 所示。

图 7-22　快闪活动现场

（四）第四阶段——院线推广

TCL 在全球 60 余个城市举行了 300 多场形式多样的“英雄观影会”，广邀当地媒体、合作伙伴、幸运消费者及粉丝，在全球范围内扩散英雄正能量。5 月 2 日，TCL 在北京举行《钢铁侠 3》首映礼，300 余位嘉宾、渠道伙伴、幸运消费者及影迷受邀出席。“平民英雄”代表也在现场获颁“英雄奖章”。海外院线也同步进行推广。

（五）第五阶段——促销活动

TCL 联袂《钢铁侠 3》在中国市场启动了“英雄归来，TCL 五一大惠战”主题促销活动，线上线下齐发力。海外市场共有 20 余个国家和地区参与了此次《钢铁侠 3》联合推广，TCL 品牌知名度和产品在终端的溢价能力得到了有效提升。TCL 电商在五一期间也围绕《钢铁侠 3》加大资源进行推广，如图 7-23 所示。

（六）第六阶段——广告投放传播

《钢铁侠 3》预热前后到影片上映前后，通过电视、网络、平面、户外、院线贴片等多个方位进行了投放，很好地起到了品牌传播及推广的效果。

图 7-23 “英雄归来，五一大惠战”主题促销活动

五、营销效果

（一）互动效果好

1. “是英雄就出手”网络活动页面互动效果

指标	浏览量	独立访问人次	互动人数	点映活动视频浏览量	评论数	覆盖人群量
次数	268091	182283	177206	42564	18636	425064

2. 微博转发互动

（1）微博转发数：51355；评论数：6948；覆盖人群达 7552791。

（2）图片长微博共发布 5 条，发布 26 次，被转发 35675 次，评论数共 1069 条，互动指数达 1413.2。

（3）共计影响人群：746127357；互动人数：290887。

3. 微博话题互动

输入微博关键词“你是我的英雄”，共有 6716956 条相关微博。输入关键词“TCL 钢铁侠 3”共有 1866742 条相关微博。搜索“不一样的惊喜”，结果为 3517208 条。在整个项目传播中曾八次登上新浪热门微博排行榜前十，在“你是我的英雄”活动传播中达到新浪热门微博总排行榜第一位置。

（二）曝光热度高

4 月 9 日至 13 日，共有包括《科技日报》《北京晨报》在内的 30 余家纸媒对“《钢铁侠 3》中国之夜 TCL 抢镜中国元素”进行了报道。首映新闻稿截至 4 月 15 日共发布 31 篇次。平面传播版面字数 800 字以上的有 10 篇，占该阶段发布总数的 32%，其中有 3 篇的版面字数超过 1000 字；平面传播核心信息覆盖率均在 60%以上，其中核心信息覆盖率为 80%及以上，比例约为 35%。

4 月 8—12 日共有包括投影时代、中国网等近 20 家网站对 TCL 与《钢铁侠 3》联手进行了网络稿件传播。

4 月 6 日晚 TCL 电视官方微博转发集团微博“TCL 创意感动生活”“DMG 传播集团”直播内容，当天转发 21 条，共得到转发 1376 次，评论 261 次。

（三）企业达双赢

（1）TCL 彩电全球销售量 289.35 万台，同比增长 59%；手机全球销售 711.86 万台，同比增长 16%。

（2）《钢铁侠 3》全球票房 12.03 亿美元，影史第五，中国票房 7.58 亿人民币。

8

第 8 章　其他网络营销方式

案例导读

实施网站：百度知道，企业 LOGO 如图 8-1 所示。

支持企业：英特尔（Intel），企业 LOGO 如图 8-2 所示。

图 8-1　百度知道 logo

图 8-2　英特尔 LOGO

如今，多数购买计算机的消费者还是相对理性的，面对琳琅满目的计算机产品，他们不仅仅满足于品牌、功能配置、价格、售后服务等因素的单方面追求，而是更加注重对其进行综合考量。他们更希望买到一款既能最大化满足自己的应用需求，性价比又高的产品。

传统硬广告偏重于品牌宣传，很难全面传达产品配置、价格以及性能等多方面信息。此外，来自计算机使用者自身体验的良好口碑推荐更能得到消费者的信赖。

此次通过百度知道计算机问题的有奖互动问答，旨在让消费者更深入地了解 Intel 推荐的计算机品牌，同时。丰富百度知道平台有关 Intel 推荐计算机的问答题目，透过计算机知识解读长期影响百度知道的用户，引导消费者购买 Intel 推荐的品牌产品。

8.1 问答营销

问答营销是互动营销介于第三方口碑而创建的网络营销方式之一。该营销方式既能与潜在消费者产生互动，又能植入商家广告，是做品牌口碑、互动营销不错的营销方式之一。遵守问答站点（如百度百科、好搜百科、搜狗百科等）的发问或回答规则，然后巧妙地运用软文，让自己的产品口碑、服务口碑植入问答里面，达到赢取第三方口碑的效应。

8.1.1 问答营销策略

1．问答营销的作用

（1）口碑营销：消费者自动传播对公司产品和服务的良好评价，从而让人们通过口碑了解产品，树立品牌，加强市场认知度，最终达到企业销售产品和提供服务的目的。

（2）产品营销：通过问答营销可以把产品宣传出去，主要体现在长尾关键词上。

（3）网络公关：网络公关（Online PR）又叫线上公关或 e 公关，它利用互联网的高科技表达手段营造企业形象，为现代公共关系提供了新的思维方式、策划思路和传播媒介。

（4）网站流量：即网站的访问量。问答营销通过内容中的链接和网站名字来增加网站访问量，进而提高网站购买率。

2．问答营销的通用手段

（1）开放问答：开放类的问答有很多，比如知道、问问、论坛、文章评论等，这里的提问一般是不需要审核的，但是评论和回答是需要审核的。这也充分体现了问答营销的可控制性。

（2）事件问答：针对事件问答，比如说某个平台要测试平台的受欢迎度，然后会将这个事件以其他的方式发出通知，让人们来参与、回答和评论。

（3）娱乐评论：娱乐项目是多数人群都能接受的一种方式，如果想借助娱乐事件进行营销，选择方式非常多。

（4）促销评论：很多细致的商家在搞促销活动的时候都会进行调查，现在大多数商家都已经开始了网络调查，他们会以评论和问答的形式来实现，最终达到具有针对性、完善性的促销效果。

（5）短信问答：短信问答是一种普遍的问答方式，在此不多说明。

（6）传真问答：传真问答也已被广大的企业或者实体应用。

（7）邮件问答：邮件问答只是网络营销的一种方式，只不过这里是以问答的形式为主而已。

案例 8-1　Intel 公司问答营销策略

随着网络社区的兴起，口碑传播的营销价值也得到了最大化发挥，并且备受品牌广告主的青睐。

百度知道平台为 Intel 推出的英特尔第六代酷睿处理器的问答营销，更是“搜索推广+

社区推广+口碑传播”三者有效结合的经典之作。本次营销活动紧抓以下关键点，达到了非凡的营销效果。

利用消费者购物前上网搜索的行为习惯，沿其搜索路径进行活动推广页面的跟踪曝光，将潜在消费者聚拢到百度知道社区平台。

以解决用户购买计算机时面临的选择困惑为出发点，设置推荐回答，间接而又自然地将 Intel 推荐品牌产品融入其中，既确保了受众的广泛参与，又弱化了受众对广告的排斥。

更重要的是参与用户之间的口碑相传，以自身的产品使用体验为例证，让产品特质深入人心。此举不仅增强了 Intel 推荐品牌的可信度，更让受众从内心深处认同品牌价值，进而产生购买行为。

8.1.2 问答营销的实施

1．选取关键字

进行搜索问答推广，首先必须明确要推广的是哪些关键字，选择正确合理的关键字会让问答营销更具穿透力和目的性。

2．设计问题和答案

在此种营销方式中，最常见的方式为自问自答。需要事先设计好关键字的位置、提问的方式、关键字的布局数量，当然也包括网友提供的更好的答案。

在设计问答的过程中很容易失去方向，同样的提问方式会出现很多次，这就是语竭词穷的结果，如何能够使用不同的方式对同一个点进行提问是一个很重要的环节，新手们在这个环节一定要好好地研究，需要一定的文字基础。

另外，一个完整的问答包括题目及补充问题、答案、参考资料、评价这四个部分，所以在这四个部分都应该植入关键字。

3．发布问题

发布问题的技巧有以下几种：

（1）给予奖励积分。很多人会觉得反正是自问自答，不给积分也行，其实不是这样的，如果回答的人多了，你的这个问题的权重就会增大，浏览量也就增加了。

（2）把握补充问题。设计的问题可以很简单，但是补充问题必须要写，而且要多写，要养成良好的习惯，不仅是为了通过严格的审核，更是为了占领这个很好的推广位置，因此不可以忽略。

4．回答问题

根据自己前面发布的问题或者搜索别人的提问来回答，在答案里巧妙地放进与问题主题相关的关键词。需要注意的是，在每个平台提问和回答的时候都得慎重，要控制好数量和质量。

5．关闭问题并反馈

一般的问答平台有 10～15 天的问题结束时间，回答后隔一天就把回答的内容设置为最佳答案，因为只有最佳答案，才能在搜索引擎中获得好的排名。

案例 8-2 问答营销的实施

基于百度知道平台的超大流量和用户的高活跃度，百度为 Intel 量身定做了“21 天抢‘鲜机’电脑高手赢酷礼”的专题活动页面，配合相关计算机功能配置、技术等知识性问答互动，吸引众多消费者的广泛参与。

配合百度搜索推广，打通百度新闻、知道、贴吧、MP3 等高流量频道，在目标受众所有可能出现的地方，进行活动专题页面推广，提高活动曝光率，实现精准的广告导流。

活动期间，网友针对计算机提出的相关问题将被集合在活动页面中，同时设置典型的精彩问答题目，参与者按照要求完成有效回答，即可获取相应积分。如图 8-3 所示。

图 8-3 活动页面

在答题过程中，参与者推荐活动页面右侧提供的 Intel 推荐计算机型号列表中的任意一款产品，并根据自己的使用经验和产品特点给出“推荐理由”，让其他消费者对推荐品牌有更进一步的了解和认知。

活动结束后，Intel 将从成功回答问题的用户中评选出“Intel 鲜机达人”；同时在问题回答被采纳为最佳答案最多的用户中，产生“知道电脑达人奖”。所有获奖用户均可得到由 Intel 提供的丰厚奖品。如图 8-4 所示。

图 8-4　用户参与回答页面

8.1.3　执行效果分析

1. 互动性

问答类的互动效果可以充分地补充网站内容的不足，也能让读者完善知识面，这样的互动效果不仅具有针对性，而且具有强烈的广泛性。

2. 针对性

问答可以针对某个目标群体，根据群体的特点选择关注的焦点，充分调动该群体的力量，使之具有针对性，也可以针对话题进行讨论，让更多的人参与进来，达到人群融合的效果。

3. 广泛性

问答营销的特点本身就决定了问答营销的广泛性，一个问题是否吸引来了不同人群的讨论，一个事件是否吸引来了不同人群的评论。

4. 媒介性

可以通过文章或者问题的形式在各大平台或者媒体投稿，只要稿件通过或者问题通过，那么就可以达到更好的推广效果。

案例 8-3 Intel 问答营销效果分析

截至活动结束，活动页面浏览量（PV）近 6 万次，参与人数高达 8000 余人。整个活动汇集了 1000 多个有针对性的消费者提问，问题总浏览量更是突破 6 万次。活动期间汇集的参与用户提出的典型性问题，也构成了品牌广告主庞大的 FAQ 数据库来源。

搜索推广与社区问答形式的经典结合，使此次活动达到参与度爆棚的营销效果。参与用户之间的口碑传播效应，以解决实际问题出发，切实增加了消费者的品牌体验和信赖度。

本次活动结束之后，Intel 也依然保持着在百度平台的问答营销，当消费者在百度知道中搜索“高手推荐几款笔记本”的时候，搜索结果如图 8-5 所示。第一条内容即是 Intel 设置的问答互动内容，点开该链接后会自动跳转到 Intel 的活动页面，如图 8-6 和图 8-7 所示，引导消费者购买 Intel 推荐的品牌产品。从营销的角度出发，在展示计算机品牌影响力的同时增加了潜在关注者，也在不断地为英特尔处理器做宣传。

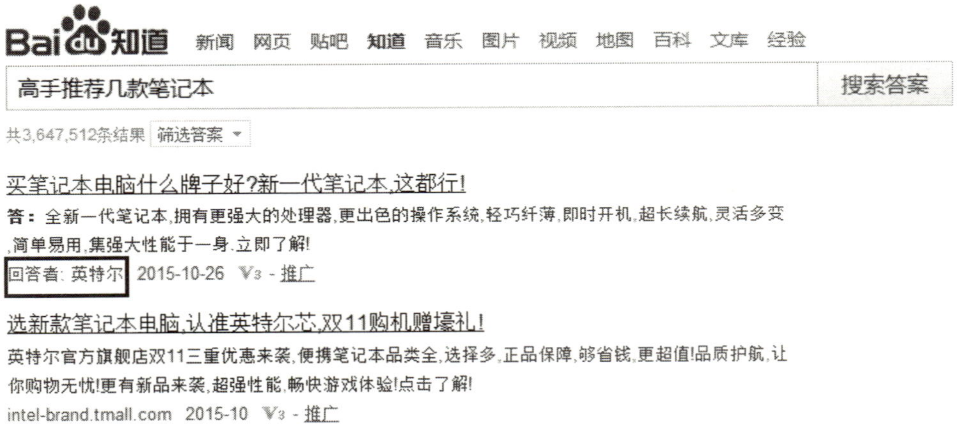

图 8-5 百度知道搜索页面

图 8-6 Intel 广告页面（一）

图 8-7 Intel 广告页面（二）

8.2 IM 营销

IM 营销又叫即时通信营销（Instant Messaging），是企业通过即时工具 IM 帮助企业推广产品和品牌的一种手段。IM 作为互联网的一大应用，其重要性日益突出，早期的 IM 只是个人用户之间传递信息的工具，而现在随着 IM 工具在商务领域的普及，IM 营销也成为不容忽视的话题。

8.2.1 IM 营销分析

IM 营销方案的策划及实施应按照以下 3 个步骤实施：

1．营销分析

（1）受众群体。

（2）营销目标。

（3）整体方案。

2．营销策划

（1）内容策划。

（2）样式策划。

（3）实施策划。

3．实施计划

（1）时间安排。

（2）工作内容。

（3）人员分配。

案例 8-4 2014 年陕西互联网大会 IM 营销方案的策划

1. 营销分析

营销分析的第一步是目标客户的定位，按照此次大会的目的，确定大会的受众群体如下：

（1）行业内的从业者。对于行业内的从业者来说，会议的召开在很大程度上鼓励大家相互之间的交流，促进行业的发展和提升个人的职业水平。

（2）行业企业。这是一场互联网界的盛会，在历届中国网络营销大会参会人员中，IT 类、软件类以及网络信息类企业所占比例较大，因此本届大会也同样会邀请他们参会。

（3）对互联网大会进行跟踪报道的媒体等。媒体公关对一场盛会的支持至关重要，这将有助于在舆论宣传等方面扩大大会的影响力。

2014 年中国网络营销大会拟定总参会人数不低于 3500 人，至少有行业从业者 2000 人，院校电子商务专业带头人 500 人，行业企业 700 家及传统、网络媒体 300 家现场报名参与。客观而言，无法通过 QQ 群来确定用户的参与数量，还需要线下的积极配合，但根据 QQ 群报名转换率，则需要繁杂的表格统计作为支撑。同时，在 QQ 群内容设计上也需要对不同行业的用户量体裁衣，计划性地分批次、分阶段地投递，才能事半功倍地实现 QQ 群营销的价值。

2. 营销策划

（1）内容策划。依据上述分析，QQ 群营销需要体现出特色与价值，需要目的明确且 QQ 群营销思路清晰。由于每个阶段营销效果的目标以及受众群体利益关注点不同，所以在 QQ 群内容呈现方面，也要有所不同。具体内容策划见表 8-1。

表 8-1 内容策划

受众群体	需求特点	内容呈现
行业从业者	1. 了解最新行业动态 2. 行业领导指导意见 3. 学术界嘉宾最新成果 4. 与企业接触、合作	大会背景、最新进展、参与方式、会费、与会嘉宾（企业、教育界）、观点与议题、大会与教学的联系与价值
院校教师	1. 企业对电子商务网络营销人才需求 2. 校企合作项目最新动态 3. 网络营销行业最新动态	大会背景、最新进展、嘉宾观点与演讲主题、大会与教学的联系与价值
行业企业	1. 行业嘉宾思考与成果 2. 采集、捕捉行业商机 3. 讨论、分享行业模式	大会背景、最新进展、与会行业嘉宾、嘉宾观点与演讲主题
媒体	1. 与会嘉宾及其观点 2. 大会特色与亮点	大会背景、特色亮点、最新进展、与会行业嘉宾及其观点与演讲主题

（2）样式策划。为了囊括更多的内容并以美观得体的样式呈现，本届大会的 QQ 群将采用图文并茂的形式，用图片加文字制作，来满足不同群体的需求。

（3）实施策划。循序渐进地向受众群体发送大会相关内容，有利于引导受众加深对于本次大会的印象，了解大会的最新进展，促进受众报名参会，具体实施过程见表 8-2。

表 8-2 实施策划

发送批次	受众	主要内容传递	目的
第一阶段	从业者	大会背景 大会时间 大会邀请函 案例征集活动	提升中国网络营销大会知名度，传递本次大会的基本信息
第二阶段	从业者、行业企业、院校	大会概括 大会最新进展 大会邀请函 案例征集活动	提升中国网络营销大会知名度，及时播报大会筹备状态与大会特色、亮点、增加大会报名人数
第三阶段	从业者、行业企业、院校、媒体	大会议程 大会地点 大会参会细则	落实大会议程、与会嘉宾及参会注意事项

3．进度计划书

根据上述模板的策划结果，制定出进度计划书，并落实到人，按照时间各司其职，逐步进行，如表 8-3 所示。

表 8-3 进度策划

时间	所属阶段	主要工作内容	产出	执行人
2014.5.9-2014.5.20	前期准备	添加目标行业的 QQ 群	不同的账号添加不同的 QQ 群	马甜
2014.5.13-2014.5.23		内容策划与整理	以 word 或是 Excel 整理汇总	王衫
		内容形式的设计	文字加链接、图文并茂	王衫
2014.5.16-2014.5.31	第一阶段	针对行业/从业者/媒体第一批次 QQ 群发送	第一批次发送结果	马甜
2014.6.01-2014.6.20	第二阶段	针对行业/从业者/媒体第二批次 QQ 群发送	第二批次发送结果	马甜
2014.6.22-2014.7.10	第三阶段	针对行业/从业者/媒体第三批次 QQ 群发送	第三批次发送结果	马甜
2014.7.12-2014.7.20	效果分析	QQ 群营销主题完毕，对效果进行分析	2014 年中国网络营销大会 QQ 群营销效果分析	马甜

8.2.2 收集整理 QQ 群

（1）巧用工具，贴心服务。

（2）注意营销手段的应用，投其所好。

（3）和你的客户成为朋友。

（4）建立自己的“领地”。

（5）长时间沉淀和累积客户。

案例 8-5 收集整理 QQ 群

1. 注册流程

在收集整理 QQ 群之前，需要做的是注册一个 QQ 账号，QQ 账号的注册有三种方法，第一种是由数字组成的账号，它是腾讯 QQ 最早的注册方式，经典通用；第二种是通过手机来注册，便于登录而且能起到对账号保护的作用；第三种是邮箱地址注册，邮箱地址的注册对于用户来说方便记忆而且个性化十足。在选择了一种注册方式之后，就需要进一步完善其账号的信息，包括对于账号的昵称、密码、生日等信息。如图 8-8 所示。

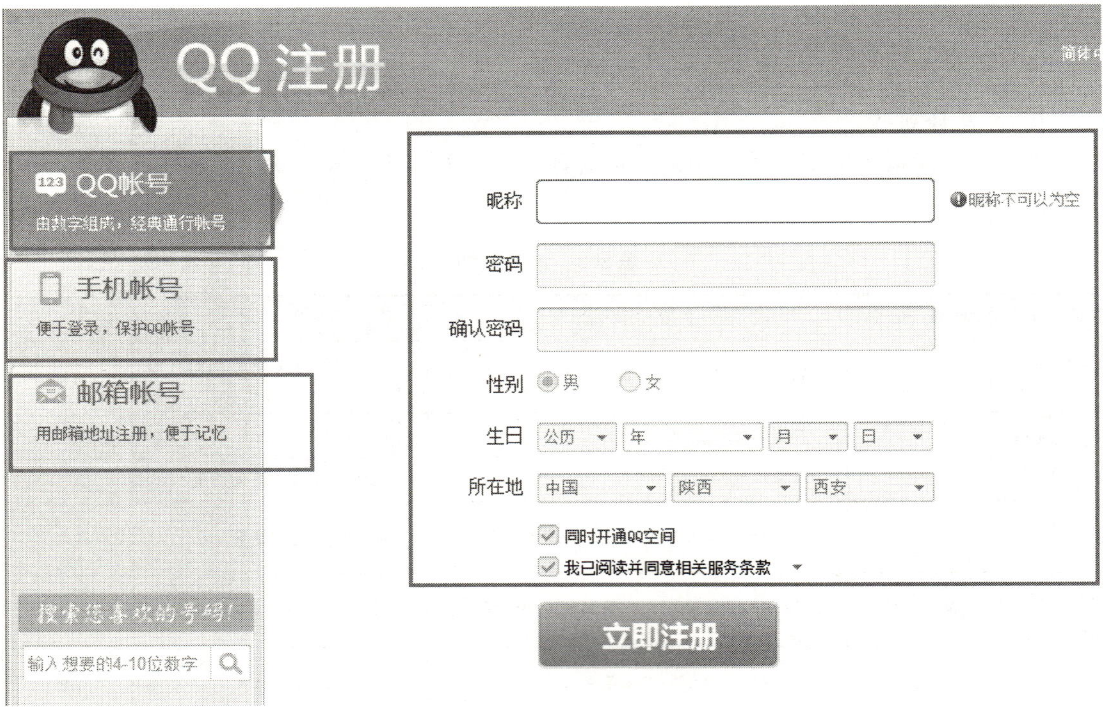

图 8-8 QQ 账号注册流程

注册完以后，就可以登录自己的个人账号，这里要说的是个人资料的设置，包括个性签名和个人说明。QQ 个性签名是腾讯 QQ 聊天软件延伸出来的一个功能，QQ 用户可以在个人栏中设置自己的个性签名，可以根据自己的爱好、心情来设置自己与众不同的个性签名。而个人说明可以帮助进一步地介绍自我。如中国网络营销大会在个性签名上就将本次大会的名称及网址写在了上面，在个人说明上进一步介绍了大会的情况，达到了宣传和推广本次大会的效果。如图 8-9 所示。

在编辑完个人主页后，就需要对账号的头像进行完善，设置个人头像可以让用户群体更加容易记住企业的产品。中国网络营销大会就用了由这次大会的名称组成的图片作为头像。

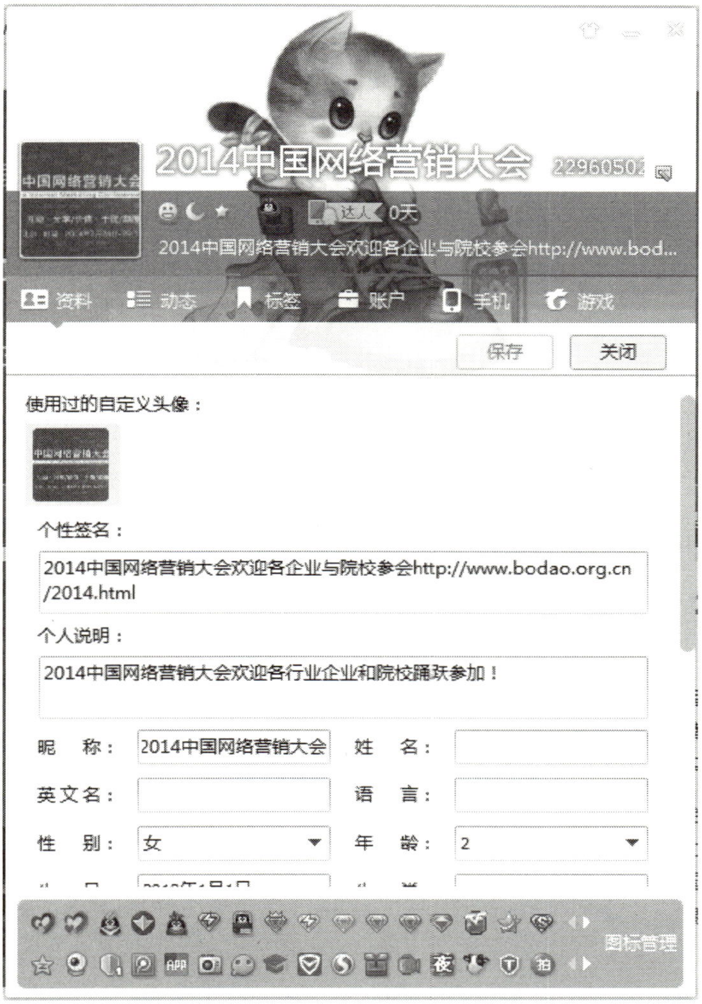

图 8-9　QQ 账号资料完善

2．整理汇总 QQ 群

任务一中提到中国网络营销大会作为陕西互联网行业的盛会，依据营销分析，面向的对象有行业从业者、行业企业和媒体。所以，QQ 群的受众定位在这三个群体。

对于不同的受众群体，需要注册不同的 QQ 账号来获得相关的 QQ 账号。如图 8-10 所示是中国网络营销大会对于不同的参会人群所注册的账号。

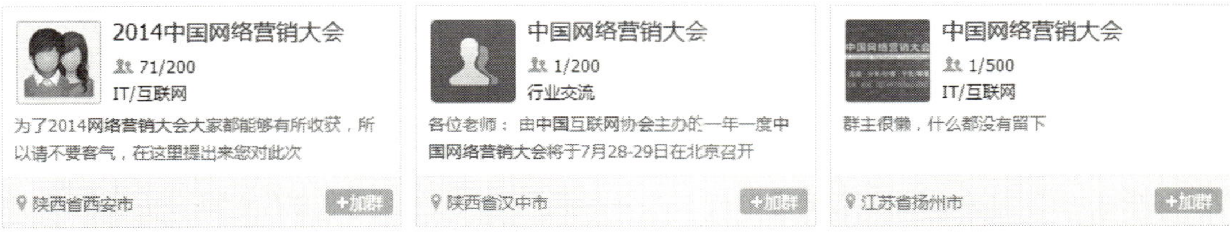

图 8-10　中国网络营销大会对于不同参会人群所注册的账号

（1）行业从业者的 QQ 账号，由营销部门获取。营销部门经过多年的积累，已经有很多相关行业的从业者的 QQ 账号，可以作为内部资源来调用。

（2）行业企业的 QQ 账号，通过搜索引擎搜索特定的关键词，或者登录其官方网站及行业的黄页，进行收集。

（3）对于网络媒体的 QQ 账号的获取，直接登录相应的网站进行查询。

中国网络营销大会 QQ 群营销行业从业者的账号可以从内部资源中直接调用。由营销部门的专职人员负责汇总整理出日常所联系的行业内的潜在参会人员及意向参会人员的 QQ 账号等，提交给此次 QQ 群营销工作人员，再由 QQ 群营销工作人员将此整理。

8.2.3 制作 QQ 群内容

1. 最主要的 QQ 群宣传方式

主要可通过群邮件、群社区、群共享、群相册、讨论组、多人聊天等方式进行宣传。

2. QQ 群内发推广消息的策略

（1）直接发消息：直接发推广消息的时候，消息一定要能够打动人心，一定要考虑别人看过之后的感受。发送消息内容时要讲究策略技巧，内容一定要能吸引用户。

（2）在聊天中植入推广消息：在和群友聊天的过程中，我们可以变相地把群友引导进入某个话题。然后在不经意间插入我们的推广意图，让其不知不觉地成为潜在的客户。

（3）可以用小号提问，引出消息内容：可以创建一个小号同时加入某个群，然后两个号一唱一随，自问自答一些关于我们所推荐内容的一些信息，以此来吸引围观者的注意力，达到推广目的。

案例 8-6 制作 QQ 群内容

依据营销策划与分析，按照内容策划等分析决定进一步实施 QQ 群营销的内容。

首先，在 QQ 个人界面下点击查找，进入后根据不同条件的限定来查找目标群。如中国网络营销大会的目标群有互联网行业内的从业者、行业企业及媒体这三者进行查找，在这些目标群体中查找对此次大会感兴趣的从业者。在内容的查找中，可以细致地分为各种群组，比如网站建设群、网站推广群、SEO 群等，这样查找可以进一步缩小对于行业的限定，加强对目标群体的把握，在很大程度上保证了推广的效果。如图 8-11 所示。

其次，申请加入“目标群”，在加入之前首先要进一步确认群的名称和资料是否和此次大会的营销目标有关联性。在填写申请加入的时候内容一定要和群名称或资料有关，这样可以确保群主在通过时的第一印象和审核通过。如图 8-12 所示。

图 8-11　查找 QQ 群界面

图 8-12　“目标群”名称和资料要和营销目标有关联

审核通过以后，不要急于大量地发广告或是链接，以免被踢出群。进入群后，首先要为以后的推广做铺垫，应该发一些问候话语，如“新人报道，多多支持”，或是自报家门之后和群成员进行进一步的沟通。在气氛活跃起来之后可以视情况而定，比如和群成员讨论一些和此次大会相关的话题，这样可以无意间取得一些对于会议有意向的客户的好感，通过对相关话题的讨论来提升群成员的喜好。

再次，要学会使用群组里的工具。如相册的使用，可以更多地展示会议的概况，在很大程度上极大地增加了会议的曝光率和影响力。如图 8-13 所示。

图 8-13　群相册的使用

对于群共享的使用尤为重要，可以将整理好的会议介绍、邀请函等文件发布于此，这样有利于目标群体了解和知晓会议的进程。如图 8-14 所示。

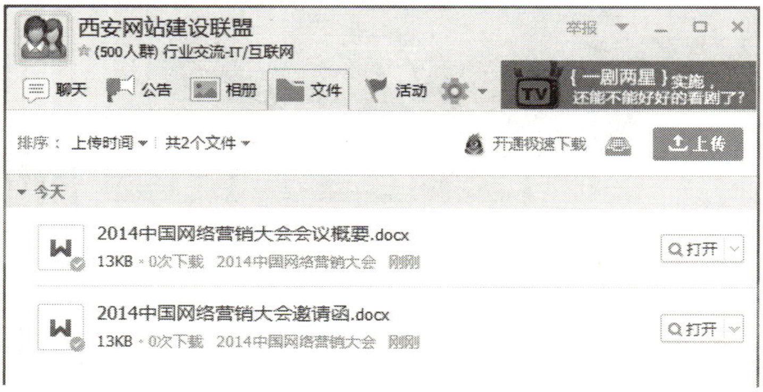

图 8-14　群共享的使用

而讨论组的成立在很大程度上为潜在目标群体提供了话题讨论的私密空间，在这里就可以深入地和大家讨论关于大会的相关事情，来让大家参与其中，共同学习。如图 8-15 所示。

作为中国网络营销大会的初期，主要介绍的是大会的背景、大会的特色亮点等内容，提示给用户群体时间、地点、规模等精准的信息，而且内容清晰明了。再结合自身加入群组的情况，每天适当地投放图片加链接的内容，循序渐进地完成营销内容。其次，我们需要申请加入不同的目标群，这样对于大会的宣传和推广有极大的作用，而且有助于提升大会的知名度和影响力。在内容发布过程中，应根据内容阶段的不同，发布时应注意发布的次数和频率，防止因发布过多等因素而被踢出群。可以视实际情况和群组讨论内容等因素进行营销内容的讨论和发布。

最后，整理和汇总意向用户时，需要制作不同的 EXCEL 表格来分别保存，这样有利于后续电话通知等工作的开展。见表 8-4。

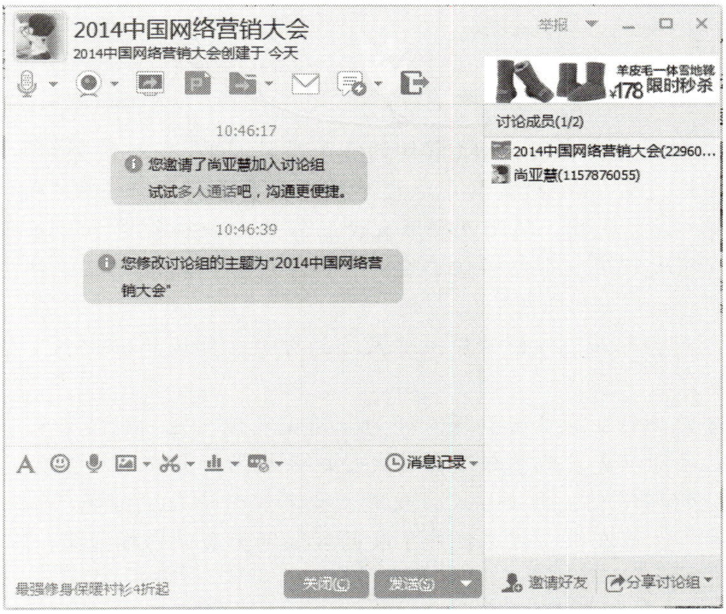

图 8-15　讨论组的使用

表 8-4　内容发布

目标群组	所属阶段	主要发布内容	执行人
媒体群	第一阶段	大会背景及大会特色亮点的说明。内容不宜太多，每天发送 2 次	张小山
	第二阶段	大会规模、大会议程及主题等内容的发布。邀请更多的媒体参与	
	第三阶段	展示已经邀请来的媒体，扩大会议的影响力和实力	
行业企业群	第一阶段	大会背景、大会特色及大会议题模块等。聚焦行业领头企业对会议的价值，每天发送 2 次	李小思
	第二阶段	大会的报名、大会详情及大会议程等说明，突出重点	
	第三阶段	展示已经邀请的行业企业，敦促更多企业参与进来，扩大会议的传播范围	
行业从业者群	第一阶段	大会的背景、大会的规模的说明，内容精简干练，每天 2 次	王小毛
	第二阶段	大会的核心内容、大会亮点及会议目标等，吸引更多行业精英的参与	
	第三阶段	行业内伙伴加入的展示图片，凸显大会实力	

8.2.4　IM 营销效果监控

实施 IM 营销的作用具体表现在 4 个方面：

（1）实时交流，加强客户关系。

（2）提供在线客户服务。

（3）提供在线销售中的导购服务。

（4）形成网络广告媒体。

案例 8-7 效果监控与评论

2014 年陕西互联网大会在实施 IM 营销的 3 个月时间里，经过商务部和营销部的配合，最终成功加群并实施的有 90 个群。其中通过单独聊天来了解大会的有 1 080 人，直接通过 QQ 群报名 650 人，大大提升了陕西互联网大会的影响力和知名度。2014 年陕西互联网大会圆满成功，这在很大程度上得益于组委会对于网络营销的精准把握，更在于对用户群体的分析。

（1）首先经过商务部和 QQ 群营销工作人员的努力，到场的行业企业有 900 家，远远超出了预期的数量。

（2）对于细分化的行业从业者到场人数为 1 800 多位，他们对陕西互联网大会的举行欢呼雀跃，希望以后可以更多地参与这样的大会，来加强行业内的相互交流。

（3）媒体公关的到场人数为 450 人，此次大会不仅邀请来了传统媒体，而且大大增加了网络媒体的数量，这样在很大程度提升了陕西互联网大会的传播效果。

8.3 网络促销

网络促销是指利用计算机及网络技术向虚拟市场传递有关商品和劳务的信息，以引发消费者需求，唤起购买欲望和促成购买行为的各种活动。

网络促销是通过网络传递商品和服务的存在、性能、功效及特征等信息。多媒体技术提供了近似于现实交易过程中的商品表现形式，双向的、快捷的信息传播模式，将互不见面的交易双方的意愿表达得淋漓尽致，也留给对方充分思考的时间。在这种环境下，传统的促销方法显得软弱无力，这种建立在计算机与现代通信技术基础上的促销方式还将随着这些技术的不断发展而改进。因此，网络营销者不仅要熟悉传统的营销技巧，而且需要掌握相应的计算机和网络技术知识，以一系列新的促销方法和手段，促进交易的达成。

8.3.1 网络促销策略

1. 网络促销的作用

（1）告知功能：将企业的产品、服务、价格等信息通过网络传递给消费者，以引起他们的注意。

（2）诱导功能：网络促销的目的在于通过各种有效的方式，解除潜在消费者心中对产品或服务存在的疑虑，帮其坚定购买的决心。例如，在许多同类商品中，顾客往往难以察觉各种产品间的微小差别。企业通过网络促销活动，宣传自己产品的特点，使消费者认识到该产品可能给他们带来的利益或特殊效用，进而选择本企业的产品。

（3）创造需求：运作良好的网上促销活动，不仅可以诱导需求，而且可以创造需求，发掘潜在的消费者，拓展新市场，扩大销售量。

（4）反馈功能：结合网络促销活动，企业可以通过在线填写表格或电子邮件等方式及时收集和汇总消费者的意见和需求，迅速反馈给企业的决策管理层。由此所获得的信息准确性和可靠性高，对企业经营决策具有较大的参考价值。

（5）稳定销售：在企业的产品销售量波动较大、市场地位不稳的情况下，通过适当的网络促销活动，树立良好的产品形象和企业形象，往往有可能改变消费者对企业及产品的认识，提高产品的知名度和用户对本企业产品的忠诚度，达到锁定用户、实现稳定销售的目的。

2．网络促销的方法

（1）打折促销：打折促销是最常见的网络促销方式，这就要求所销售的产品必须有价格优势，或是有比较好的进货渠道，这样才容易打折。

（2）赠品促销：在客户购买产品或服务时，可以给客户赠送一些产品或小礼品，以带动主产品的促销，在赠品的选择上要选一些有特色的、让客户感兴趣的产品。

（3）积分促销：在许多网站里都支持虚拟的积分，还有不支持的，则可以采用积分卡，会员每消费一次，给会员累积积分，这些积分可以兑换小赠品或在以后消费中当成现金使用。

（4）抽奖促销：抽奖促销也是网络促销常用的方法，抽奖时要做到公开、公正、公平，奖品要对大家有吸引力，这样才会有更多的用户对促销活动感兴趣。

（5）联合促销：如果你的网站或网店与别家的有些互补性，可以联合一起做一下促销，对扩大双方的网络销售都是很有好处的。

（6）节日促销：在节日期间开展网络促销，也是常用的方法。节日促销时应注意与节日关联起来，这样才可以更好地吸引用户的关注，提高转化率。

（7）纪念日促销：如果遇到了开店周年庆，或销售量突破多少大关，成为第多少个月户，可以利用这些纪念日展开网络促销。

（8）优惠券促销：在网友购买时，每消费一定数额或次数，就赠给用户相应额度的优惠券，会吸引用户再次消费，当然也达到了网络促销的目的。

（9）限时限量促销：限时限量促销在网络促销中可以使用。

（10）反促销促销：声明自己的商品质量有保证，从不打折促销。这样做必须保证有一定的实力，以不促销作为促销的卖点。

案例8-8 果缘情浓网上促销策略

通过微博、微信等渠道发布饮品店的促销信息，进行口碑传播，随着移动互联网的兴起，其营销价值也得到最大化发挥，并且备受品牌广告主青睐。

通过微博、微信、团购网站等为果缘情浓推送各类套餐团购信息，更将“微博微信消息推送+论坛推广+口碑传播”三者进行了有效结合。本次网上促销活动紧抓以下关键点，达到营销目的。

利用消费者在餐饮店消费前进行移动端搜索的行为习惯，沿其搜索路径进行基于LBS的信息推送，将潜在消费者聚拢到果缘情浓的微信平台。

以解决用户逛街休息的选择困惑为出发点，设置微博和微信的信息推送，间接而又自然地将果缘情浓饮品店的推荐产品融入其中，既确保受众的广泛参与，又弱化了受众对广告的排斥。

更重要的是，参与用户之间的口碑相传以及以自身的产品体验为证，使得产品特质深入人心。此举不仅增强了果缘情浓饮品店推荐品牌的可信度，更让受众从内心深处认同品牌价值，进而产生购买行为。

8.3.2 网络促销的实施

1．确定网络促销对象

网络促销对象是针对可能在网络虚拟市场上产生购买行为的消费者群体提出来的。随着网络的迅速普及，这一群体也在不断膨胀。这一群体主要包括三部分人员：产品的使用者、产品购买的决策者和产品购买的影响者。

（1）产品的使用者。产品的使用者是指商品的实际使用者或消费者。实际的需求构成了这些消费者购买的直接动因。抓住了这一部分消费者，网络销售就有了稳定的市场。

（2）产品购买的决策者。产品购买的决策者是指实际决策购买商品的人。在许多情况下，商品的使用者与购买者是一致的。但在一些情况下，产品的使用者与决策者是分离的。网络促销同样应把对购买决策者的研究放在重要的位置上。

（3）产品购买的影响者。产品购买的影响者是指其看法或建议对最终购买决策产生一定影响的人。因为对于高价耐用品的购买，购买者往往比较谨慎，希望广泛征求意见后再做决定。这部分人群也不能忽视。

2．设计网络促销组合

由于企业的产品种类不同，销售对象也不同，促销方法与产品种类和销售对象之间将会产生多种网络促销的组合方式。企业应当充分发挥网络广告促销和网络站点促销两种方法各自的优势，根据自己产品的市场情况、消费者情况，扬长避短，合理组合，以达到最佳的促销效果。

3．制定网络促销预算方案

制定网络促销预算方案是企业在网络促销实施过程中最困难的一个问题。因为运用因特网进行促销是一种新生事物，所有的价格、条件都需要在实践中做比较、学习和体会，不断地总结经验。只有这样，才能利用有限的资金收到尽可能好的效果，做到事半功倍。制定网络促销方案应处理好以下三个方面的问题：

（1）必须明确网络促销的方法及组合的办法。企业应当认真比较各站点的服务质量和服务价格，从中筛选适合于本企业的、质量与价格匹配的信息服务站点。

（2）需要确定网络促销的目标。网络促销旨在树立企业形象、宣传产品，还是宣传售后服务？围绕这些目标再来策划投入内容的多少，包括文案的数量、图形的多少、色彩的复杂程度，投放时间的长短、频率和密度，广告宣传的位置、内容更换的时间间隔以及效果检测的方法等。这些细节确定好了，对整体的投资数额就有了预算的依据，与信息服务商谈判时也就有了一定的把握。

（3）要明确网络促销的影响对象。也就是需要明确企业的产品信息希望传递给哪个群体、哪个层次、哪个范围、哪个区域。因为不同的站点有不同的服务对象和不同的服务费用。企业促销人员应熟知自己产品的销售对象和销售范围，根据自己的产品选择适当的促销形式。

4．评价网络促销效果

网络促销的实施到了这一阶段，必须对执行的促销内容进行评价，看其是否达到了预期的促销目标。

案例 8-9 网络促销的实施

首先建立微博矩阵，微博平台选择新浪和腾讯，微博账号 ID 像网址域名一样，为了易懂好记、记忆成本低、传播便利，采用产品作为微博 ID，因为做的是纯正鲜果汁，因此 ID 就确定为鲜果汁的全拼音 xianguozhi，腾讯微博 ID 因为 xianguozhi 已经注册了，就确定为 sdxianguozhi，昵称确定为“果缘情浓”，因为企业版蓝 V 功能比较多，就先修改和丰富微博的背景图片和文字等基本功能，开始时微博没那么多粉丝，就做了 3 件事：一是主动关注本地的一些微博账号，如看起来相对比较正式、活跃，符合潜在客户特点的微博；二是在淘宝购买一些粉丝，先做到粉丝数字的增长，这样有利于搜索排名，吸引后来人随大流关注；三是生成微博二维码，把微博昵称、微博二维码和微博网站一起写在店里，印在对外宣传单页和会员卡上，这样通过多种方式把基础工作做好。如图 8-16、图 8-17 所示。

其次开通微信账号，在微信朋友圈可以发布不同的果汁产品，同时使用微信的 LBS 功能，在果汁店周围就会寻找到潜在的客户，通过不断地添加好友，只要通过的人，一般都会关注或至少知道果缘情浓果汁店。然后开通微信公众账号 sdgyqn，并且在微博、BBS、QQ 营销、实体店的墙上、桌面台面等处发布和展示微信公众账号和二维码，让更多的人成为粉丝，同时推出针对粉丝的打折或优惠等活动。如图 8-18、图 8-19 所示。

图 8-16 果缘情浓新浪微博

图 8-17　果缘情浓腾讯微博

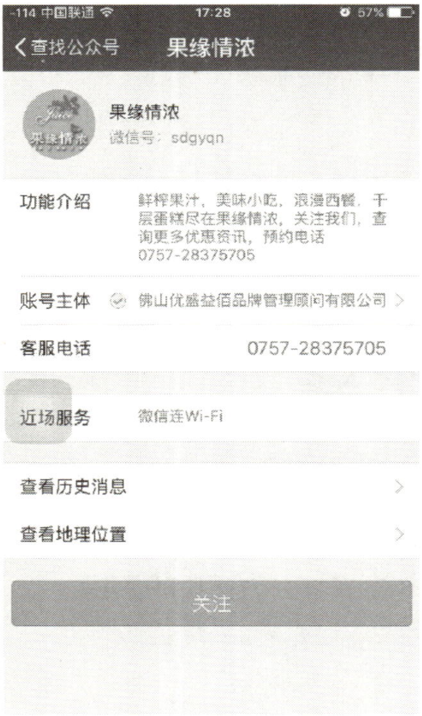

图 8-18　果缘情浓微信（一）

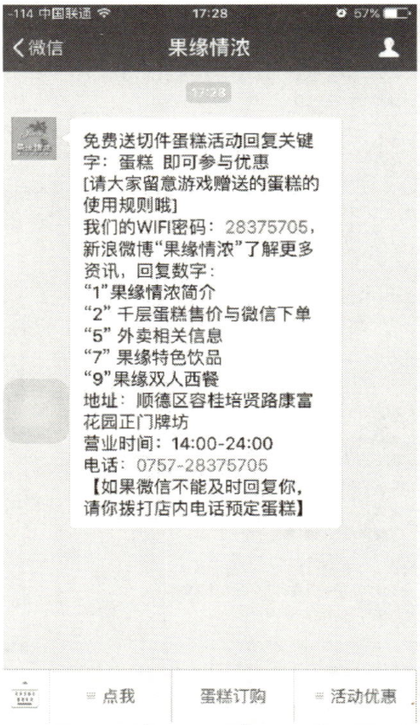

图 8-19　果缘情浓微信（二）

再次，通过搜索本地论坛，然后在所有论坛统一注册 ID，发布促销信息。同时通过注册新浪博客，在博客内发布促销文章，增加搜索引擎的收录数。如图 8-20 所示。

最后，通过注册大众点评、美团、拉手等团购网站，发布自身的促销信息。很多用户在消费前都会通过这些网站了解商家的优惠信息，从而决定是否在该店进行消费。如图 8-21 所示。

通过以上这些网上宣传推广方式的操作和整体系统的配合，在潜在的目标客户出没的网络入口，都发布上果缘情浓的产品信息，包括图片、文字或视频。

图 8-20　顺德本地论坛果缘浓情信息

图 8-21　果缘情浓团购网站信息

8.4 交换链接

网站交换链接也称为友情链接、互惠链接、互换链接等，是具有一定资源互补优势的网站之间的简单合作形式，即分别在自己的网站上放置对方网站的LOGO或网站名称，并设置对方网站的超级链接，使用户可以从合作网站中发现自己的网站，达到互相推广的目的，因此常作为一种网站推广手段。

8.4.1 建立交换链接的方法

1. 分析潜在合作对象

分析与自己规模、实力、经营领域最接近的网站，逐个分析它们的交换链接对象，一旦发现适合的网站就将其作为备选对象，留待以后主动发出合作邀请。开展网络调研活动，以发现目标消费者经常浏览的网站。

2. 向目标网站发出合作邀请

起草一份简单的有关交换链接的建议书，发给目标网站负责人，积极寻求合作。现在网站上一般都留有企业客服联系方式，准备好自己网站的一些相关情况资料，通过在线联系即可向目标网站发出合作邀请。

3. 交换链接的实施

得到对方的确定以后，应尽快为对方做好链接，回一封邮件告诉对方链接已经完成，并邀请对方检查链接是否正确、位置是否合理，同时也在暗示对方将自己的网站尽快链接好。这实质上是向链接网站推广自己网站的一种方式，许多合作网站的关系就是这样建立起来的，同时这也是在同行之间建立自己地位的一种有效措施。

8.4.2 建立交换链接的技巧

（1）被链接网站是否已经被各大搜索引擎收录及其被搜索引擎更新的频率如何，在搜索结果中可以看到最后一次更新的时间，搜索引擎通常也会对链接的站点进行相应的更新。

（2）是否被大的分类目录收录，这种网站流量很容易就会提升上去。

（3）是否收录了网站内大多数的页面，网页收录数目与网站流量值是成正比的。

（4）是否与很多同类网站交换了链接或者与很多网站交换了链接，在交换时可以查一下对方的链接数目有多少，特别是质量高的链接。

（5）网站质量如何，这关系到网站是否能长期存在的问题。

（6）是否是同类的网站，在排名算法中，同类型网站之间投票的分值要高于不同类型网站之间投票的分值。

（7）试图向大的分类目录提交，这样的做法不但能够得到高质量的反向链接，而且不用付出任何代价。

案例 8-10 艾瑞网与速途网交换链接的建立

1．分析潜在合作对象

网站之间交换链接可极大地促进双方网站的流量。速途网寻求申请与艾瑞网加为友情链接，主要考虑到两个网站皆以电子商务资讯为主，相互添加为友情链接，以求达到强强联合、互惠互利的目的。

据查询工具数据显示，艾瑞网和速途网的 PR 值相同，都为 7，如图 8-22 和图 8-23 所示。

图 8-22　艾瑞网的 PR 值为 7

图 8-23　速途网的 PR 值为 7

速途网在申请将艾瑞网加为友情链接前，主要考虑了以下几点：

（1）艾瑞网的 PR 值同样为 7，PR 值相同的两个站，友情链接相对容易互加成功。

（2）艾瑞网与速途网同为电子商务资讯类网站，同类网站对网站排名投票的分值会比不同类网站的投票分值要高。

（3）艾瑞网在谷歌和百度搜索引擎收录快照的更新频率很高，网站更新及时。

（4）经核查，艾瑞网被收录了网站内的大多数页面，这些都是选择交换链接的必要条件，因为网站收录数量与网站流量值是成正比的。

（5）艾瑞网被大的分类目录收录，很容易促进速途网提升网站流量。

（6）艾瑞网以专栏为特色，原创内容多，文章质量高，网友口碑很好。

2．向目标网站发出合作邀请

在艾瑞网的页面底端（如图 8-24 所示）。点击“联系我们”即可选择联系方式和艾瑞网取得联系，把起草好的有关交换链接的建议书通过邮件发送给对方，发送邮件的时候应注意邮件的主题以及邮件内容的措辞。

图 8-24　艾瑞网的“联系我们”

3．实时交换链接

得到对方的确定以后，应尽快为对方做好链接，如图 8-25 所示为艾瑞网的友情链接，其中包括速途网。

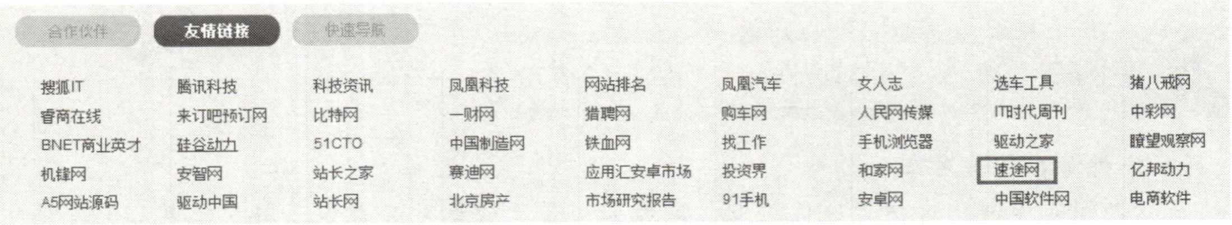

图 8-25　艾瑞网的友情链接——速途网

如图 8-26 所示为速途网的友情链接，其中包括艾瑞网。

图 8-26　速途网的友情链接——艾瑞网

同搜索引擎注册一样，交换链接一旦完成，也具有一定的相对稳定性，不过还是需要做不定期检查，也就是回访友情链接伙伴的网站，看对方的网站是否正常运行，自己的网站是否被取消或出现错误链接，或者，因为对方网页改版、URL 指向转移等原因，是否会将自己的网址错误链接。因为由于交换链接通常出现在网站的首页上，错误的或者无效的链接会对自己网站的质量有较大的负面影响。

如果发现对方遗漏链接或有其他情况，应该及时与对方联系，如果某些网站因为关闭等原因无法打开，在一段时间内仍然不能恢复，应考虑暂时取消那些失效的链接。不过，可以备份相关资料，也许对方解决问题后会和你联系，要求恢复友情链接。

同样的道理，为了合作伙伴的利益着想，当自己的网站有什么重大改变，或者认为不再适合作为交换链接时，也应该及时通知对方。

艾瑞网与速途网链接的成功交换可谓是电子商务网站的强强合作，同为电子商务网站的艾瑞网与速途网，有着各自的特色与优势，艾瑞网以行业专家专栏文章为特色，速途网以用户投票编辑为亮点，皆诠释了 web2.0 的电子商务网站。二者之间链接的交换，可明显看出相互之间的互惠互利，给彼此的用户群增加了更多的行业用户，为网站带来了更多的访问量，稳定了网站权重，提升了用户的品牌认知度，能够让彼此网站的受众人群达到资讯交互共享。

岗位技能训练

实训 1　问答营销技能训练

【实训背景】

2015 年 5 月，星巴克推出三款新口味星冰乐，其中抹茶可可碎片星冰乐，是对星巴克最受欢迎经典饮品的一种崭新诠释。在抹茶星冰乐中创新加入星巴克特制的可可碎片，清爽抹茶融合颗颗口感浓郁的巧克力碎片，最后覆以香甜顺滑的鲜奶油，并淋上香醇的摩卡酱配以些许抹茶粉，简约却又不失美感和美味。如图 8-27 所示。

图 8-27　星巴克广告页面

随着抹茶可可碎片星冰乐的推出，请为星巴克组织一次问答营销活动，推广该新品，要求同时突出星巴克的时尚与高雅，它给消费者提供的不仅是优质咖啡，同时传递了一种高质量的生活理念。

【实训要求】

本实训项目要求学生为星巴克组织一次问答营销活动，让更多消费者了解该新品，同时加深受众对星巴克的品牌印象，提升星巴克的品牌价值。本实训项目要求学生依据实训背景实施问答营销实践活动，并对问答营销的实施效果进行监控，以达到预期的营销效果。通过本项目的实训，要求学生掌握以下问答营销的相关方法和技巧：

（1）能认识并实现组织分工与团队合作。

（2）能撰写出符合格式要求的问答内容文案。

（3）能对营销效果进行分析。

（4）能表达出此次问答营销的实训心得。

【实训指导】

（1）组建实训课题小组：将教学班学生按每 6～8 人的标准划分成若干个任务小组，每个小组指定或推选出一名小组长。

（2）确定实训小组课题：每个小组成员根据实训背景资料的要求，完成一份问答营销的策划，策划内容需参照实训模板，包括问答营销目标、问答营销方案策划、问答营销方案实施三个部分。

（3）实施策划课题内容：各小组根据实训背景资源，进行问答营销策划的任务分配，包括关键字的设定、问题与答案的设置等任务。

（4）陈述创作实训心得：由各个小组推荐的发言人或小组长代表陈述实训课题分析报告和实训心得。

【实训模板】

任务一　确定问答营销目标

步骤：学生阅读实训背景，确定问答营销的主要原因与主要目标，结果形成见表 8-5。

表 8-5　问答营销目标分析

营 销 主 题	营销的品牌或核心要素
确定原因	确定问答营销的实施原因
营销的主要目标	促进产品销售，提升品牌知名度，提高站点访问量等

任务二　策划问答营销方案

步骤 1：学生根据情景，选择需要进行问答营销的站点，分别注册该站点的主账号和马甲账号。

步骤 2：构思营销内容和表现形式，包括确定营销站点、设计具备营销价值的问题与答案，结果形成见表 8-6。

表 8-6　问答营销方案策划

问答平台选择	问答平台选择及原因
问答营销构思	确定营销站点、设计具备营销价值的问题与答案
问答营销表现形式	问答营销的表达形式

任务三　实施问答营销方案

步骤 1：学生选择问答站点，用主账号进行登录，根据设定的情景和营销思路，进行提问。注意问题分类的选择以及悬赏分值。

步骤 2：静候所提交的问题审核通过。随后登录马甲账号，从营销的角度回答问题，切忌营销性的隐蔽。

步骤 3：再使用主账号采纳马甲账号的答案。如有必要，也可在其他问答网站进行尝试。

实训 2　IM 营销技能训练

【实训背景】

万圣节源自古代凯尔特民族（Celtic）的新年节庆，此时也是祭祀亡魂的时刻，在避免恶灵干扰的同时，也以食物祭拜祖灵及善灵以祈平安度过严冬，是西方的传统节日。当晚小孩会穿上化妆服，戴上面具，挨家挨户收集糖果。

而作为西式快餐的领导品牌，肯德基首次提出主题餐厅的概念，将肯德基、哆啦 A 梦、万圣节等众多元素融合。此次万圣节就是由哆啦 A 梦带领小朋友们在游戏和糖果世界中共度万圣狂欢夜。

本次实训要求学生借助 IM 营销，让更多年轻人了解 KFC 举办的本次万圣节的主题活动，扩大 KFC 的受众群体，体现出 KFC 的品牌优势，使 KFC 的影响力不断扩大。如图 8-28 所示。

图 8-28　肯德基万圣节活动海报

【实训要求】

本实训项目要求学生以“肯德基万圣节之旅，你来吗？”作为此次 IM 营销的主题内容，以小组团队的形式，通过策划 QQ 群营销方案，收集 QQ 账号，设计制作 QQ 群营销的内容，以注册各类别账号分批发送为主，实施并监控营销效果等一系列操作。目的在于让学生通过实训掌握 IM 营销的相关方法和技巧。

【实训指导】

（1）组建实训课题小组：将教学班学生按每 6～8 人的标准划分成若干个任务小组，每个小组指定或推选出一名小组长。

（2）确定实训小组课题：每个小组成员根据实训背景资料的要求，完成一份 IM 营销的策划。

（3）实施策划课题内容：各小组根据实训背景资源，进行 IM 营销策划的任务分配，包括注册账号、整理汇总 QQ 群及制作 QQ 群内容等任务。

（4）陈述创作实训心得：由各个小组推荐的发言人或小组长代表陈述实训课题分析报告和实训心得。

【实训模板】

任务一　策划 QQ 群营销方案

步骤 1：小组成员根据此次 IM 营销实训的要求进行 QQ 群营销分析，熟悉实训所提供的素材，确定目标受众群体、营销目标和营销方案。

步骤 2：根据 QQ 群营销目标效果以及受众群体的利益关注点，在 QQ 群内容呈现、表现形式、实施过程等方面进行详细的策划。

步骤 3：制定进度计划书，明确工作内容与人员分工。

任务二　收集整理 QQ 账号

按照 QQ 群营销分析收集整理目标受众群体，汇总成 EXCEL 表格。

步骤 1：账号获取。针对不同的营销主题，收集相应的用户的 QQ 账号。

步骤 2：汇集整理成 EXCEL 表格。列出 QQ 账号、用户身份及选择其作为 QQ 群受众的原因，填表 8-7：

表 8-7　汇集整理信息

序　号	QQ 账　号	身　份	原　因	备　注

任务三　制作 QQ 群内容

制作 QQ 群内容步骤如下：

步骤 1：根据营销主题，分析并构思 QQ 群内容，注册不同受众群体的账号分别查找。

步骤 2：制作针对不同受众群体的图文内容及其链接，分批实施。

步骤 3：设计 QQ 群内容文字描述。

步骤 4：保存制作完成的 QQ 群内容。

在 QQ 群内容的编辑过程中应注意言简意赅，重点突出，具备营销效果。

任务四　效果监控与分析

效果监控与分析主要是查看每个类别下受众群体的 QQ 账户的数量并统计出来。分析此次 IM 营销的总体效果，包括添加群数、被踢出群数量、私聊数量等内容。

实训 3　网上促销与销售技能训练

【实训背景】

海飞丝作为全球老牌洗发水品牌之一，随着近几年竞争对手的持续发力，洗发水市场的不断细分，海飞丝如今面临着品牌老化的问题。为了紧跟时代，迎合年轻消费者，海飞丝借力网络、娱乐、运动、游戏等时下流行的趋势和话题，持续传播品牌“实力”理念，用社会化的方式与消费者进行沟通。如图 8-29 所示。

图 8-29　海飞丝广告页面

针对海飞丝新男士系列的推出，请为海飞丝组织一次网上促销活动，推广该新品，要求同时突出海飞丝的时尚与健康理念。

【实训要求】

本实训项目要求学生为海飞丝组织一次网上促销活动，让更多消费者了解该新品，同时加深受众对海飞丝的品牌印象，提升海飞丝的品牌价值。本实训项目要求学生依据实训背景实施网上促销营销实践活动，并对网上促销营销的实施效果进行监控，以达到预期的营销效果。通过本项目的实训，要求学生掌握以下问答营销的相关方法和技巧：

（1）能认识并实现组织分工与团队合作。

（2）能撰写出符合格式要求的网络促销内容文案。

（3）能对营销效果进行分析。

（4）能表达出此次网上促销营销的实训心得。

【实训指导】

（1）组建实训课题小组：将教学班学生按每 6～8 人的标准划分成若干个任务小组，每个小组指定或推选出一名小组长。

（2）确定实训小组课题：每个小组成员根据实训背景资料的要求，完成一份网络促销的策划，策划内容需参照实训模板，包括网络促销目标、网络促销营销方案策划、网络促销方案实施三个部分。

（3）实施策划课题内容：各小组根据实训背景资源，进行网络促销策划的任务分配，包括促销方式的设定、促销实施环节的设置等任务。

（4）陈述创作实训心得：由各个小组推荐的发言人或小组长代表陈述实训课题分析报告和实训心得。

【实训模板】

任务一　确定网络促销与销售目标

根据实训情景，确定网络促销与销售的主要原因与主要目标，进行市场调研分析，包括确定受众、企业特点、产品特色、企业网络促销投入（资金、人力等资源）、竞品分析等，初步构思该产品的网络促销与销售办法，结果形成表 8-8。

表 8-8　网络促销与销售目标分析

营销主题	营销的品牌或核心要素
确定原因	营销的实施原因
营销主要目标	促进产品销售，提升品牌知名度，提高站点访问量等
受众群体	营销主要针对人群
企业特点	营销企业的特点
企业网络促销投入	资金、人力资源等
竞品分析	主要营销产品的分析
促销构思	网上促销与销售办法

任务二　完成促销策划方案

学生根据企业情景，完成策划方案，并提交策划方案给教师，内容见表 8-9。

表 8-9　促销策划方案

目标受众	目标群体、层次、范围
促销目标	宣传促销产品、售后服务及企业形象等
网络促销与销售方式及原因	方法、营销原因、内容、时长以及频率
效果预期	可预计的效果分析
成本控制	花费与成本的比例维系与控制

实训 4　交换链接技能训练

【实训背景】

易车网创办于 2000 年，秉承“让汽车生活更简单”的理念，现已成为中国国内领先的汽车专业媒体集团，为汽车企业和用户提供立足区域市场的本地化服务支持。易车网的价值观是冠军车队文化——专业、合作、创新。

易车网是汽车厂商和区域经销商整合营销解决方案提供商。通过全新三级两线营销整合战略，易车网整合自身优势资源，以营销管理及应用后台、广告营销系统、线下行销手段以及网站编辑运营系统四大系统作为营销手段，为汽车厂商、厂商大区、经销商三级商家提出一系列整合营销方案，并通过厂商联动及区域营销两条营销主线达成汽车厂商、厂商大区、经销商在品牌及销售方面的营销诉求，最终成为汽车厂商和区域经销商整合营销解决方案提供商。如图 8-30 所示。

图 8-30　易车网 LOGO

本次实训要求学生为易车网策划一次交换链接的方案，目的在于提高网站的流量及网站的影响力。

【实训要求】

本实训项目要求学生以实训背景为出发点，为易车网策划一次交换链接的实施方案，目的在于让学生通过实训掌握以下交换链接的相关方法和技巧：

（1）能认识并实现组织分工与团队合作。

（2）能策划出交换链接的实施方案。

【实训指导】

（1）组建实训课题小组：将教学班学生按每 6～8 人的标准划分成若干个任务小组，每个小组指定或推选出一名小组长。

（2）确定实训小组课题：每个小组成员根据实训背景资料的要求，完成一份交换链接的策划。

（3）实施策划课题内容：各小组根据实训背景资源，进行交换链接策划的任务分配，包括分析潜在合作对象、交换链接的建议书的起草及交换链接的实施等任务。

（4）陈述创作实训心得：由各个小组推荐的发言人或小组长代表陈述实训课题分析报告和实训心得。

【实训模板】

任务一　明确交换链接营销的目标

阅读实训背景，明确交换链接营销的主要原因及目标，完成表 8-10。

表 8-10　交换链接营销目标分析

营销站点	营销的站点名称
营销原因	确定营销的实施原因
营销主要目标	促进产品销售，提升品牌知名度，提高站点访问量等

任务二　交换链接营销方案的策划

根据实训背景，进行交换链接营销的策划，进而完成表 8-11。交换链接营销方案策划包括选择友情链接的原因、去除友情链接的原因以及友情链接名称。友情链接互换时应考虑以下几个方面:

（1）查看被链接网站是否已经被各大搜索引擎收录及其被搜索引擎更新的频率。

（2）是否被大的分类目录收录。

（3）是否被收录了网站内大多数的页面。

（4）查看链接数，是否与很多同类网站交换了链接或者与很多网站交换了链接。

（5）查看网站质量。

（6）是否是同类的网站，同类的网站比非同类网站的排名投票的分值要高。

表 8-11　交换链接营销方案

友情链接名称	友情链接地址	是否互换	选择原因或排除原因
友情链接的站点或博客	对应的 URL	是或否	搜索引擎收录速度等原因

第 9 章　网络营销活动策划

案例导读

芒果网是香港中旅集团所属上市公司——香港中旅国际投资有限公司在内部资源重组的基础上再投资近 3.5～4 亿元人民币兴建的旅游电子商务平台。芒果网是一个由电话呼叫中心、网站及其他高科技接入方式组合成的非面对面客户服务中心，为游客提供以订房、订票、自由行套票、公司差旅管理为主打产品的旅游在线服务。利用芒果网，人们足不出户就可用电话、上网、手机等多种工具订酒店、订机票，既节约了时间，又降低了成本。

2013 年年初，面对逐渐解冻的冬季旅游行业低潮期，芒果网针对春季旅游复苏制定了一系列机票打折与门票优惠活动，同时计划面向春季旅游出行人群，以增加互联网曝光率与关注度为目的，以线上网络活动为主要活动方式，推出以旅行摄影为主题的摄影大赛活动，这次活动作为芒果网 2013 年度活动首彩，掀开了芒果网全新年度网络营销活动的序幕。

9.1 网络营销活动分析

营销活动是指以营销为目的所展开的一系列社会活动，而活动营销的英文翻译为 Event Marketing，国内有人直译为“营销”，其实并不准确。所谓的活动营销是企业通过介入重大的社会活动或整合有效的资源策划大型活动而迅速提高企业及其品牌知名度、美誉度和影响力，促进产品销售的一种营销方式。

简单地说，活动营销是围绕活动而展开的营销，以活动为载体。二者的共同目标是使企业获得品牌的提升或是销量的增长。

9.1.1 网站现状的分析

网站现状分析是通过观察、调查、实验、测量等，利用数据的显示形式把网站各方面情况反映出来，使运营者更加了解网站的运营情况，便于调整网站的运营策略。

案例 9-1　芒果网网站现状分析

在这里可以用芒果网在 Alexa 流量统计网站中的流量统计数据来解释一下。

首先输入网址：www.alexa.chinaz.com，在查询框中输入网址，如查询芒果网流量走势，在查询框中输入 mangocity.com.如图 9-1 所示。

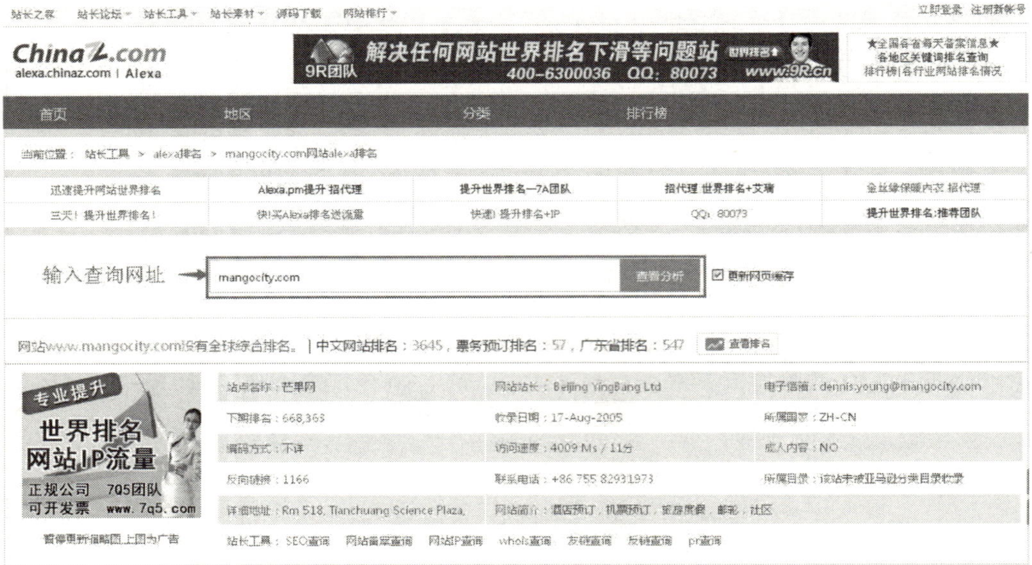

图 9-1　输入网站

可以看到查询出的内容包含芒果网网站的基本信息、网站收录日期、网站访问速度、反向链接数、简介以及近期芒果网的排名状况，其中网站访问速度、反向链接数和排名状况是在进行网站优化的工作中需要参考的重要数据。如图 9-2 所示。

图 9-3 是关于网站子域名的访问情况，关注网站子域名访问情况可以估算出用户的访问深度和停留偏好，从而为网站页面改版和服务重心确定提供参考数据。

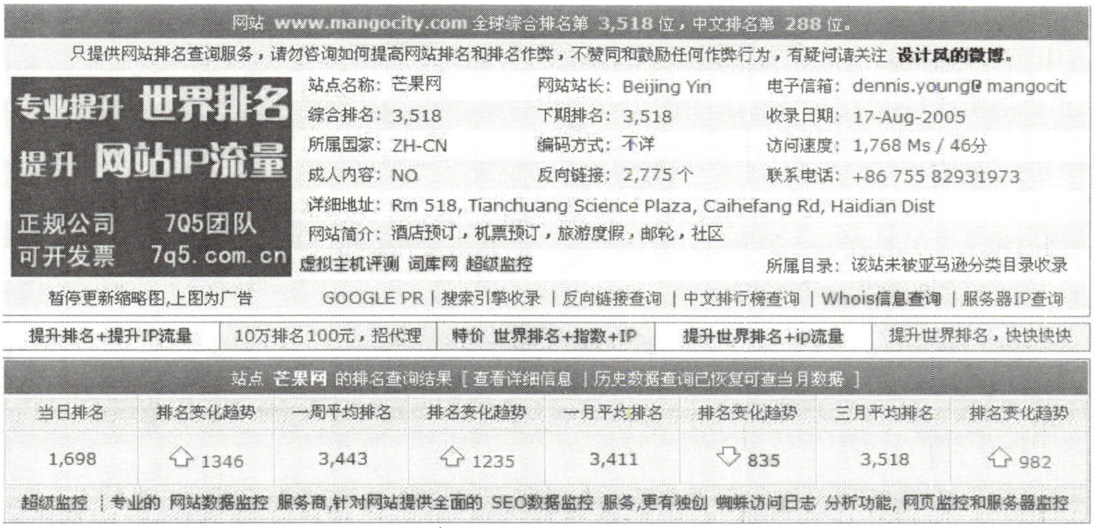

图 9-2　查询收录参数

被访问网址 [26 个]	近月网站访问比例	近月页面访问比例	人均页面浏览量
mangocity.com	95.56%	54.52%	5.29
club.mangocity.com	30.11%	10.85%	3.34
hotel.mangocity.com	51.70%	7.47%	1.34
lvyou.mangocity.com	55.38%	7.27%	1.22
flight.mangocity.com	38.16%	4.22%	1.03
travel.mangocity.com	13.28%	1.83%	1.28
train.mangocity.com	16.32%	1.76%	1.00
ship.mangocity.com	14.32%	1.58%	1.02
big5.mangocity.com	9.48%	1.50%	1.46
m.mangocity.com	7.84%	0.99%	1.18
iflight.mangocity.com	7.20%	0.79%	1.01
cars.mangocity.com	6.71%	0.72%	1.00
menpiao.mangocity.com	6.02%	0.65%	1.00

图 9-3　子域名访问数据

接下来是在 Alexa 中查询的重要数据，网站的一周平均日 IP 访问量统计及一周平均日 PV 访问次数，一个网站通过网络营销所要达成的最终目的就是网站访问量的增加，网站访问量直接关系到网站的影响力及网站质量如图 9-4 所示。

图 9-4　平均日访问量

这里是根据网站访问者的 IP 地址统计出的网站访客地区分布，一些比较知名的网站如搜狐、腾讯等通常包含来自全球各地的访问 IP，这也能说明该网站在该地区的宣传力度与知名度，图 9-5 是芒果网的地区分布统计。

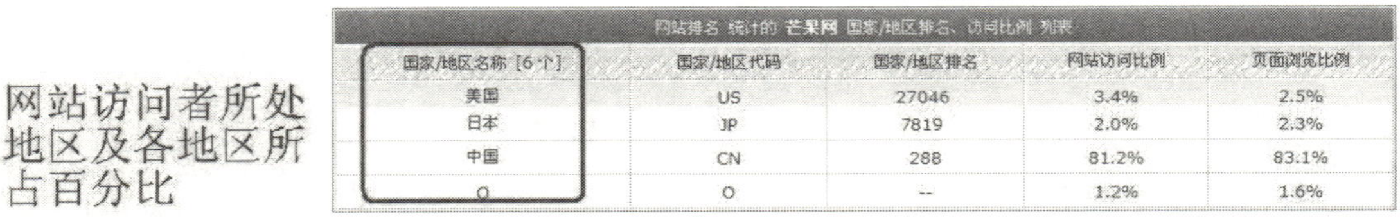

网站排名 统计的 芒果网 国家/地区排名、访问比例 列表				
国家/地区名称［6个］	国家/地区代码	国家/地区排名	网站访问比例	页面浏览比例
美国	US	27046	3.4%	2.5%
日本	JP	7819	2.0%	2.3%
中国	CN	288	81.2%	83.1%
O	O	--	1.2%	1.6%

图 9-5　地区分布统计

网站流量走势图为网络营销部门提供一周、半个月、一个月、三个月甚至六个月的网站流量走势分析。如图 9-6 所示。

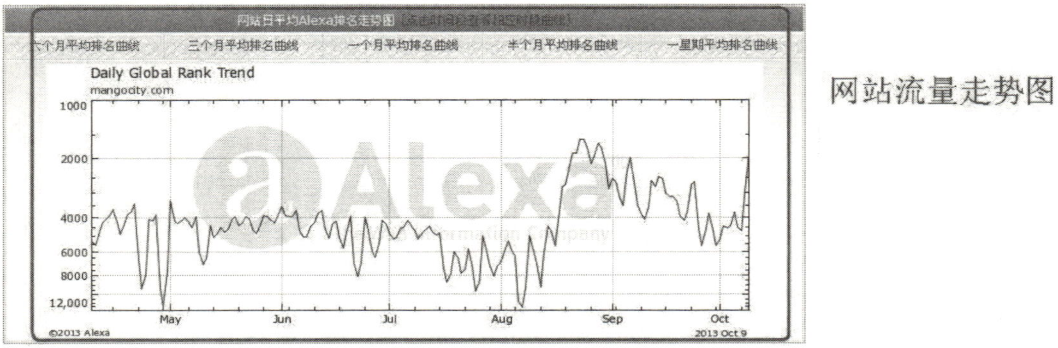

图 9-6　网站流量走势图

9.1.2　营销活动要素分析

做好网络营销活动策划所必须具备的五个要素是：吸引力、可信度、关联度、传播力和执行力。

1．吸引力

一个活动成功与否首先在于其本身对于活动目标受众群体是否具有吸引力。而一项活动具备吸引力的关键则是抓住目标受众关注的兴趣与热点，再给予相应的物质与精神鼓励，增加目标受众参与活动的热情。要想提高活动的吸引力，就要有创意，策划的主题要能够体现用户的好奇心、荣誉感、自我价值、责任感、主人翁、利益等各方面的需求，同时给予适当的精神或者物质激励，这将会大大提高用户的关注度以及参与意识。

2．可信度

大多数营销活动的可信度由活动主办方及合作方的社会知名度决定，对于一些新兴企业，必要时高品质的合作伙伴能大大提升营销活动的可信度。活动营销有助于整合有利资源，寻求有一定品牌知名度的合作伙伴，通过合作伙伴借势起家。

3．关联度

一项活动的策划要与主办方的性质紧紧关联，做到不模糊不清、不偏移主题。活动营销要和网站的产品、品牌文化关联好，不能偏移主要的用户群体，要善于整合关联性的事件以及相关的资源。

4．传播力

营销活动的本质目的是对营销对象的品牌文化进行有效宣传。一项营销活动能否顺利进行，直接影响到活动品牌文化的传播，所以一项营销活动最终达到的效果就是将品牌文化的宣传效益最大化，让品牌文化深入人心。

5．执行力

执行力主要表现在：详细完善的工作描述、思路清晰的工作流程步骤、合理分配的执行人员、执行时间及突发事件处理方案等。

案例 9-2 芒果网营销活动要素分析

1．吸引力

芒果网“中国旅行达人”活动的策划就是要抓住旅游爱好者的分享展示心理，以“因为爱旅行、爱摄影、爱分享，所以我们是‘中国旅行达人’，因为芒果，所以旅行!”为口号，以万元旅游基金与免费旅游作为奖品，吸引旅游爱好者参与活动。旅游爱好者在自己的出游过程中拍摄照片，首先是对自己前往某个地方的见证，其次也会具备一定的与人分享的心理。活动紧紧抓住旅游爱好者的这一分享展示心理，同时以具有足够吸引力的奖品作为吸引点，总票数排第一的选手将获得首届“中国旅行达人”奖，颁发“中国旅行达人”证书，获得芒果网提供的价值 10000 元芒果旅游基金，成为芒果网广告模特，参与芒果网大型活动，还设有“最有爱奖”“最佳上镜奖”“最佳摄影奖”“踏破铁鞋奖”“不走寻常路奖”及“穷游奖”，满足不同个性旅行者的需求，从而也达到了扩大受众面的目的。

2．可信度

芒果网“中国旅行达人”活动主办方为芒果网，活动时间为 2013 年 3 月 25 日至 2013 年 5 月 25 日，此时芒果网正处于发展的上升时期，在整个旅游电子商务市场具备了一定的知名度与影响力，同时，芒果网联合港中旅、以色列旅游局、《旅游天地》杂志、海南航空、七星湾游艇会这几个在各领域都具备一定影响力的机构组织作为合作伙伴，既保证了宣传效果与活动场地、奖品等支持，又使活动可信度大大提升。如图 9-7 所示。

图 9-7　位于活动页面下方的合作机构 LOGO

3．关联度

芒果网主打以年轻群体为主的自助旅游及商务旅游，推出的自由、摆脱约束、追求个性的旅行，使得此次活动受到年轻旅游爱好者的广泛关注。奖品设置方面，既有可以满足与活动网站性质完全吻合的机票、免费旅游，又特意选取了一些诸如“以色列进口葡萄酒”“以色列死海化妆品”等独具个性的时尚实物奖品，为合作伙伴进行适当的宣传推广。

4．传播力

芒果网旨在将“中国旅行达人”活动做成一个属于旅行者的展示平台，活动采取网络投票征集的方式评选，参赛选手只需注册芒果网会员，即可登录芒果网参加“中国旅行达人”评选活动，拥有自己的活动个人主页，可以上传自己的旅行照片，写下自己的旅途故事，或分享旅途中的风采世界，并接受数百万网友的选择和投票。活动方式为免费参与，参赛者可以通过这个平台向更多的人分享旅行的快乐，传递旅行的正能量，激励更多的人出发去旅行。同时他们的旅行体验和分享，也可以为更多的人提供参考，更好地享受旅途。而芒果网也可通过这次活动获得大批注册会员，扩充网站内容，提升网站质量。通过活动宣传芒果网“因为芒果，所以旅行！”的口号，使网站形象深入人心。

5．执行力

工作任务分配见表 9-1。

表 9-1　营销活动各部门工作任务分配

部　门	工 作 任 务	工作负责人	时 间 安 排
研发部	活动页面代码撰写，调试，数据库设计，内部代码优化	张朝	2013.1.10—2013.2.10
设计部	活动页面设计，UI 设计，图片美化	贾小焱	2013.1.10—2013.1.25
市场营销部	活动合作伙伴的紧密联络，线下宣传	周兰	2013.1.10—2013.5.25
网络营销部	活动线上推广，网络平台宣传	马腾	2013.1.10—2013.5.25

9.1.3　营销平台的分析与确定

常见的营销活动策划平台包括自有平台、门户网站、微博和论坛。

1．自有平台

如企业自建网站，有实力追求个性的企业可以选择企业自建网站，企业自建网站具备网站样式多样化、网站功能个性化、网站内部系统对接自由化三个主要优势：

（1）网站样式多样化，有利于企业品牌的展示和企业文化的表达。

（2）网站功能个性化，企业可以灵活选择不同功能。

（3）可以和企业内部信息管理系统良好对接。

然而，企业自建网站并不是每个企业都适用，企业自建网站建设费用高，一般企业难以承受；同时后期管理与维护难度大，并且要求企业有专门的技术人员；另外由于是自有平台，新建成的企业网站要想在网络中得到一定知名度，还需要大量的推广工作，推广费用高，难度大。

2．门户网站

门户网站是指可为公众提供综合性互联网信息和有关信息服务资源的平台。门户网站最开始只提供搜索服务和目录服务，后来由于市场竞争日益激烈，门户网站只能快速地拓展各种新兴的业务类型，希望通过种类繁多的业务来吸引和留住互联网用户，导致目前网站的业务包罗万象，这也成为门户网站的象征。

常见门户网站代表有新浪网、搜狐网、凤凰网、腾讯网等，图 9-8 列举了一些门户网站流量数据一周平均估算。

	LOGO	日均 IP 访问量估算	日均 PV 页面浏览量估算
新浪网	sina新浪 一切由你开始	≈28800000	≈119232000
搜狐网	搜狐 SOHU.com	≈18160000	≈64468000
凤凰网	鳳凰網 ifeng.com	≈3144000	≈31660080
腾讯网	腾讯网 QQ.com	≈56640000	≈289996800

图 9-8　各大门户网站流量对比

门户网站具备网站日平均访问量大、网站访客覆盖面广等特点，然而由于互联网行业竞争激烈，高品质门户网站越来越少，而典型的网易、搜狐、新浪等门户网站的广告投放费用较高，更适用于一些知名大企业。

3．微博

2009 年新浪网继新浪博客后推出新浪微博，使用新浪微博的人数在短短的 1 年内便突破 1.4 亿，营销活动策划也逐渐成为网络营销行业关注的焦点。再加之现在移动应用市场的火爆，只要拥有网络，无论使用手机还是平板电脑，都可以随时随地分享身边各种新鲜事。微博便成为人们了解身边人与事的主要渠道之一。

即便如此，由于国家对网络隐私的持续关注，搜索引擎逐渐取消了对微博及博客内容的收录，所以微博的宣传效应只能局限在单一的关注圈内。

然而，数亿人注册用户无疑对这些专注于网络营销的公司和个人产生了强烈吸引力，即便无法通过搜索引擎进行微博内容检索，营销活动策划依然是目前网络营销市场最关注的营销渠道之一。

4．论坛

论坛作为网络营销的一种经典途径，具有知识性、趣味性、公平性及和谐性等优点。通过论坛，网民们得以更方便地交流，更便捷地发表自己的观点，而且发布信息都是通过有记录的文字来进行，所以这样也避免了精华内容的流失。通过论坛来获取自己需要的信息，有更高的效率和时效性，也最节约成本和资源。在论坛的交流过程中，无论喜怒哀乐，都是在虚拟的环境中进行，也避免了正面的尴尬和冲突。在论坛中，可以演变成任何角色，变换多种身份，因为网络的特征，使得人们更加依赖于论坛中的交流。同时利用论坛的超高人气，可以有效地为企业提供营销传播服务。而由于论坛话题的开放性，几乎企业所有的营销诉求都可以通过论坛传播得到有效的实现。

案例 9-3 芒果网“中国旅行达人”营销活动微博和论坛内容编辑

图 9-9 芒果网新浪官方微博

芒果网在自身平台的宣传中也使用了营销活动策划方式，微博设计贯穿芒果网品牌文化“因为芒果，所以旅行”，设计风格也与芒果网自身色调达成一致。关注微博的粉丝有 134 万，也就是说，在芒果网官方微博发布一条信息，这条信息会同时出现在 134 万新浪微博注册用户的微博中。

同时在活动期间，利用新浪微博，在对“中国旅行达人”活动的宣传策划中采用转发微博赢大奖的方式，使当时的活动宣传微博得到 2000 多用户转发，收获 3000 多条留言，宣传效果也就不言而喻了。如图 9-10 所示。

图 9-10 芒果网新浪官方微博关于“中国旅行达人”活动的转发营销活动

芒果网“中国旅行达人”活动在这次论坛营销宣传中选择了天涯社区等几个综合性社区论坛，统一以“‘中国旅行达人’招募令”为标题，表达活动主题开门见山，内容则为“中国旅行达人”活动介绍。这种表现方式可以快速地让访客了解活动内容。如图 9-11 所示。

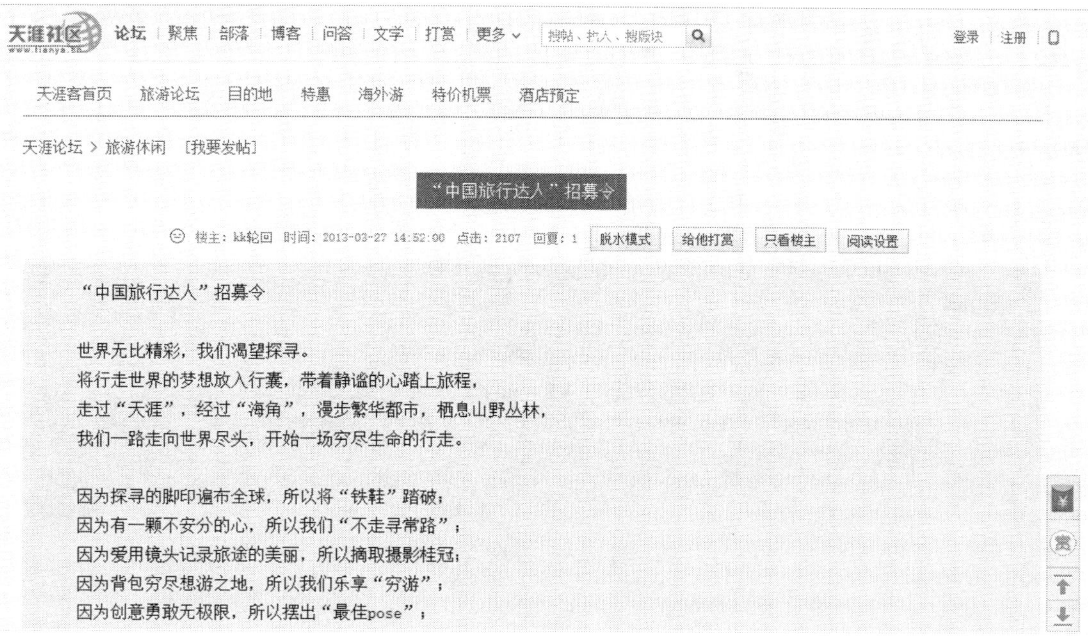

图 9-11 天涯论坛帖子

9.1.4 营销效果分析与预估

营销策划的最后一步就是营销效果的分析与预估。从当前制定好的营销活动策划来看，结合互联网上的调查数据，就可以对最终的营销活动进行全面的分析和预估。在网络渠道流量统计方面，可以使用 Alexa 进行网络流量查询（网址：http://alexa.chinaz.com/），自主平台的网络数据可以通过百度或搜狗的流量统计插件进行查询。

案例 9-4 芒果网“中国旅行达人”营销活动效果分析与预估

芒果网“中国旅行达人”可以说是一次非常成功的营销活动，活动宣传着重在微博、微信平台转发活动消息及各大论坛转发帖子，在活动页面加入分享快捷窗口（图 9-12）形成口碑效应后切实利用门户网站及相关网站进行广告图片投放，同时利用自主网站平台，设置大幅广告图片。通过 Alexa 查询到芒果网日均 IP 访问量约为 168000，也就是说放置在芒果网自主平台的广告每天可以预估到有 168000 个独立 IP 计算机可以看到。

图 9-12 “中国旅行达人”活动页的快捷分享插件

9.2 营销活动策划与实施

9.2.1 活动信息收集

活动围绕品牌打造，要将活动与品牌文化及品牌资源相结合，分析目标人群，展开针对活动的市场调查，同时联系活动合作伙伴，了解合作方能为活动提供的资源，确定合作方后即可确定活动内容及奖品。

案例 9-5 网络营销活动中活动信息的收集

芒果网“中国旅行达人”活动与港中旅、以色列旅游局、《旅游天地》杂志、海南航空、七星湾游艇会达成合作，提供旅游基金、免费旅游等奖品，既为活动做了奖品支持，又对合作方起到宣传作用，达到双赢。

9.2.2 平台信息策划

网络营销活动策划一般是在网站或网络平台进行，所以在活动前期首先需要进行活动页面设计、版面设计和制作等，确定活动页面主题、栏目设置、栏目内容、动态效果、是否使用音效等。

案例 9-6 网络营销活动中平台信息的策划

2013 年 3 月 25 日至 5 月 25 日，芒果网与多家机构合作，组织了首届芒果网“中国旅行达人”活动，活动以照片展示为主，设置了“中国旅行达人”大奖及“最佳上镜奖”“不走寻常路奖”等六个小奖，活动的举办吸引了来自全球各地旅行爱好者的参与。活动参与者涵盖了资深驴友、职业旅行家、都市白领等社会各阶层人群，通过投票，从数以万计的旅行者照片中选出各主题排名第一及总票数排名第一的旅行者照片，给予旅行者丰厚的奖品奖励。活动得到社会广泛关注，各大网络媒体跟踪报道，为芒果网带来了超出预期的社会宣传。同时，“中国旅行达人”活动得到了海南航空、以色列旅游局等多家机构的大力支持。

活动页面以世界各地经典旅游地标为背景，标题“中国旅行达人”依然以芒果黄为主色调，与芒果网主站呼应，设置活动首页、达人风采、活动介绍、奖品设置、排行榜五个栏目，首页内容以每日推荐与每日更新的达人照片为主要内容，辅以最新达人榜排行动态，让访客开门见山地了解活动最新动态。活动页面 banner 采用滚动图片展示的方式，在整个页面中添加动态元素，增加活动页面生气。

参加活动页面采取报名表形式，参赛者需要先注册芒果网会员，然后打开活动页面，点击“马上参加”，即可跳转到活动报名表页面。活动报名表的填写包括昵称、性别、联系电话等基本信息，再加上旅行足迹、个人宣言、旅途感想等，就可以上传自己的旅途照片并接受广大网友的投票了。如图 9-13 所示。

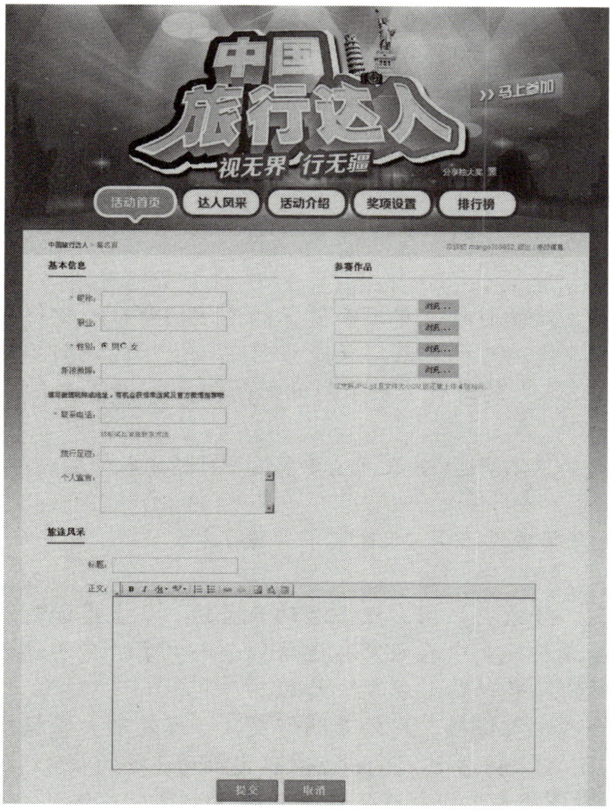

图 9-13 芒果网“中国旅行达人”活动页面参赛者注册页面

9.2.3 营销内容编辑

早期的营销活动策划方案，对于活动介绍的描述通常是以叙述体文字为主，而现在越来越多的活动介绍更趋向于采用抒情散文形式或诗歌形式。一篇优美的活动介绍会带给想要参与者对活动的美好遐想与期待。活动介绍一般需要包含七个要素：活动性质、活动时间、活动流程、活动说明、活动方式、针对人群、奖励/鼓励措施等。为避免活动过程中出现法律纠纷，在撰写活动说明时切记要留下“活动最终解释权归活动主办方所有”这句话；如果在活动中涉及参与者需要提交人像照片等，需要在活动说明中备注“活动主办方对参与者的照片享有使用权”及照片版权归属问题。

案例 9-7 网络营销活动中营销内容的编辑

经过数次修改确定，芒果网最终确定了本次“中国旅行达人”活动的介绍文字，如下：

世界无比精彩，我们渴望探寻。
将行走世界的梦想放入行囊，带着静谧的心踏上旅程，
走过“天涯”，经过“海角”，漫步繁华都市，栖息山野丛林，
我们一路走向世界尽头，开始一场穷尽生命的行走。
因为探寻的脚印遍布全球，所以将“铁鞋”踏破；
因为有一颗不安分的心，所以我们“不走寻常路”；
因为爱用镜头记录旅途的美丽，所以摘取摄影桂冠；
因为背包穷尽想游之地，所以我们乐享“穷游”；
因为创意勇敢无极限，所以摆出“最佳 pose”；
因为一路有你，所以我们“最有爱”；
因为爱旅行、爱摄影、爱分享，
所以我们是“中国旅行达人”！
因为芒果，所以旅行。

这是一个旅行就是生活的时代，单调而繁忙的生活总会让人觉得乏味，我们需要找一处宁静的地方，开启一次慢脚步的旅程，于是旅行成为生活的调剂品甚至是必需品。这也是一个群雄并起角逐“达人”的时代，芒果网开始面向全球招募“旅行达人”，邀你一起来分享旅途的奇闻志趣。

（以上是对活动主题的总体阐述，芒果网主要采用了抒情诗歌的形式，给人清新优美的感觉）

活动时间：

2013.3.25—5.25（投票截至 5 月 25 日下午 6 点）

参赛流程：

（1）注册芒果会员，登录芒果网。点击活动专区的“马上参加”。

（2）挑选几张漂亮或帅气的个人照片，上传到个人主页。完善详细的资料，写下自己的旅途故事，或旅途中的风采世界，分享给大家。

（3）复制自己的个人主页链接，发给亲朋好友，开始发动大家投票吧！

（4）活动投票截止日，根据参赛达人的投票数确定活动奖项的颁发。具体请查看活动奖励。

（介绍活动时间和参赛流程，让浏览活动页面的访客对应在何时参加活动、如何参加有一个全面的了解。文字可以采用生动的网络语言描述，使访客更直观地了解活动）

活动说明：

（1）严禁使用软件或其他非正常手段进行刷票。对于刷票行为的参赛选手，芒果网有权对其在不予通知的情况下剥夺其参赛权利。

（2）获得幸运奖的达人仍可参与其他奖项的票选。

（3）每个 IP 每天对每位选手限投票 1 次。

（4）本活动上传的文字及图片等信息，由芒果网注册会员提供，注册会员对其提供信息的真实性及合法性承担全部责任。

（5）注册会员上传照片的著作权归照片著作权人所有，芒果网在本活动范围内享有无偿使用权，包括芒果网官方微博等渠道。

（6）注册会员上传照片的肖像权归肖像权人所有，芒果网在本活动范围内享有无偿使用权，包括芒果网官方微博等渠道。

（（4）～（6）第四条、第五条、第六条是对本次活动有可能会产生法律争议的地方做出阐述）

（7）如某选手总票数、单项奖票数均第一，那么只取其总票数，单项奖由该项第二名获得。

（活动说明可以对版权问题和可能出现的法律问题以及活动违规情况的处罚加以阐述，这里可以尽量考虑活动进行时可能出现的状况，将可能出现的状况和处理办法尽量在活动说明中列出来，避免出现纠纷）

芒果网“中国旅行达人”活动策划初期，共征集到活动口号方案 70 余套，经过层层筛选，包含“我们爱生活，我们爱旅行”“视无界，行无疆”“让脚下的路无限延长”等十套方案脱颖而出。经过活动组多次讨论决定，言简意赅而又意义深远的“视无界，行无疆”被最终确定为活动口号。“视无界”以简单的文字阐述了旅行者渴望拥有无限视野，放眼全球的胸怀；“行无疆”，字面意思是指行者、行走的人、实践者，没有界域的限制，同时借助著名作家余秋雨参加凤凰卫视节目《欧洲之旅》所写的随行笔记《行者无疆》，对应活动主题，表达出旅行者对旅行的热爱与期待。

岗位技能训练

实训 1　营销活动策划技能训练——网络营销活动的分析

【实训目的】

（1）能搜索到一份完整的典型网络营销活动分析案例。

（2）能清晰表达出该营销活动分析案例的内容。

（3）能总结归纳出该营销活动分析案例的特点。

【实训指导】

（1）布置任务：将教学班学生按每 6～8 人的标准划分成若干个任务小组，每个小组成员搜寻一份典型营销活动分析案例。

（2）搜索选择：各小组成员总结归纳自己所搜寻到的典型营销活动分析案例的特点，列明选择该典型营销活动策划案例的理由和成为典型案例的缘由，之后形成典型营销活动分析案例搜寻的实训报告。

（3）课堂陈述：各任务小组成员上交典型营销活动分析案例实训报告，由指导老师从每组中选择一份具有代表性的典型营销活动分析案例实训报告，并邀请其代表小组上台陈述。

（4）评价效果：各小组代表陈述后，指导老师点评该典型营销活动分析案例搜索实训的情况，并由全班同学无记名投票，评选出该次实训的获奖小组，给予表扬和奖励。

【实训案例模板】

豆瓣线上活动概况

豆瓣的线上活动是指多人在网上进行的集体活动，有明确的开始时间和结束时间，有明确集中的主题和可做之事，是一个真正的“活动”，这个活动需要在豆瓣上开展和进行。每天都有来自豆瓣普通用户、主办方、各类机构发布的本日最热线上活动 60 条左右，涵盖音乐、展览、电影、艺术、摄影、游戏、时尚、体育、旅行、公益等各类活动。活动周期一般是按月来计算。如图 9-14 所示。

豆瓣线上活动的发起者主要有商业组织、公益组织，还有豆瓣普通用户等。商业组织一般是为了宣传公司，获取关注，增加公司的知名度或者是宣传产品；公益组织的主要目的是吸引大众注意力，从而获得关注，让更多的爱心人士关注和参与到该组织中；普通用户有一部分是纯粹的出于兴趣爱好，为了获取关注，找到志同道合的朋友，还有一些个人发起线上活动的目的是通过豆友们的参与设计，获取来自广大豆友的智慧，收获创作素材。豆瓣线上活动其实最重要的意义就是集结了众多豆友的智慧，无须成本就可获取大量素材，这些素材不但可以拓宽产品设计的思路，而且可以受启发开发新型产品。豆瓣用户可以通过搜索活动标签或者查看线上活动的本日最热、本周最热、最新活动来获知相关活动信息。对于感兴趣的活动，可以点击“我要参加”，也可以分享到人人网、新浪微博、开心网、QQ 空间、腾讯微博、搜狐微博等平台，或者点击“推荐”，将其推荐到自己的豆瓣，让更多好友了解活动信息，从而推广活动。

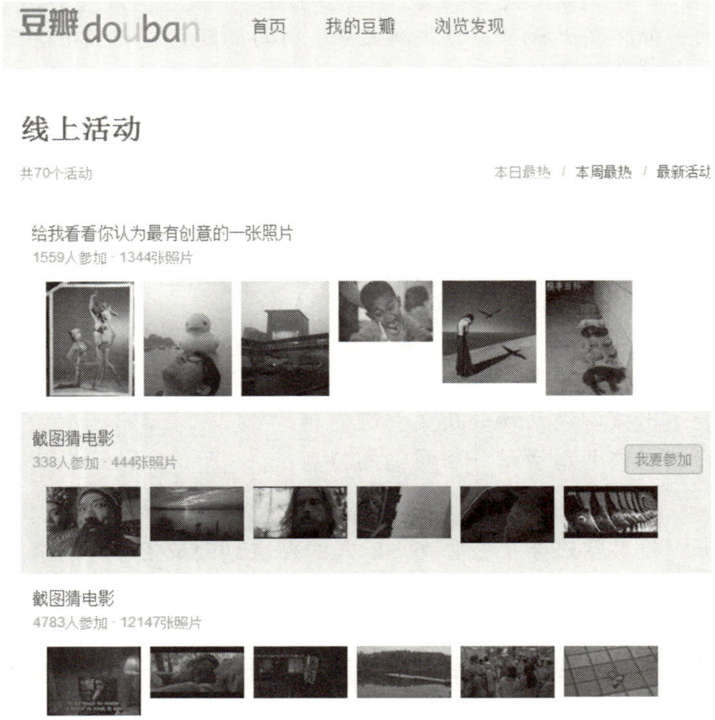

9-14　豆瓣线上活动

作为同时支持Web端和移动客户端的应用，豆瓣线上活动具有以下特点：

1. UI设计简洁

豆瓣整个网站都维持小清新风格，豆瓣线上活动也不例外，除了活动的海报以及主办方的缩略图之外没有其他的图片。并且配色简单，统一的绿色导航栏，红色的参加链接，浅蓝色的链接字体，其余均为黑色。

2. 兴趣社交，线下互动

豆瓣网站是一个“兴趣社交”平台，豆瓣用户在此建立基于共同兴趣爱好的社交关系。它多为单向关系，并且是一种弱关系，默认公开，支持匿名访问。

豆瓣用户乐于接受豆瓣友邻的推荐，然后豆瓣只推荐条目而不推荐用户，这适合喜欢主动的豆瓣用户群。豆瓣线上活动也是如此。豆瓣用户每天创造着各种有趣的线上活动，相同的兴趣引发了愉快的线下互动，参与感兴趣的线上活动。由此达到线下与线上的良性循环。

3. 活动覆盖面广，查询便利

首先，豆瓣线上活动包括音乐、展览、电影、艺术、摄影、游戏、时尚、体育、旅行、公益等各类活动，豆瓣用户可以通过活动的标签找到感兴趣的一类活动。其次，豆瓣线上活动有时间上的选择，线上活动提供一周热点活动、一天热点活动，还有最新的所有活动，用户可以自由选择。

在查询方面，豆瓣用户可以通过活动的标签找到感兴趣的一类，方便快速地达到查询目的。

实训2　营销活动策划技能训练——网络营销活动的策划和实施

【实训背景】

农享网是中国较大的农产品分类信息网，是专门针对农村网民和农产品生意人的供求信息发布平台。全国所有网民都可以免费发布各种水果、蔬菜、畜牧业、水产、林业以及花卉苗木等农产品相关供求信息。为扩大网站知名度，现需要策划一项线上营销活动对网站进行品牌宣传。要求学生以网站活动策划部门人员的身份，策划一项营销活动。学生可运用在本章学到的活动营销策划相关知识点，参照活动营销案例，分组进行讨论，最终总结出一份完整的活动营销策划方案。策划方案应紧扣活动营销策划各个要素，抓住活动所要呈现的主题。除了特别关注所策划的营销活动主题、流程、预期效果等基础内容，还应考虑相关活动页面布局、活动小组人员工作分配、突发应急事件处理预案等。活动效果可通过流量查询工具查询网站现有流量数据作为参照，结合营销平台（如微博、微信等）流量统计，推算如何进行营销活动安排才能达到最理想的宣传效果。

【实训要求】

（1）能认识并实现组织分工与团队合作。

（2）能撰写出符合实施要求的网络营销活动策划方案。

（3）能整理总结出网络营销活动效果分析报告。

（4）能清晰地表达出网络营销活动策划的实训心得。

【实训指导】

（1）组建实训课题小组：将教学班学生按每6～8人的标准划分成若干个任务小组，每个小组指定或推选出一名小组长。

（2）确定实训小组课题：每个小组成员根据教师给出的或在互联网中查到的背景资料的要求，完成一份互联网线上营销活动的策划。

（3）实施策划课题研究：各小组根据所收集到的资料进行营销活动策划，并调配资源，明确各组员的任务，督促大家有效地完成任务，包括网络营销活动策划方案的草拟、修改和定稿，创作课题分析报告的撰写、打印，以及小组发言等。

（4）撰写实训课题报告：每个小组完成一份网络营销活动策划方案的课题分析报告。

（5）陈述创作实训心得：由各个小组推荐的发言人或小组长代表本小组陈述实训课题分析报告和实训心得。

【实训模板】

（1）以小组为单位，根据任务一所完成的活动需求分析，完成本组网站营销活动的策划方案。该内容可在博星卓越网络营销实训软件中按表 9-2 和表 9-3，以小组为单位分别进行填写。

表 9-2　网站营销活动的策划方案（1）

小组名称/成员	
网站名称	网站叫什么名字
网站定位	网站针对谁，主要目的是什么
活动定位	对于这样一个网站，需要策划一个什么活动来达到什么目标
工作分工	这项活动需要哪些部门进行配合，每个部门的工作任务是什么
受众分析	活动针对哪些受众，这些受众需要特别注意哪些事项
页面设置	活动页面需要放哪些内容，需要设置哪些栏目
资源需求	此次活动需要哪些资源，这些资源通过什么途径获得
营销渠道	确定活动推广营销渠道及宣传方式，如微博营销宣传文字、线上活动等
活动页面布局	以 Word、图片或其他形式，勾勒出所涉及的网站内容页
活动风险预估	根据所策划的活动内容预估活动风险，并配备相应的应对预案
活动预算	根据网络调查计算出每一项活动进行中的大致活动预算
营销效果监控	网站选择哪种数据监控工具，需要分析哪些数据，目的是什么

表 9-3　网络营销活动的策划方案（2）

时 间 段	负 责 人	需要完成的内容	产　出

（2）将上述两个表单提交至实训教师。

【实训案例模板】

圈圈网赛油耗大赛网上活动策划方案

一、活动名称：圈圈网赛油耗大赛（冠名）

二、活动时间：12 月 20 日—1 月 20 日

三、活动地点：圈圈网车媒体社区

四、活动目的

1. 以赠卡的方式吸引车友来洗车，并带动其朋友来洗车，实现潜在顾客的开发。一个有车的人，身边不会缺少同样有车的朋友。吸引车友前来洗车，当知道这里有洗车店且感受到这里的服务不错的话，就会来第二次，并且会向他的其他朋友介绍这里，实现知名度的提升与市场的拓展。

2. 实现车友们对圈圈网车媒体的关注，促进圈圈网车媒体板块的发展，提升圈圈网的知名度，增加圈圈网的点击率。

五、活动方式：网上发帖晒晒自己车的油耗，帖子必须配有油耗仪表盘的照片，然后写些内容。

六、活动奖品：洗车卡（免费洗车 3 次）、加油卡（50 元或 100 元）。

七、评选方式

1. 将汽车油耗分为几个级别，微型轿车的排量小于等于 1.0L；普通级轿车的排量在 1.0～1.6L 范围内；中级轿车的排量在 1.6～2.5L 范围内；中高级轿车的排量在 2.5～4.0L 范围内；高级轿车的排量则大于 4.0L。

2. 每个级别选出一位油耗最少的车友，给予奖励。

八、活动目标人群：拥有私家车的车友们。

九、活动推广方式

1. 首页汽车板块广告推广。

2. 圈圈网车媒体宣传广告链接。

3. 圈圈网车媒体社区帖子推广。

4. 众行车友群推广宣传等。

十、活动流程

前期工作：做好活动策划，准备好活动帖子内容。做好前期网上宣传活动，设计好活动宣传图。

中期工作：发布活动帖，积极在网上回复圈友们的问题。开始对圈友们发布的油耗帖子进行统计分析，评选出获奖名次，联系获奖者前来领奖。

后期工作：积极鼓励圈友发布自己对节油的看法和心得，共同来讨论怎样才能更节油。

十一、活动预期

1. 最少有30位车友报名参加，晒自己的油耗。

2. 至少有20位中级轿车车友参加。

3. 超过30位车友发帖晒油耗，超过100个圈友回复附件。

帖子内容：

主题：圈圈车媒体，节油我最牛

车友们，你们注意过自己爱车的油耗吗？你是最节油的吗？快来圈圈车媒体社区参加“圈圈车媒体 节油我最牛”赛油耗大赛吧！我们将根据大家发布的油耗信息来评选出五位节油大使，节油大使将会获得圈圈网提供的×××洗车卡或加油卡。

活动时间：12月20号—1月20号。

活动规则：

1. 注册过圈圈网账号的车友们只需在圈圈车媒体车友天地里发布含有自己爱车油耗仪表盘照片的帖子即可。车友们可以继续发布帖子为自己加油！

2. 未注册圈圈网账号的车友们打开圈圈网主页后可以点击活动广告链接，进入活动发布帖，然后在网页右上侧点击注册圈圈账号后发布自己的帖子。具体发帖要求会在活动帖子中说明。

3. 车友们发布的油耗照片必须是自己爱车的，需加上爱车的全景照片。活动获奖名单发布时间：我们将在1月20号中午12点停止评选，将在当天下午6点之前发布获奖车友们的ID（车友们的账号名称）。

领奖：获奖车友可以在公布获奖名单后一周内前来圈圈网公司领取奖品。

公司地址：南昌市洪都北大道金玉名都10栋4单元1602。

此活动最终解释权归圈圈网所有！

10

第 10 章　网络营销效果分析及优化

案例导读

西安欢畅国际旅行社成立于 2010 年，从创立到现在，一直秉承“服务第一”的理念，为客户提供丰富的旅游产品及在线预订服务，用户依托西安欢畅国际旅行社丰富的旅游资源、高品质的旅游产品和专业的旅游服务经验，为客户提供优质的国内旅游服务。在竞争激烈的旅游行业取得了较高的好评。

西安欢畅国际旅行社（后文简称：欢畅国旅）官网成立不久，需要对目前的网络营销状况进行效果分析，分析其在网络营销中存在的问题，以便对后续开展的网络营销优化提供参考依据。

10.1 网络营销效果分析

网络营销效果分析是对一个时期网络营销活动的总结，也为制定下一阶段网络营销策略提供依据，同时，通过对网站访问数据的分析，还可以提供很多有助于增强网络营销效果的信息。

10.1.1 网站设计分析

网站设计之初首先需要考虑网站属于什么类型，用户群体是哪些，建站目的是什么，其次是网站整体的设计，设计时需要考虑到网站的布局结构及功能实现。

网站设计作为一种视觉语言，要讲究编排和布局。虽然网站设计不同于平面设计，但它们有许多相近之处，应充分加以利用和借鉴。版式设计通过文字、图形的空间组合，表达出和谐与美。多页面站点的页面编排设计，要求把页面之间的有机联系反映出来，特别要处理好页面之间和页面内的秩序与内容的关系。为了达到最佳的视觉表现效果，版式设计讲究整体布局的合理性，使浏览者有一种流畅的视觉体验。

案例 10-1　欢畅国旅网站设计分析

网站设计的分析可以划分为网站结构、布局和功能等的分析。

1．网站结构

打开 www.huanchang99.com 欢畅国旅首页，其页面的设计遵从了简洁、重点突出的原则，网站首页就是要向民众做屏幕广告，这是欢畅国旅建立网站的目的，因为好的屏幕广告是网络营销之主题。欢畅国旅的首页整体布局严谨，层次分明，且只有公司名称、三个大的分类以及免费电话咨询窗口，整幅画面简洁明快，“一幅画面，三个主题”是其首页的设计原则，便于用户更快地进入到相应网页或者获得及时的帮助。如图 10-1 所示。

图 10-1　欢畅国旅网站首页

点击进入欢畅国旅网站的官网首页，根据人们的视线是“F”型的浏览次序来看，欢畅国旅的 LOGO 放在网页的最左上角，上方的横条显示了网页的整体分类，左方是旅游产品的细小分类，首页的中下方是热门标签与热点旅游排行榜等，下方是公司旗下的各类互动平台。如图 10-2、图 10-3 所示。

图 10-2 欢畅国旅官网首页（一）

图 10-3 欢畅国旅官网首页（二）

欢畅国旅网站的官网首页结构有利于搜索引擎查询合理的信息。

（1）网页的左侧是栏目页，热点的栏目分类都在这里被罗列出来，用户点击都可以链接到其产品的详情介绍上。

（2）网站内容是用户通过企业网站可以看到的所有信息，也就是企业希望通过网站向用户传递的所有信息。欢畅国旅向用户推荐热卖路线、推荐酒店、促销门票、超值团购等，这些热门栏目在首页第一屏出现，通过栏目关键词布局，以及用户浏览网站习惯，使得热门栏目点击率大幅提高，为网站导入大量流量。

（3）有网站导航、网站帮助和网站地图。普通 HTML 格式的网站地图可以帮助用户对站点建立整体印象。HTML 格式的网站地图根据网站结构特征制定，尽量把网站的功能结构和服务内容富有条理地列出来。一般来说，网站首页通常有一个链接指向该格式的网站地图。如图 10-4 所示。

2．网站栏目设置

网站栏目设置划分是否明确合理是反映一个企业网站优化效果的标志。欢畅国旅网站建设的栏目分类非常详尽，根据企业业务类型，欢畅国旅将网站栏目细分为西安旅游、周边旅游、国内旅游、签证、酒店、景点、目的地、新闻，必要的栏目都已建立，而且不含无必要的栏目链接，导航栏设置合理，层次分明。如图 10-5 所示。

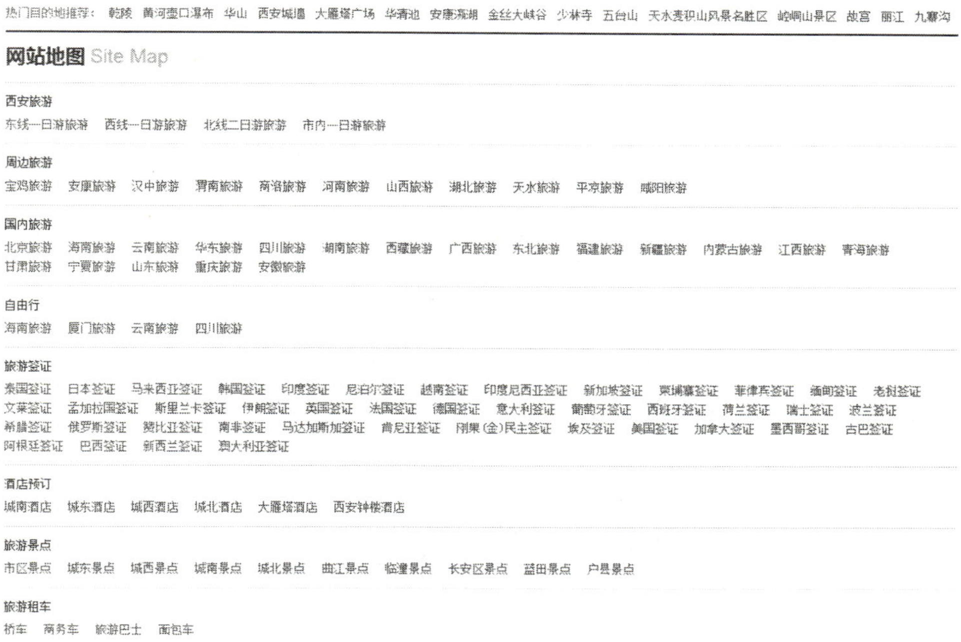

图 10-4　网站地图

图 10-5　欢畅国旅首页导航

3．网站功能分析

（1）欢畅国旅网站基本信息完整、产品信息详尽。如图 10-6 所示，欢畅国旅在旅游信息呈现上除了图片，还有详尽的文字信息描述，以便让用户得到更多的信息。网站旅游产品信息基本以图片介绍为主，少数的文字介绍为辅。

图 10-6　旅游信息

（2）欢畅国旅网站查找产品信息方便。欢畅国旅网站栏目分类非常详尽，必要的栏目都已建立。导航栏设置合理，层次分明，各个栏目之间的链接关系明确，信息分类详细，每一个页面的内容也与栏目的标题相契合。

网站设计以用户为导向，将网站要素设计得简单、醒目、易用，每个一级栏目都有其二级栏目，只要想了解相关信息，都可以通过简单的选择来实现。

（3）欢畅国旅网站的栏目功能都能正常运行。欢畅国旅网站的栏目不含无必要的栏目链接，各个栏目之间的链接关系正确。

（4）用户注册比较麻烦。欢畅国旅网站用户注册较麻烦。因为需填写的信息较多，而人们一般不愿花太多的时间填写，因此会因不愿注册而选择放弃，这样会流失更多的用户，降低营销效果。

（5）能体现出网站的促销功能。如图 10-7 所示，欢畅国旅网站很好地体现了网站的促销功能。页面中央有各种热门促销活动，并且可以在线支付或者预约。

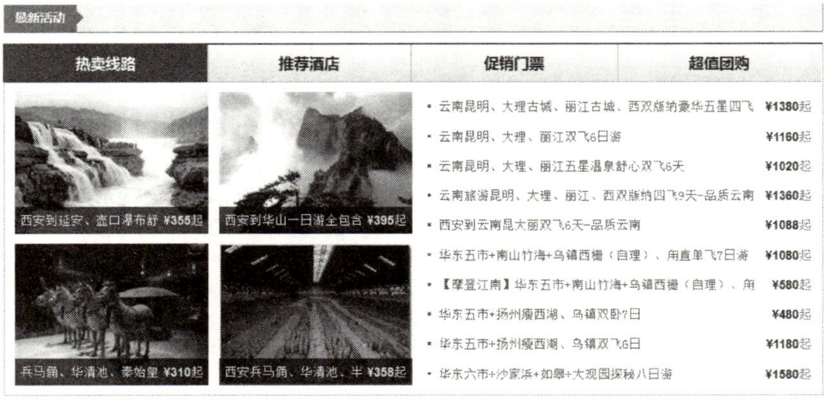

图 10-7　首页促销区

（6）具备各项网络营销功能。欢畅国旅网站有很强的促销意识，通过网站向访问者展示产品、对销售提供支持。具体有多种表现方式，如主要页面的产品图片、介绍，通过页面广告较好地体现出企业形象或者新产品信息，列出销售机构联系方式、销售网店信息等，起到积累内部网络营销资源和拓展外部网络营销资源的作用。

10.1.2 网站推广效果分析

网站推广是否起到了很好的效果，可以从搜索引擎排名、网站知名度、推广方案设计等方面分析。

（1）在搜索引擎中的排名。一般来说，登记的搜索引擎越多，对访问量的增加越有帮助，同时，搜索引擎的排名也很重要，排在搜索引擎前三页则具有更高的点击率。META 标签是 HTML 标记 HEAD 区的一个关键标签，正确的 META 标签会给网站带来准确的搜索流量，META 标签也是网站建设的重点要素之一，是浏览器区分网页的方式之一。

（2）分析关键词时，首先需要抓住核心关键词的范围并明确关键词与普通关键词的定位。其中需要特别注意的是最佳关键词和长尾关键词的选定。

最佳关键词：多数用户搜索目标信息和企业网站习惯于通过搜索引擎，所以一些符合企业网站内容和产品的特点的关键词，对网站的发展起着很重要的作用。

长尾关键词：是通常放在网站不同内容页标题里的关键词，可以利用它选取网站的主关键词和次关键词。在长尾关键词的选择方面，不仅需要兼顾自身平台的性质，而且需要研究确定标题、关键词、描述等内容。

（3）外链是指从别的网站导入到自己网站的链接，在其他网站链接的数量越多，对搜索结果排名越有利。

1）外部链接类别。博客、论坛、B2B、新闻、分类信息、贴吧、知道、百科、相关信息网等，要尽量保持链接的多样性。

2）外链运营。每天添加一定数量的外部链接，可以使关键词排名稳定提升。

3）外链选择。选择与自身网站相关性比较高、整体质量比较好的网站进行友情链接，巩固关键词的排名。

（4）Alexa 的流量排名是以三个月内数百万个安装了 Alexa 工具栏的用户的流量数据汇总为基础的，也是页面浏览次数和用户数的综合测量方式。所以，一个网站的排名既反映了访问网站的用户数量，也反映了这些用户浏览网站的页面数。大多数人把它当作目前较为权威的网站访问量评价指标。

案例 10-2 欢畅国旅网站推广效果分析

1．关键词网站排名

在本案例中，常用的关键词是“西安旅游”“西安旅行社”，接下来就利用站长工具对这两个关键词进行分析。

关键词搜索次数数值（指数）反映了关键词的用户搜索频率，日搜索量越大，说明该词的商业价值越高（以百度指数为参考），从图 10-8 中可以看出“西安旅游”“西安旅行社”两个关键词的指数分别为 2146、874，说明后者用户的搜索频率不高，相对于前者的商业价值较低。

请输入关键词： 西安旅游，西安旅行社 查 询

多个关键词用逗号(,)号隔开，最多支持3个关键词

分析结果		
关键词	西安旅游	西安旅行社
长尾关键词	西安旅游攻略，西安旅游景点大全，西安旅游景点	西安旅行社报价，西安旅行社排名，西安旅行社
指数	2146	874
收录量	9710万	2790万
首页网站(前50名)	2	41
排名前10网站分析	权重>=4的网站有7个 其中属于首页的有1个 内页或目录页的有6个 权重<4的网站有2个 其中属于首页的有1个 内页或目录页的有1个	权重>=4的网站有5个 其中属于首页的有4个 内页或目录页的有1个 权重<4的网站有5个 其中属于首页的有5个 内页或目录页的有0个
竞价网站数量	8(竞价量时刻在变化)	8(竞价量时刻在变化)
优化难度	竞争度 高难度	竞争度 中等偏上
优化估价(仅供参考)	12000-40000元/年	8000-12000元/年

图 10-8 关键词分析页面

关键词搜索量是我们在搜索引擎搜索某个关键词时，搜索引擎搜索出来的相关结果数量，少则说明竞争度小，多则说明竞争度高，如图 10-8 所示，这两个关键词的收录数相对来说是比较高的，说明两者的竞争度都很高。

首页网站数量数值是指查出来的结果中属于首页的而非内页或者目录页的，首页网站数量数值反映了竞争网站的整体实力，搜索结果中出现的首页网站量越多，说明优化这个词的竞争网站越多，优化难度也就越大。

关键词分析结果如图 10-8 所示，“西安旅游”和“西安旅行社”这两个关键词竞争激烈度都很高，欢畅国旅很聪明地避开了这些词，选择了“西安旅行社报价”“西安旅行团”这类相关词。通过网站分析工具可以看出，如图 10-9 所示，欢畅国旅在关键词优化上做得还是不错的，“西安旅行社”“西安旅游团”“西安旅游报价”“西安的旅行社”等关键词都排在第一页，而且这些关键词都拥有较高的商业价值。

百度权重查询 请输入你要查询的地址： www.xahcs.com 排名前后 查 询

百度权重	0		【外链代发】500个权重2-7站发布，快速提高排名			2 个相关子域名
百度来路	预计来路:16 ~ 83IP	(PC端)来路	8 ~ 39IP	(移动)来路	8 ~ 44IP	xahcs.com www.xahcs.com
爱站词数	34 条记录 查看历史					
百度快照	2014-07-12					
总 收 录	4600 篇	一周收录	3500 篇	24小时	3500 篇	

免费 软文外链互换平台 内测中…… 抢注过期已备案高权重域名做SEO，立即抢注>> ·com。39元起

爱站总词数	第一页词数	第二页词数	第三页词数	第四页词数	第五页词数
34	4 ▼11.76%	0 ▼0.00%	8 ▲23.53%	15 ▲44.12%	7 ▲20.59%

您附加筛选条件是只看百度查询结果中第 1 页出现的词条列表 返回查看全部

目录(大约词数)	关键字	排名↑	搜索量	(PC端)	(移动)	收录量	网页标题 +添加新词
/ /around/ /line/ /scenery/ /travels/ /news/ /hotel/	西安旅行社报价	第6位	290	127	163	12100000	西安旅行社,西安旅游,周边游,国内旅游团,...
	西安旅游团	第6位	273	121	152	29700000	西安旅行社,西安旅游,周边游,国内旅游团,...
	西安旅游报价	第8位	179	104	75	50900000	西安旅行社,西安旅游,周边游,国内旅游团,...
	西安的旅行社	第9位	133	64	69	16500000	西安旅行社,西安旅游,周边游,国内旅游团,...

图 10-9 百度权重查询页面

2．外链与反链

导入链接的质量（即导入链接所在页面的权重）直接决定了网站在搜索引擎中的权重。如图 10-10 所示，欢畅国旅网站的外链并不多，这是因为欢畅国旅的网站是新建立的网站，对于新建立的网站而言，如果在短时间内做了大量反链，可能导致搜索引擎认为网站作弊，而对网站降权，不再收录该网站。因此，为了避免这个问题，新建立的网站在做反链时只需要适当做一些，每日增加，日积月累。

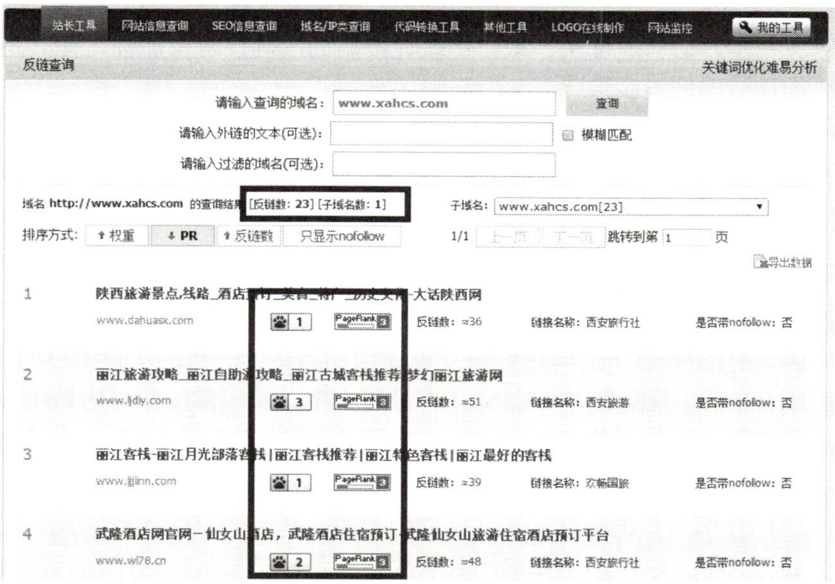

图 10-10　反链接

3．其他

根据站长工具得知，欢畅国旅网站的 Alexa 排名如图 10-11 所示。欢畅国旅官网作为一个目前刚刚起步的网站，在亚马逊分类目录中都没有收录记录。作为一个意在网络营销方面长期发展的网站，其主站点的 Alexa 排名还是很重要的，这对于其对外宣传、网站价值是相当珍贵的。

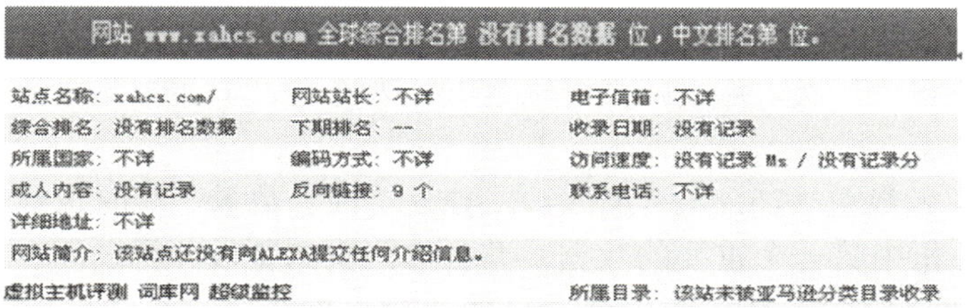

图 10-11　Alexa 的流量排名

10.1.3　网站流量统计与分析

1．常见数据统计工具

常见的数据统计工具有 CNZZ 统计、百度统计、谷歌统计、51YES.COM 统计等。通过这些统计工具，用户可以查看一段时间内用户网站的流量变化趋势，及时了解一段时间内网民对用户网站的关注情况及各种推广活动的效果。

CNZZ 数据专家（见图 10-12）是全球最大的中文互联网数据统计分析服务提供商，为中文网站及中小企业提供专业、权威、独立的第三方数据统计与分析服务。优点：广告较少，能分析国外的 IP 及不常用的屏幕分辨率。缺点：无法隐藏统计图标，网页显示速度有所降低，很多统计项未标明是针对 PV 统计还是针对 IP 统计，比较混乱。

百度统计（图 10-13）现已全面对用户开放。但是和其他统计服务相比，并没有太多亮点。优点：服务稳定，访问速度快。缺点：统计数据的准确性有待加强，尤其是来自于国外的流量，统计类目需要进一步细化。

图 10-12　CNZZ 统计

图 10-13　百度统计

谷歌统计（见图 10-14）是由 Google 公司出品的网站统计分析服务。优点：数据精准，服务稳定，功能强大。缺点：专业性过强，不易学习。Google 的统计服务更侧重于整体网站趋势的分析，而缺少流量的细节信息，无访客细节信息。不推荐小型站长、博客和网店店主使用。此外，和中国众多提供实时统计数据的服务相比，Google 统计的数据有 1～2 个小时的延迟。

图 10-14　谷歌统计

2．网站访问数据分析

网站访问数据分析主要指的是基于网站的用户浏览行为和网站运营状况，对网站的点击流数据和运营数据分析，以监控网站的运营状况，实现网站的优化。网站访问数据分析从用户的行为角度分析，充分体现了“以用户为中心”的理念，对提高网站的质量和用户体验提供了有效的决策依据。

网站访问数据分析的价值主要体现在：通过统计网站日常的 PV、UV，监控网站的运营状况；通过转化率和跳出率等指标优化网站的交互流程和页面设计；通过分析用户的行为帮助网站定位目标市场和目标用户，实行有针对性的推广策略，通过来源和搜索关键词分析优化 SEO 和 SEM 策略。

网站数据统计主要指标包括以下几点：

（1）页面浏览数（Page Views）。在一定统计周期内所有访问者浏览的页面数量。如果一个访问者浏览同一网页三次，那么网页浏览数就计为三个。页面浏览数常作为网站流量统计的主要指标。

（2）独立访问者数量（Unique Visitors）。独立访问者数量，有时也称为独立用户数量，是网站流量统计分析中另一个重要的数据，并且与网页浏览数分析之间有密切关系。

独立访问者数量描述了网站访问者的总体状况，指在一定统计周期内访问网站的数量（例如每天、每月），每一个固定的访问者只代表一个唯一的用户，无论他访问这个网站多少次。独立访问者越多，说明网站推广越有成效，也意味着网络营销的效果越好，因此是最有说服力的评价指标之一。

（3）重复访问者数量（Repeat Visitors）。重复访问者数量反映了站点用户的忠诚度，站点用户的忠诚度越高，重复访问者数量就越高。

（4）每个访问者的页面浏览数（Page Views Per User）。每个访问者的页面浏览数是一个平均数，即在一定时间内全部页面浏览数与所有访问者相除的结果，也就是一个用户浏览的网页数量。这一指标表明了访问者对网站内容或者产品信息感兴趣的程度，也就是常说的网站“黏性”。

（5）平均访问时长。平均访问时长是用户访问网站的平均停留时间。平均访问时长等于总访问时长与访问次数之比。

平均访问时长是衡量网站用户体验的一个重要指标。如果用户不喜欢网站的内容，可能稍微看一眼就关闭网页了，那么平均访问时长就很短；如果用户对网站的内容很感兴趣，一连看了很多内容，或者在网站停留了很长时间，平均访问时长就很长。对于企业网站来说，只要把“产品介绍”“企业案例”“企业简介”“联系方式”等几个重要页面展示给的目标用户，目的就算达到了，因此没有必要追求过高的平均访问时长。

（6）某些具体文件或页面的统计指标，如页面显示次数、文件下载次数等。这样的指标主要是针对具体每个文件的浏览量和下载量的。在流量统计中，受访页面统计数据可以反映具体页面的来访情况。通过对这些具体的页面统计指标的分析，可以迅速显示出最近用户的访问热点，也可以看出访问站点的哪些页面及其对应的关键词在搜索中表现较好。

（7）访问来源，包括不明搜索（用户通过直接输入地址，收藏夹单击，或者其他的拷贝粘贴、拖曳等方式进入网站的行为，通常理解为不明来源的进入）；广告链接（网站访问者通过网站经营者在各种互联网媒体投放的在线广告的单击方式进入到网站的访问者来源）；搜索引擎来源（用户使用搜索关键字通过搜索引擎进行搜索后，在搜索结果中单击被分析网站链接进入的访问来源）。

（8）访客属性，包括访客性别比例、年龄分布、学历分布、职业分布、地域分布、系统环境、新老访客比例、访客忠实度等。

案例 10-3 欢畅国旅流量统计分析

在使用之初，网站需要获取统计工具代码，代码添加成功后，进入 CNZZ 统计，图 10-15 即为网站概况页，提供了网站最重要的流量报告，能够更方便地从全局了解网站流量情况，通过优化分析还可以发现目前网络营销活动中可能存在的问题，并为进一步修正或重新制定网络营销策略提供依据。CNZZ 统计为优化网站提供了如下丰富的数据依据：

网站概况——全局了解网站情况，支持自定义数据部件，让用户迅速了解感兴趣的数据指标。

流量分析——提供全站流量状况及历史比较功能，及时从流量涨跌中发现问题；提供当前在线实时流量，监控最新网站流量详情。

来源分析——提供搜索引擎（及其子引擎、关键词）、外链等引入流量的详细情况，方便用户及时了解网站来源的类型、数量及质量。

受访分析——提供各受访页面的访问情况，了解哪些内容受访客欢迎、哪些内容易导致访客流失、页面设计是否合理、是否达到预期。

访客分析——提供访客终端特征和访客行为特征，揭示不同类型访客的浏览行为差异，为用户开展针对不同访客类型的网站深度优化提供丰富的数据依据。

转化路径分析——分析指定目标页面被完成的情况，让用户准确、及时地了解页面流程是否顺畅、推广活动是否达到预期目标。

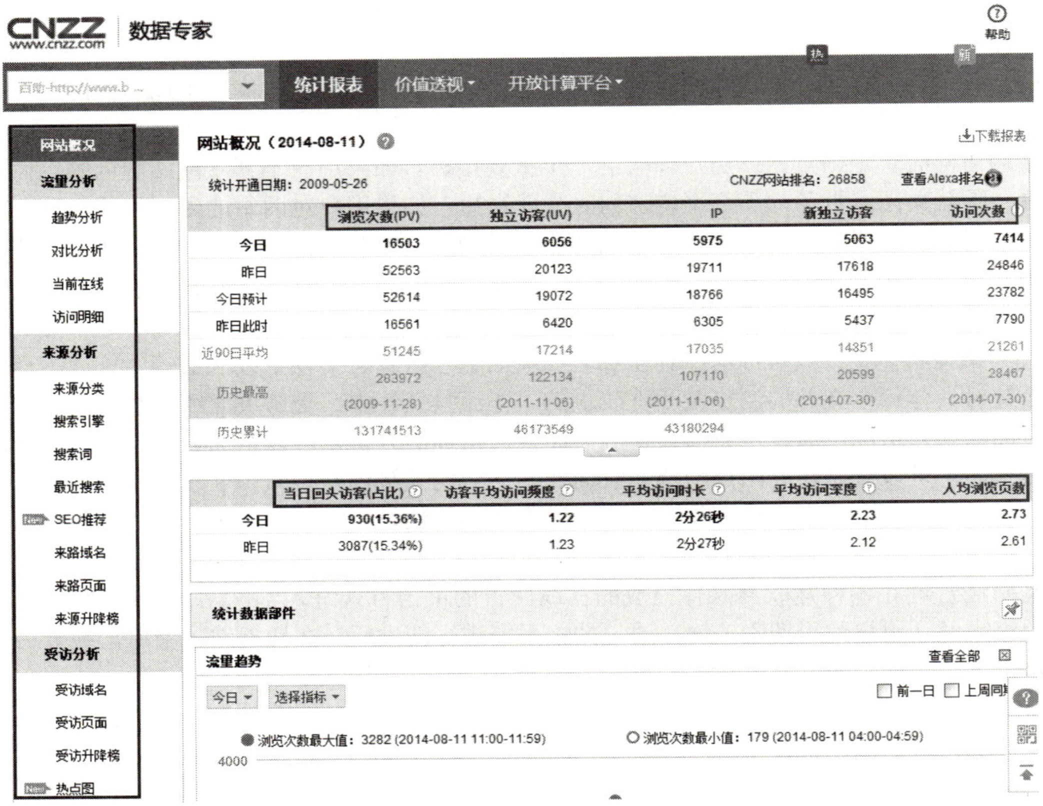

图 10-15　CNZZ 统计后台页面

10.1.4　顾客关系管理分析

互联网提供了更加方便的在线顾客服务手段，从形式最简单的 FAQ（常见问题解答），到邮件列表（促销、调研问卷）及 BBS、聊天室等各种即时通信服务，顾客服务的质量对于网络营销效果具有重要影响。

FAQ 如同 Windows 操作系统中的“帮助”一样，常见问题解答也是网上顾客服务的一种重要方式，是一般网站都不可缺少的内容。在利用一些网站的功能或者服务时往往会遇到一些看似很简单，但不经过说明可能很难搞清楚的问题，有时甚至会因为这些细节问题的影响而失去用户。

目前，越来越多的用户希望得到即时顾客服务，因此以聊天工具（包括各种聊天工具如微信、QQ、阿里旺旺等）为代表的即时通信服务已经成为一种不可忽视的、最受欢迎的在线顾客服务手段。

Email 作为一种主要的在线交流手段，它在顾客服务中的地位非常重要，不仅表现在一对一的顾客咨询，更多情况下是作为长期维持顾客关系的工具，如各种邮件列表等。随着顾客对服务的要求越来越高，回复顾客 Email 咨询的及时性已经成为衡量一个公司的整体顾客服务水平的重要指标。

案例 10-4 欢畅国旅网站顾客关系管理

欢畅国旅网站用的在线顾客服务方式主要有：FAQ、论坛、电子邮件、在线表单、即时信息、聊天室等。如图 10-16 所示，在首页上就有多种在线服务方式可供选择。

图 10-16 在线顾客服务方式

1. 常见问题解答（FAQ）

欢畅国旅网站对 FAQ 做得特别好，在帮助中心列出了一些用户在使用本网站时可能遇到的问题，如图 10-17 所示，其实在很多情况下，只要经过简单的解释就可以解决这些问题，同时这种服务方式极大地分担了人工服务的负担，这就是 FAQ 的价值体现。

图 10-17 帮助中心页面

2．**即时信息**（IM）

欢畅国旅网站在这方面做得也很完善，如图 10-18 所示，有 24 小时在线的即时人工服务，只要点开链接图片，就有客服人员第一时间回复，周到即时，给以良好的企业印象。

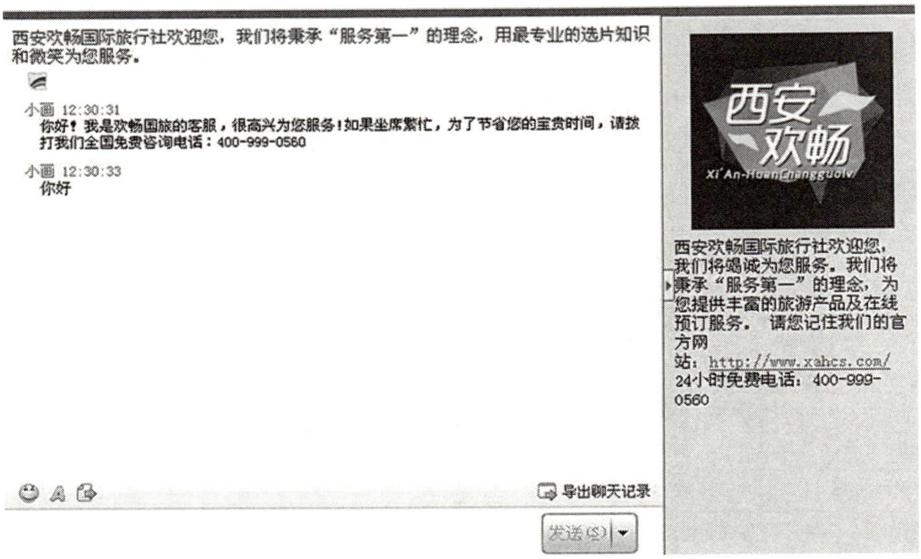

图 10-18　24 小时咨询服务页面

3．**社会化媒体**

欢畅国旅通过自己的微信、微博平台向广大用户推送有价值的旅游信息，与客户进行沟通，打成一片，在进行推广的同时赢得了客户的信任。如图 10-19 所示。

图 10-19　欢畅国旅微博、微信

4．**电子邮件**（Email）

客户在网站注册账号后，欢畅国旅会定期投递商城促销邮件，给顾客带来最新的优惠消息。

总体来说，欢畅国旅在线服务手段很多，并且还在不断发展中，但要注意的是，在强调在线顾客服务的同时，也应保持对传统工具作用的重视，比如电话和普通邮件，有时这两种方式在增进顾客关系和实现顾客服务方面效果更加显著。选择顾客服务手段最重要的不是区分网上还是网下，而是综合考虑效率和顾客满意度，最理想的方式是根据顾客需求特点，采取网上与网下顾客服务手段相结合。优秀的在线服务可以节省大量的服务成本，同时增加顾客满意度，一个网站应该采用哪些在线服务方式取决于网站的具体情况，只要能最大限度地满足顾客的需要，在线服务就是成功的。

10.2 网络营销效果优化

10.2.1 增加网站外链

外链就是指从别的网站导入到自己网站的链接。网站外链对于网站优化来说是非常重要的。网站外链的质量直接决定了该网站在搜索引擎中的权重，当然，内链是网站的根本，能够让搜索引擎更快地了解到该网站的内容及网站的清晰度，更有利于网站 SEO 优化，所以网站内链也不容忽视。增加外链的方法有很多，下面介绍几种常见的方法：

（1）论坛：巧用论坛签名，可以到一些比较大的论坛的设置个人签名中，添加自己的网站链接，通过发表帖子和回复帖子，以使搜索引擎能抓取到，用户也能看到，这就达到了外链的效果。

（2）博客：如搜狐博客、新浪博客、天涯博客、百度空间、和讯博客等一些大型博客，可以在上面注册一个账号，名字可以用自己网站的名字，在个人资料中把网站链接等信息写进去，写一些跟网站相关的内容或者把网站最新的文章更新上去，在文章中适当地加入自己网站的链接地址，这样一来，网站就有来自博客的外部链接了。

（3）问答：如百度知道、搜搜问问、QQ 问问、天涯问吧、新浪爱问等。百度知道最大的一个作用就是可以直接带来转化率，用户一般习惯在百度里搜索问题，在百度知道里面，可以通过回答别人的问题，为别人提供帮助。因此可以利用这一点来为网站增加外链。

（4）友情链接：友情链接也是 SEO 所了解的一项，它主要的作用是提高 PR 值、提高关键词排名、带来一定的流量。友情链接的方式有两种，一种是在友情链接交换平台，另一种是 SEO 通过 QQ 群及一些其他方式进行交流交换而得。

（5）分类信息平台：可以在口碑网、赶集网、好喇叭网、百姓网、58 同城网等一些收录比较快的网站发布信息，很多分类信息平台可以直接添加网站的链接，而且这些网站的权重都很高，网站本身使用的人群也比较多。

（6）写软文投稿：写一些高质量的软文发布到各大网站，在软文中留下自己网站的链接。当然软文的写作功底要有一定的基础，一旦文章得到大众的认可，就会有无数的网友来转载，当然网站链接也会被转载。

10.2.2 网站内部优化

网站若想提高排名，必须做好网站内部优化。网站内部优化主要有以下几方面：

（1）站内的链接结构：尽量改变原来的图像链接和 flash 链接，使用纯文本链接，并定义全局统一链接位置。

（2）标题的定位：标题中需要包含有优化关键字的内容，同时网站中的多个页面标题不能雷同，起码要能显示“关键字—网站首页—一段简单的含关键字的描述”类型。标题一旦确定就不要再做修改。

（3）关键字频率：简单做好了内容结构的调整之后，立即到搜索引擎登录，以能尽早收录新标题和新描述。

（4）网站结构调整：假设因为原有网站为形象页面，使用了较多的 flash 和图像，这些网页元素不利于搜索引擎的收录，所以在该网页的下方加了三栏，分别是相关的公司简介、关键字产品新闻和公司的关键词产品列表，并对该三栏内容添加了链接。

此时，网站可以做一个从首页链接跳转至一个单页面，作为关键字的详细描述。该页面的描述内容包含了公司关键词产品列表链接。这些都是为了形成企业站点内的网状结构。

（5）网站中的内容：不管是什么引擎，原创文章的及时更新是非常重要的。新鲜的东西总是更能吸引搜索引擎。原创文章要在标题、内容等方面都做到独特，例如和产品相关的文章，需要在标题中体现出产品信息，文章本身需要图文并茂，这样能获得更好的搜索引擎友好体验。

案例 10-5 欢畅国旅网站网络营销效果优化策略

在完成对网站的分析之后，需要针对问题提出修改建议、指导，具有针对性的建议才会引导网站通过营销措施的改善及重新组合，从而达到更好的网络营销效果。

通过对欢畅国旅网站数据进行分析之后，我们知道欢畅国旅官网目前还是一个刚刚起步的网站，对于网站运营初期网民关注度不高这一问题，需要通过各种渠道，提高网站的收录量和影响力。因此针对此问题，需要制订合理的推广计划。欢畅国旅创建了自己的官方微博、博客以及微信等，这是一个很明智的决定，除此之外还可以采用问答类知识点作为口碑呼应，并建立相关知识文库，利用百度等搜索引擎或门户网站来影响权重。具体推广计划见表 10-1。

表 10-1 网站推广计划表

内容	说明
百度 Google SOSO	网盟，根据目标人群设定投放，可进行用户追踪投放
品牌传播	百度知识文库、百度百科等，设定相关关键词，提高权重
	MBA 智库，设定相关关键词，提高品牌宣传力度
	新浪文库等，设定相关关键词，提高权重
口碑传播	百度问答、新浪问答、SOSO 问答、雅虎问答、天涯问答、搜狐问答，利用关键词覆盖，提升品牌形象及口碑传播力度
新闻传播	利用具有新闻价值的事件，或者有计划地策划、组织各种形式的活动，借此制造“新闻热点”来吸引媒体和社会公众的注意与兴趣，以达到提高社会知名度、塑造企业良好形象并最终促进产品或服务销售的目的。同时在各大旅游门户栏目投放各种旅游攻略、资讯等
论坛社区	在相关行业论坛或知名度较高的论坛，通过文字、图片、视频等方式发布产品和服务的信息，让目标客户更加深刻地了解企业的产品和服务
	利用社区网站的分享和共享的功能，在六维理论基础上实现品牌及产品的推广，主要为开心网、人人网等，快速提高知名度
外链	新网站建立之初，需要通过外链快速带来流量，提高网站权重

岗位技能训练

实训 网络营销效果分析技能训练——网站营销效果分析

【实训背景】

C 实习是一家以提升国内大学生实践技能，联系老师、行业及企业专家，对接学校、企业的平台型在线教育网站，它是北京博导软件开发有限公司创建并实施的针对国内高校学生，对接学生、老师、学校、企业、专家的以技能提升为核心、以人才挖掘为目标的在线教育平台。如图 10-20 所示。

图 10-20 C 实习网站首页

2015 年 4 月，C 实习第三届全国电子商务运营技能大赛拉开序幕，为了更好地服务企业和学校，使大赛顺利开展，需要对网站近期营销效果进行简单分析，及时发现问题及时修改。

学生需要根据以上背景资料，为 C 实习网站进行简单的营销效果分析。

【实训要求】

（1）能掌握数据分析方法。

（2）能够分析网站在设计中有哪些不足。

（3）能够了解网站在营销过程中使用哪些推广方式。

（4）能够使用站长工具查看目标网站数据并分析。

（5）能够了解网站在客户关系管理中使用了哪些方式。

（6）能够完成该网站网络营销效果优化策略。

【实训指导】

（1）组建实训课题小组：将教学班学生按每 6～8 人的标准划分成若干个任务小组，每个小组指定或推选出一名小组长。

（2）确定实训小组课题：每个小组成员使用网络营销效果分析中的所学知识，结合案例背景完成 C 实习网站的网络营销效果分析。

（3）实施课题内容：各小组根据提供的网站和工具，进行人员分配，任务包括网站设计分析、网站推广分析、网站数据统计与分析、客户关系管理分析，完成以上任务后需要小组对分析结果进行整合，参照实训模板部分的企业网站营销效果分析表制作出一份网络营销效果分析报告。

1）在网站设计分析中学生需要对网站的布局结构、栏目设置、功能实现等方面进行分析，总结出它的不足。

2）网站推广分析主要通过互联网查找除本站以外的相关信息，例如在微博、论坛、博客等平台发现与C实习网站相关的信息，并将结果以表格形式呈现。

3）网站数据统计与分析主要是通过站长工具搜集网站相关数据，如IP/PV/UV等，同时查找同类型网站对数据进行对比，并列出两者不同之处，对不同的地方做进一步分析。

4）客户管理分析主要为分析网站在与用户互动过程中用到的工具，列出这些工具的优缺点，并提出优化建议。

（4）陈述创作实训心得：由各个小组推荐的发言人或小组长代表本小组陈述实训课题分析报告和实训心得。

（5）评价效果：完成以上陈述后班内进行投票，选出在这次实训中最为优秀的小组，给予表扬和奖励，指导老师做最后总结。

【实训模板】

企业网络营销效果分析表，见表10-2。

表10-2　企业网络营销效果分析表

企业名称	概要	
C实习	企业网站营销目标	
	企业网站营销的评价标准	
	网站设计评价	
	网站功能及网站推广评价	
	网站服务有效性方面的评价	
	流量统计分析	
	在线顾客服务方式	
	优化建议	
总结		

参 考 文 献

[1] 商玮．网络营销[M]．北京：清华大学出版社，2012．

[2] 罗绍明．营销策划实训[M]．北京：机械工业出版社，2015．

[3] 陈志浩．网络营销[M]．武汉：华中科技大学出版社，2013．

[4] 段建．网络推广[M]．南京：南京大学出版社，2014．

[5] 姚裕群．团队建设与管理[M]．北京：首都经济贸易大学出版社，2013．